安徽省高校高峰学科——安徽师范大学马克思主义理论学科
全国高校思政课“手拉手”集体备课中心（安徽师范大学——安徽省）（项目编号：21SZJS34037012）
资助

思想政治理论课分类教学研究

戴兆国◎主编

安徽师范大学出版社
ANHUI NORMAL UNIVERSITY PRESS
·芜湖·

图书在版编目(CIP)数据

思想政治理论课分类教学研究 / 戴兆国主编 .— 芜湖:安徽师范大学出版社,2022.1
ISBN 978-7-5676-4898-2

Ⅰ.①思… Ⅱ.①戴… Ⅲ.①思想政治教育-教学研究-高等学校 Ⅳ.①G641

中国版本图书馆CIP数据核字(2021)第272897号

思想政治理论课分类教学研究 戴兆国◎主编

责任编辑:晋雅雯 责任校对:马飞飞
装帧设计:丁奕奕 责任印制:桑国磊
出版发行:安徽师范大学出版社
芜湖市北京东路1号安徽师范大学赭山校区
网 址:http://www.ahnupress.com/
发 行 部:0553-3883578 5910327 5910310(传真)
印 刷:苏州市古得堡数码印刷有限公司
版 次:2022年1月第1版
印 次:2022年1月第1次印刷
规 格:700 mm × 1000 mm 1/16
印 张:17
字 数:265千字
书 号:ISBN 978-7-5676-4898-2
定 价:68.00元

目 录

理论探讨篇

案例展示篇

附　录

理论探讨篇

高校思想政治理论课分类教学模式探析

——以安徽师范大学思想政治理论课改革为例*

随着信息化时代的到来，大学生对理论知识的学习和掌握呈现多样化发展的态势。在这种形势下，如何提高思政课的针对性、实效性，一直是高校思想政治理论课教育教学中值得研究的课题。2012年以来，安徽师范大学马克思主义学院思政课教育教学团队在安徽省教育厅思政课建设工程的支持下，开展了思政课分类教学的改革和探索，初步形成了分类教学模式。为了更好地总结经验，推进改革，我们对这一教学模式进行了分析和反思。

一、现状分析

近年来，随着《中共中央宣传部教育部关于进一步加强和改进高等学校思想政治理论课的意见》等一系列文件的颁发，许多高校都积极开展思政课教学研究与改革，探索增强高校思政课实效性的途径和方法，并形成许多有效成果。

在教学理论研究层面，学界对思政课的学科地位、教学理念、价值导向、功能作用等方面都有丰富的研究成果。研究普遍认为，思政课是对大学生进行思想政治教育的主渠道、主阵地，思政课的教学效果不仅关系到学生对马克思主义理论和中国特色社会主义理论体系的理解，更关系到学

* 本文原载于《思想理论教育导刊》2014年第11期，有删改。

生思想政治素质的提高和理想信念的培养。所以，如何提高思政课教学的实效性是必须深入研究的课题。在这一共识下，各高校围绕提升教学实效性，对思政课教学的目标体系、教材体系、话语体系、方法体系、评价体系、考评体系展开研究，探索教学方法的变革、教学模式的创新、教学手段的更新和教学资源的开发，并取得了一定的成果。

在教学改革实践操作层面，各高校积极探索具有示范效应的可推广的教学模式。如“思政课多元立体教学模式”，立足信息化时代的多元教学时空变迁，将学校资源和网络资源结合，构筑全方位、多维度、立体化的高校思政课教学体系①；“思政课混合式开放在线教学模式”，简称“慕课”，即 MOOC（Massive Open Online Courses），突破传统课堂教学的时空界限，又不同于静态的网络课程资源，而是打造线上、线下同时进行的交互式网络学习平台，通过在线进阶式学习和课堂学习两种方式结合的精细化教学模式，使学生获取更丰富和凝练的知识②；“高校思政课主题教学群模式实验”以问题为导向，建设一系列思政课教学群，尝试为学生搭建主动参与、自主学习的教学平台。

无论是理论层面的反思，还是实践层面的探索，都对推进高校思政课教学改革起到了积极的推动作用。但是，反观当前思政课教学研究和教学改革的现状，我们发现仍然存在以下问题：一是教学的针对性有待进一步提高，二是学生的主体性有待进一步彰显，三是教学的整体性和连贯性有待进一步加强。

综上所述，为走出思政课教学的困境，我们需要探索分类教学模式，针对不同的教学对象，选择恰当的教学内容、适配的教学方法、有效的教学手段、合理的评价体系，将实现课程目标、落实教材体系、提升教学效果和生成价值观统一起来，从而真正实现思想政治理论课教学的知识目标、

① 曾令辉.高校思想政治理论课“立体化”教学新模式探析[J].中国特色社会主义研究,2006(1):89-92.

② 陈豪.“慕课”对高校思想政治理论课教学改革的启示[J].思想理论教育,2014(4):70-73.

能力目标和价值目标的统一。

二、已进行的实践探索

(一)开展充分调研,把握学生期待视野,提高教学针对性

提高思政课教育教学针对性的当务之急是把握学生期待视野，了解学生的思想实际和教学现状。为此，我们坚持在每学期的思政课课堂上开展调研，课程第一节课重点调查学生对思政课的期待及其兴趣点，课程最后一节课重点调查学生对课程教学的满意度，收集学生的建议及意见。

调研结果显示，马克思主义的立场、观点、方法在学生中仍有相当的魅力，但学生对马克思主义学说和中国特色社会主义理论体系缺少整体性把握和系统性学习，思政课话语体系陈旧，难以激发学生的学习热情和探究动力。针对当前高校在传播马克思主义和思政课教学过程中存在的问题，我们在充分调研的基础上，分析当前教学困境产生的原因，在教学实践中不断探索课程教学模式创新的理论与实践，逐渐形成了以“因材施教”和“因需施教”为原则，以学生为中心，以行动为导向的分类教学模式。

(二)立足能力提升和价值观培育,探索分类教学模式,培养创新型人才

思政课教学具有自己独特的目标体系。从知识性目标方面看，思政课传播马克思主义基本理论的教学不是单纯传播某种知识的教学，而是要以高度的文化自觉意识，以人类文明成果集大成的知识体系为基础，来阐述马克思主义的广义文化知识论目标。从能力目标方面说，多方面提升大学生能力，尤其是锻炼大学生思维品质，提升大学生分析、判断、解决实际问题的水平，是当前思政课教学的主要目标。从价值观目标方面说，思政课依托的理论体系本身就带有自己鲜明的价值立场和价值目标，帮助大学生养成积极向上、健康乐观的情感态度和价值观，形成良好的意志品质，

唤醒大学生文化自觉意识，是思政课教学的内在目的。

分类教学是契合思政课教学目标体系的一种教学模式。不同于以学科为中心的传统教学模式，它以“因材施教”和“因需施教”为原则，根据学生的学科专业知识背景的差异，从教学内容、教学方法、教学手段、评价体系等方面实施分类教学，试图从根本上扭转思政课教学的同质化倾向，从而真正实现思政课教学的目标体系。

“因材施教”是指充分重视学生在学科背景、知识结构、思维方式等方面的差异，并以此将学生划分为不同的“类”，从而提高思政课教学的针对性。目前，我们主要依据文科、理科、艺体三大类划分教学对象，这使因材施教成为可能。“因需施教”不是简单地无原则地满足学生个性化的需求，这个“需”就教学对象而言，是服务于学生成长成才的需要；就教学效果而言，则是指服务于教学目标的真正实现。建构主义学习理论认为，人类获得知识的唯一正确路径是通过新旧知识的联结，由学习者主动地探索和建构知识体系和价值体系。因此，思政课教学需有针对性，文科类学生的教学以人文精神培养、思维素质提升为主线，理科类学生侧重人文素养、自然科学思维方式培养，而艺体类学生则以拓展文化修养、普及马克思主义理论为培养主题。在这种教学活动中，分类教学模式把学生理解为积极探索建构的主体，以学生原有知识经验为基础，设计有针对性的教学方案，激发学生自身的认知维度和情感维度，通过关联的知识背景、积极的情感态度、良好的意志品质让学生通过自主探索新旧知识的联结构建理论的意义。学生作为教学过程的积极参与者，不仅能更好地了解理论的整体性和知识细节，而且能培养和锻炼分析问题和解决问题的能力。

“因需施教”要求我们结合学生思维习惯设计教学思路、选择教学方法和考核办法，从而使思政课教学真正实现由填鸭式向启发式转变、由讲解式向研讨式转变、由被动受训式向主动参与式转变，使学生由自在的受教育者转为自觉的学习者、践行者。

(三)分类教学模式的实施路径

1.课程体系专题化

课程体系专题化是分类教学在思政课教学中实施的主要路径。我们在充分调研的基础上，依托教材，打通章节中各个知识点之间的联系，将教材体系转化为专题化的教学体系，依据教学对象的不同，明确专题提纲，撰写专题教案。如将“马克思主义基本原理概论”课教材七章内容，归结为三个问题——“育人”“育智”“育德”，七个专题——“人之是”“人之思”“人之识”“人之群”“人之惑”“人之择”“人之愿”。

同时，我们以思政课教学中的难点、时政热点为线索，撰写专题教案，贯通四门思政课，体现思政课学习的系统性和纵深度。

2.教学体系项目化

在专题化的基础上，需要我们进一步将专题项目化，把时事热点、科研课题和暑期社会实践活动引入实践教学，创新实践教学模式，在实践中检验理论，证明理论的力量和价值。“人的思维是否具有客观的［gegenständliche］真理性，这不是一个理论的问题，而是一个实践的问题。人应该在实践中证明自己思维的真理性，即自己思维的现实性和力量。”[①]

首先，把时事热点引入实践教学。以当前国际国内的某个时事热点为主题，运用马克思主义世界观和方法论对其进行科学研究。教师为学生提供精心设计的开放式课题，这些课题一般来源于当前国际国内重大问题，通过对这些课题的研究使学生学会运用马克思主义理论分析解决实际问题。

其次，把科研课题引入实践教学。教师把自己承担的科研课题引入思政课实践教学中，即把课程学习与科研活动结合起来。这种实践教学方式为学生提供了自主参与科研活动的机会，学生通过参与科学研究的主要过程，可以在一定程度上掌握从事科学研究的方式方法。

最后，把大学生暑期社会实践活动纳入实践教学项目。实践出真知，实践长才干。大学生暑期社会实践活动使大学生在活动中锻炼自我，增长

① 马克思，恩格斯.马克思恩格斯选集:第1卷[M].北京:人民出版社,2012:134.

才干。把大学生暑期社会实践活动纳入实践教学项目，可以通过一系列实践活动以期提高大学生的社会实践能力和思想认识，同时更多地为基层群众服务。如针对不同专业的学生设计项目，指导学生进行“红色旅游路线的开发”“理论宣讲”“关爱留守儿童”等暑期活动。

三、已取得的成果

2012年以来，在充分调研的基础上，我们在思政课教学实践活动中引入分类教学模式，并取得了一定成果。

（一）形成三大类分类教学雏形

课题组依据文史、理工、艺体学科大类对教学对象进行分类，把全校80多个专业的学生分成三大类教学对象，并初步形成了针对不同学科类别学生的“思想道德修养与法律基础”“马克思主义基本原理概论”“中国近现代史纲要”“毛泽东思想和中国特色社会主义理论体系概论”四门课程的分类教学大纲和课程教案，初步构建了“一本多纲”的教学模式。四个课程组依据学科特点和学生专业背景，尝试建立科学合理的教学专题。如“马克思主义基本原理概论”课程组针对音乐、美术、摄影、运动训练等艺体专业实施专题化教学，并初步形成颇具特色的艺体类分类教学模式；“中国近现代史纲要”课程组已经在全校分专业类别进行专题化教学。

（二）创新分类教学实践教学模式

在分类教学实践中，逐渐积累了许多有价值的实践教学方式，能够有效地贴近学生专业，并最大限度地将思想理论学习和专业学习结合起来。如在摄影专业学生中开展“最美瞬间”摄影评选活动，将价值观引导融入学生专业特长中；在音乐专业学生中开展“革命音乐史”专题教学实践，将革命历史和音乐发展史结合；在汉语言文学专业学生中开展“哲学与文学”专题教学讨论，将马克思主义哲学立场引入学生对文学的学习中。

（三）完善分类教学考评方式

在分类教学改革的同时，各课程组尝试建立行之有效的分类考评机制。“马克思主义基本原理概论”和“毛泽东思想和中国特色社会主义理论体系概论”课程组设计分类考试试卷，实行一课多卷的考试形式。同时，在四门思政课中全面实施过程考核。具体做法就是结合三大类分类教学大纲，制定过程考核方案，成绩评定注重考查学生利用马克思主义基本立场、观点和方法分析、解决问题的能力，将学生的实践能力和理论学习能力结合起来，学习过程和学习结果并重，力图建立合理的评价体系。

（四）建设分类教学教师队伍

目前，在前期实践的基础上，各课程组依据教师的专业背景、学缘结构、学历、职称将教师分类，建设分类教学教师队伍。如从事理工类教学的教师专业背景以科学哲学、逻辑学等学科为主，从事艺体类教学的教师以美学、中国哲学等学科为主。

实践证明，分类教学模式对学生实践能力、就业能力、创业能力的提高起着积极的作用。实行分类教学班级的学生对课程的满意度达90%，思政课评教分数也明显提升。

四、分类教学的意义

（一）有利于改进课程体系的教学设计与全面规划

思政课教学的目标是教会学生用科学的思维方法、工作方法认识和处理各种实际问题，帮助大学生树立正确的世界观、人生观和价值观。分类教学模式正是基于能力本位进行课程体系设计，其目的是提升能力、生成价值，加强课程内容与综合能力的相关性，整合理论与实践，促进大学生的能力提升和价值生成。

（二）有利于增强思政课教学的实效性

分类教学模式弥补了传统教学模式的缺陷。它通过对教学对象、教学内容、教学方法、教学手段、评价体系等方面进行系统性分类，使思政课专题化和项目化教学可以落到实处。最终，教学效果能够凸显，师生在真实情景中，主动自觉地探索马克思主义在人类文明进程中的地位与价值。

（三）有利于构建以学生为主体的师生互动型教学模式

思政课具有较强的抽象性和学理性，其基本原理来源于马克思主义经典著作，具有特定的历史背景和深厚的理论渊源，理论之间具有严密的逻辑，这必然对思政课教学工作提出了更高的要求。分类教学模式在教学中实行“教、学、研”合一，即重视教师施教、学生学习和师生共同研讨，强调探索性和研究性学习，做到学理性、理论性和实践性的统一。

（四）有利于增加思政课教学的开放性

以往的思政课教学过于注重理论知识的灌输，很多大学生觉得这些理论如同“空中楼阁”，在现实生活中找不到根基。实践证明，分类教学所体现的开放性，深化了思政课的教学，它对实现马克思主义理论进课堂、进学校、进家庭、进社区、进社会，对实现全民全员的思想政治教育，对奠定创建和谐社会的思想基础，都有积极的影响。

五、存在问题检视

（一）分类的标准与教学设计的反思

教学分类的标准和教学设计并非僵化的模式，既要形成相对稳定的教学目标、教学内容、教学方法、教学方式、评价体系相统一的分类教学模式，又要能够通过对模式的反思，进行再教设计，形成动态长效调解机制。

（二）分类教学实施的瓶颈

分类教学的典型特征就是重视对教学过程的考察，因此需要我们不断反思教学过程中教育对象的能力因素和动力因素，充分考察学生在思政课学习中情感态度和认知水平协同作用的效果。同时，分类教学是以学生为主体的师生互动型教学，这种模式的实践给任课教师提出了更高的要求。首先，教师要对思想政治理论具有真情实感，才能与学生进行深层次情感交流。其次，教师知识储备的广度和深度要达到教学需要。最后，教师要有相当的教学艺术来驾驭整个教学过程。

“原理”课教学如何有针对性地育智、育德、育人
——以安徽师范大学“原理”课分类教学模式探索为例*

分类教学是实现思想政治理论课教学目标的重要模式和积极途径。“马克思主义基本原理概论”（以下简称“原理”）课分类教学不是一种简单的“将教学内容、教学要求及训练内容分成不同层次进行教学的方法”①，而是运用尊重学生“所讲”“所思”“所需”理念，针对学生的个体差异因材施教，促进学生全面发展的一种运用综合性手段提升教学实效的实践过程。安徽师范大学“原理”课教学团队通过转换教学思路、修订教学大纲、调整教学内容、完善教学考核方式，探索出别具一格的“育智”“育德”“育人”的分类教学模式。

一、教学思路的转变

“原理”课分类教学思路围绕“三个转变”，即由填鸭式向启发式转变、由讲解式向研讨式转变、由被动受教式向主动参与式转变，主要体现为以下三个方面。

第一，以问题考察为前提。分类教学要以当代大学生内心的困惑以及在“原理”课学习中所产生的问题为教学前提。大数据时代的大学生，思维活跃、求知欲强，但是大多数养尊处优、自控力弱，如何把他们培养成

---

* 本文原载于《思想理论教育导刊》2015年第7期，有删改。

① 关莉.浅谈“分类教学”[J].辽宁教育行政学院学报，2007(8)：136.

合格的社会主义建设人才，对“原理”课教师来说的确是一个挑战。热爱学生，就要融入学生的生活中，了解和搜集他们所关注的各种信息，特别是要关注他们的所讲、所思、所需、所求，这是“原理”课分类教学“接地气”的主要渠道。

第二，以经典原理为指导。分类教学要更好地、正面地、积极地传承和发展马克思主义的精神实质。教学既要有理论的深度，又要有现实的观照，既要阐释透彻、分析到位，又要贯彻马克思主义的原则和方法，教会学生始终站在马克思主义的立场对一切错误的言行坚决说“不”，实现“原理”课对不良思想和倾向的纠偏和矫正作用。

第三，以促进学生健康发展和全面发展为归宿。“原理”课的价值目标在于始终以主流意识形态为导向促进学生实现全面发展。尊重个体差异、充分发挥个体潜能的教学才能有助于实现学生的全面发展。分类教学坚持“因材施教”的原则，以学生为积极探索建构的主体，以学生原有知识经验为基础，设计针对性的教学方案，激发学生自身的认知和情感，从而实现“原理”课的理论学习和价值生成有效结合。

二、分类教学大纲的编订

“原理”课分类教学大纲的编订需要体现专题教学与课堂实践相结合的精神，遵循以人为本和因材施教原则。

第一，课堂专题教学方面，注重拓展文科类学生的哲学思辨能力，提升理科类学生的逻辑思维能力，加强对艺体类学生马克思主义审美观和价值观的塑造。“原理”课的理论学习一般由十个专题构成：时代呼唤马克思主义；从整体上理解马克思主义基本原理；马克思主义的世界观；马克思主义的辩证法；马克思主义的认识论；马克思主义的真理观与价值论；马克思主义的社会历史观；马克思主义的剩余价值理论；马克思主义关于当代资本主义新变化的认识；马克思主义的共产主义理论。专题设计重在凸显学生的不同知识背景（文科类、理科类、艺体类）。教学实践表明，文科类学生可以更好地从国情国史、马克思主义与中国传统文化的契合以及当今世界发展趋向等综合视野中把握马克思主义基本原理的理论魅力，理科类学生可以更好地从科技发展史、科技的社会作用以及科技工作者的科学精神与人文精神的统一等层面领悟马克思主义基本原理的精神实质，艺体类学生可以更好地结合艺术、体育这些社会意识形式的历史演进等现实感性角度掌握马克思主义基本原理的要领和真谛。

第二，课堂实践方面，根据文科类、理科类、艺体类等不同专业设置六至八个专题的讨论交流或经典诵读或主题演讲。比如，就文科类的讨论交流而言，以“马克思主义与东西文化的交融与会通”为基本内容，以“马克思主义理论热点问题面对面”为讨论主题，重点探讨马克思主义中国化、马克思主义与中国传统文化、马克思主义与西方文化、马克思主义与社会主义核心价值体系等方面的内容。

三、教学过程的分类

如何实现教师对马克思主义的真学、真信、真讲、真用，引领学生对马克思主义的真学、真懂、真信、真用？实践表明，教学过程必须有针对性，文科类的学生希望教师多讲一些课本之外的延伸知识，理科类学生希望教师尽可能将理论通俗化，艺体类学生希望教师尽可能活跃课堂气氛[①]。所以，根据不同学生群体的学科背景、专业知识及兴趣爱好，分类教学过程设计要有所侧重，尤其要做好教学内容的取舍。

第一，把握文科类教学过程的深度。文科类学生的社会科学知识相对丰富，他们的思维活跃，分析能力、理解能力都较强，对理论学习的兴趣较浓，渴望提升自己的理论素养和水平，且有较强的参与意识。他们比较关注人与外部世界之间纷繁复杂的关系，希望能充分理解和掌握人与自然、人与人、人与社会等之间的关系。因此，教师在教学过程中，要将教学重

① 李明斌，杨学龙．试论地方高校思想政治理论课分类教学的必要性和可行性[J]．宜宾学院学报，2012(6)：133-134.

点放在教材的绪论、第一章和第三章上，即注重第一专题、第三专题、第四专题、第五专题、第六专题、第七专题的讲授，以学生辩论为主，体现问题性、学术性和思辨性，适当提高理论的深度。如在讲解第三专题马克思主义的世界观的时候，围绕“如何把握人与世界的关系——人之思”这一重点，教师可从世界观、人生观及价值观等不同层次分析如何正确把握人与世界的关系，同时结合大学生所困惑的理想与现实、应然与实然等问题，引导学生深入探讨。

第二，把握理科类教学过程的高度。理科类学生思维缜密、学有专长、动手能力较强，有的学生有重理轻文、重专业轻基础的倾向，马克思主义理论知识基础相对薄弱，对政治理论学习的兴趣不大，甚至有抵触情绪。但不可否认的是，他们充满求知欲，渴望获得关于客观世界的正确认识，渴望拥有科学真理。因此，教师要注重站在社会发展、民族振兴、国家繁荣的高度引领理科类学生的健康成长，教学重点应放在第二章、第四章及第五章上，即注重第二专题、第五专题、第六专题的讲授。如在讲授“怎样才能获得正确的认识——人之识”这一重点内容时，教师可以通过对到底有没有真理、究竟什么是真理、真理发展的规律及真理与价值的关系是什么等问题的讨论，引导大学生从整体上全面把握人的认识活动的本质、发展动力、过程及其规律等问题。鉴于理科类学生对科学真理问题的关注，教师可以围绕真理与人、真理与谬误、真理与价值等之间的关系问题展开探讨，帮助学生树立为追求真理而不断奋斗的信心。

第三，把握艺体类教学过程的宽度。艺体类大学生大多富有艺术细胞、活泼好动、勇于表现自己且团队协作能力较强，但有部分学生文化课包括马克思主义理论基础知识相对薄弱，逻辑思维和理解能力较弱，对理论课学习热情不高。所以，帮助他们拓宽知识视野、提升理论境界显得尤为重要。在“原理”课教学过程中，教师应降低理论难度，可从学生喜爱的明星、歌会、球赛等话题导入课堂教学，寓教于乐、寓教于美、寓教于活动中，对学生保持爱心和耐心，放宽知识点对生活层面的辐射，营造轻松和谐的学习氛围，以大众化、口语化且充满时代气息的语言讲授理论问题，力求使学生广泛参与到教学活动中来，培养学生对理论学习的兴趣[①]。

上述分类教学过程设计需要解决好两个问题。其一，分类教学与统一教学的结合。分类教学需要汲取统一教学的优点，它与统一教学并不是完全对立的。分类教学既是教学的前提性安排，也贯穿于教学的具体进程之中，也就是说，它既是指导思路，也是教学方法论的具体化。统一教学所采用的经典诵读教学法、课堂实践教学法、互动探究教学法、热点链接教学法都具有各自的优势，应该融会贯通地运用于分类教学之中。其二，教学效果与课堂效果的统一。教学效果和课堂效果及其二者的关系要辩证地看待。如果课堂效果差，学生“抬头率”低，听不进去，那么教学效果自然不好；如果一味追求课堂效果，为了制造笑点而实施哄逗教学，那么教学效果也不会好到哪里去。所以，教学效果和课堂效果的统一，是分类教学过程设计需要认真处理的一个问题。

四、教学考核的分类

教学考核一方面能够检测学生对“原理”课知识的掌握程度，另一方面还可以发现“原理”课教学需要改进的地方。针对不同专业学生的特点，可以实施期末统一考核和平时过程考核相结合的方式。

第一，逐步加大平时过程考核的力度。提高平时成绩占总评成绩的比重，有助于学生重视课堂学习和课后实践。平时考核除了考勤、集体交流与讨论，还包括书面作业等，但必须结合学生特点、发挥学生专长、拓宽学生视野、挖掘学生潜能。比如，对文科类学生可从采取以写作小论文为主的考核方式，充分发挥他们思辨能力强的特点，提高他们解决现实问题的能力。对理科类学生可以采取调研与讨论的方式，注重引导他们将求真与做人相结合，促使他们养成关心社会、服务社会的良好品质。对艺体类学生可以采取更加灵活多变的考核方式，如文艺表演、体育展示、美术展

① 操国胜.马克思主义大众化视阈中思政课分层分类教学研究：以《毛泽东思想和中国特色社会主义理论体系概论》为例[J].池州学院学报，2013(2)：127-131.

览等，引导他们积极思考，让他们明白艺术来源于社会、服务于社会的道理。

第二，注重期末考核题型的灵活性，既要有统一的标准，又要有区分。比如，可以全部以材料的形式呈现，但这些材料必须与学生的所思、所学、所需紧密相关。所考查的问题不能过于浅显，也就是说不能仅仅停留在对书本知识的检测上。既要检测学生对基本知识的把握，又要检测学生的思维能力，还要检测学生的理解能力，更要检测学生的综合运用能力，这是分类考试的基本要求。因此，分类教学考核的设计需要精心准备，考核结果也需要认真总结。

通过对分类教学考核方式的摸索，我们认为有针对性地育智、育德、育人需要从三个方面着手：第一，注重学生对“原理”课内容的了解、熟悉和掌握；第二，加强知识点与现实社会的对接，强化学生在日常生活对马克思主义基本原理的运用；第三，努力提高学生人文、自然、体育、艺术等多方面的知识素养，提高学生运用“原理”来理解生活的能力。

总之，“原理”课分类教学是既尊重学生的个体差异，又重视学生学科背景，还关注教学过程的合理可行的教学模式，因而是实现马克思主义理论育智、育德、育人功能的有效途径。

"思想道德修养与法律基础"课分类教学论要*

如何提高"思想道德修养与法律基础"（以下简称"基础"）课教学的针对性和实效性，一直受到学界的广泛关注。一线的教师对此做了大量的实践探索，相关研究成果不少。总的来说，有两个方面的路径为人们普遍公认：一是在课堂实践教学上下功夫，这样可以改善课堂教学的枯燥和刻板，提高学生的接受度，从而提高教学实效性；二是在课外实践上下功夫，大学生之所以对思想政治理论课学习兴趣不高，主要是因为对社会的认识不够，因而还不知道自己需要什么。通过适量的社会实践，"学然后知不足"，从而改善大学生听课的内在动力，以达到提高课堂教学实效性的目的。这两种路径在教学实践中是否取得了预想的效果，可谓仁者见仁，智者见智。笔者认为，这两种路径主要是在教学形式上下了功夫，而在教学内容上的功夫明显不足。课堂教学的实效性关键在针对性，教学形式的改革力度再大，离开针对性谈实效性，都是缘木求鱼。安徽师范大学对"基础"课实行分类教学，在提高教学针对性方面取得了多方面的经验。

一、"基础"课分类教学的必要性

我们所指的分类教学主要是以提高教学针对性为目的，根据教学对象的现实情况和学习需要进行的分类。具体包括三个方面的内容：一是根据

---

* 本文原载于《思想理论教育导刊》2015年第2期，有删改。

教学对象的素质差异，将素质相似或相近的教学对象实行分专业的必要归类；二是根据教学对象的实际条件，为适应不同对象的需要，对教学内容进行难易度的适当调整；三是根据教学对象的实际需要，对存在素质差异的教师队伍进行较合理的师资配置。这种分类教学理念的提出，是应对当前高校“基础”课教学的实际需要采取的必要措施。

首先，分类教学是教学对象存在素质差异的客观要求。为与我国社会的快速发展相适应，近年来高校在专科、本科、研究生各阶段开设了种类繁多的专业。高中升学率也逐年攀升，越来越多的青年获得了进入大学学习的机会，这是一件利国利民的好事。但是，为了让不同层次的专业开得起来，大学的准入门槛越来越低。以安徽省2013年理科高考录取分数为例，最低控制分数线本科分别为490分（第一批）、429分（第二批）、387分（第三批），艺术类本科240分；高职专科150分、艺术类高职专科105分；体育类本科278分，体育类高职专科150分。学生考的是同一份试卷，尽管分差较大，但却可能在同一所高校继续学习。他们的基础文化素养有较大差距，这是不争的事实。对此，在教学过程中，根据学生的基础条件，根据专业差异对学生进行适当归类，既尊重事实，又能提高教学针对性。

其次，分类教学是提高统编教材针对性的实际需要。根据教育部“05方案”的要求，全国高校一年级学生统一开设“基础”课，并且统一使用国家组织编写的教材。近年来，这本教材经过不断修订，一方面，在内容上将原来的“思想道德修养”与“法律基础”两门课较好地融合起来，并处理好了两者之间的关系；另一方面，在宏观上越来越切合大学生的生活和思想实际，对于一线教师讲好“基础”课的指导作用毋庸置疑。但是，由于学生来自全国各地的高中，每个人的文化基础、成长环境和经历差异很大，想让一本教材能够满足全国所有一年级大学生的需要，显然是比较困难的。为此，教学过程中，教师针对教育对象的实际情况，结合教材的宏观要求，在教学内容上进行难易度的适当调整，无疑是有益于学生成长需求的。不少高校根据自身的实际情况编写校内教师的教学参考资料，其实都是根据教材的宏观要求而做的与实际相结合的努力。

最后，分类教学是对教师资源进行合理配置的现实需要。高校“基础”课师资力量与思想政治理论课其他学科相比，相对薄弱。一方面是由于思想政治教育学科的建设相对较迟，另一方面也由于这门课在建设的过程中几经分合，队伍一直不稳定，在一些学校甚至被认为是“没有专业，谁都能讲”的课程。就目前而言，这支队伍主要由专职教师、兼职教师、硕士研究生三部分人员构成。因此，这支队伍人员的年龄、职称、知识结构，以及专业背景、教学经验和能力等参差不齐。要想让这样一支队伍在现有的情况下发挥最大效能，就要进行合理配置。所谓合理配置，就是将教师的实际情况与学生的实际需要相联系，对应配置。比如，将某一专业背景的教师与相同或相近专业的学生配置在一起，将教师的经验和能力与学生的实际需要联系起来对应配置，等等。

二、“基础”课分类教学的可能性

对“基础”课进行分类教学，一线教师应该十分清楚其所具有的现实价值。但就实际工作而言，学生的分类比较容易做到，根据他们的专业采取分班授课即可完成对学生进行分类教学的大致要求。教学内容的分类也比较容易完成，即使没有一支理论功底较好、教学经验丰富的师资队伍，也可以通过“走出去，引进来”等交流学习的方式逐步提高教学内容分类的质量。相比较而言，教师的分类困难最大。大致说来，教师分类的困难主要有两个客观存在的原因。

一是从历史角度来说，由于“基础”课建设的短暂性和不稳定性，在这个岗位上长期专职担任教师的人并不多，在国家统一要求开设思想政治理论课以后，有的学校甚至是“临时拼凑”了一支队伍以应课程教学之需，因此，这支队伍很难按照学生素质状况一一对应地进行合理配置。

二是从实践操作的角度来说，分类标准的难以确立是掣肘教师分类的关键。要对教师进行分类，必须回答这样的问题：分类的标准是什么？这种标准的设立所涉及的原则和内容如何兼顾学生的成长需要和教师的个人利益？分类的结果对教学团队的建设可能会造成哪些影响？这些问题看似简单，却直接影响教师队伍的分类操作。

安徽师范大学从三方面着手，经过多年的探索，为分类教学中解决教师队伍的分类困难找到了基本路径，进而使“基础”课的分类教学成为可能。

第一，对教师进行在岗培训，加快整体素质提高的步伐。教师队伍基本素质不整齐，专业结构不合理，成员之间存在较大差异，是目前“基础”课分类教学中教师队伍分类的首要难题。解决这一问题，首先要求教师自己应根据教学需要，主动积极地改善自身的知识结构，在实践中提高教学能力。其次，教师所在单位也应为教师的进步提供必要的条件。在岗培训虽然时间短暂，但教师能够通过与同行的交流快速抓住纲要，为自己的学习和探索提供必要的引导。可以说，在岗培训是快速提高教师基本素质的捷径。在岗培训有三种基本的途径：一是聘请校内专家不定期进行培训；二是组织教师外出参加相关培训，将学习成果带回来与同行分享；三是有条件的学校应为教师提供在职提升学历的机会和条件，这是“基础”课教师队伍建设长效机制的重要内容。

第二，教研室集体备课，统一要求，确定教学内容。教师队伍分类的难题如果不能恰当处理，其负面影响最容易在教学过程中体现出来，但想立即就拿出办法彻底解决问题，并不客观。实践证明，采用集体备课，统一要求的方法，有益于解决这个问题。集体备课，就是在给学生上课前，召集所有教师在一起，对要讲的内容进行研讨，请有经验有研究的教师主讲，其他教师根据自己的思考和认识参与讨论，最后集中统一意见，确定教学内容。集体备课的好处在于，不管教师素质如何，通过备课环节，基本可以保证对要讲的内容能够达到相对一致的高度。统一要求，就是对教师在教学过程中要完成的任务和要采用的手段或措施进行统一规范。这样做能够基本保证“基础”课分类教学的教育内容不走样，至少可以守住教学质量的底线，减轻分类教学可能带来的负面影响。

第三，加强团队建设，营造团结互助、共同进步的氛围。俗话说“人心齐，泰山移”，说的就是一个团队的团结伟力。“基础”课分类教学虽然有很多困难，但如果教师们能够团结互助，就能克服这些困难。团队建设重视的是做人的工作，主管部门应着力营造团结、互助的氛围。团结要看凝聚力。队伍成员能否团结关键看团队内部的核心成员有没有凝聚力。对于高校教师来说，个人具有较强的教学科研能力、乐意带领团队共同进步的意愿是能够成为团队核心成员的前提条件。主管部门可以通过教研室民主选举的形式，突出核心成员的作用，为其能够团结带领团队一道前进创造条件。互助要看战斗力。一个团队是否真的团结，还是只做表面文章，维持一团和气，关键看战斗力。没有战斗力的团结，对于团队来说是无关紧要的。团队成员能够互助才能使团队具有坚不可摧的战斗力。因为互助有益于取长补短，有益于将教师个人的不足消弭在相互提携的工作状态中。

三、“基础”课分类教学的实效性

由于认识到“基础”课分类教学的必要性，也基本解决了分类教学中教师队伍分类的难题，安徽师范大学“基础”课分类教学取得了三个方面的实效。

第一，在解决教师队伍分类难题的同时提高了队伍的整体实力。前文已述，分类教学中最困难的是教师队伍的分类。我校在解决这一难题时，采取先搁置分类标准的困难，以提高教师队伍的整体实力为目标，推动队伍建设。这一工作思路，不纠结于现实的困境，以达到最终目的为方向，选择切实有效的行动，不仅没有停下脚步，反而是大踏步迈进。我们通过每年暑假的在职在岗培训、平时的教研室集体备课、教师在职提升学历等途径，大力提升教师队伍的整体实力，极大地减少了教师队伍中长期存在的较大差异，为克服分类教学过程中可能出现的困难做好了准备。

第二，基本形成了课程分类教学所需要的行之有效的教学方案。在没有进行分类教学之前，我们的教案是全校统一的教案，教师按照要求在各个班上课，基本保证了教学内容的统一性。但是，有一个明显的问题，也是很多学校采用这种统一教学方式必然会面临的问题，即不同专业的学生对“基础”课学习的兴趣不一样，同一个教师，在不同专业的学生上课，得到的认同程度也明显不同。有的专业的学生很乐意听，有的专业的学生却十分抵触，原因就在于教案的统一要求与学生素质的差异之间的矛盾。我们的具体做法是：根据我校学生的专业特点和基础文化素养，将学生分为文科类、理科类、艺体类三大类。根据教师的实际情况，将教师分成三个大组，每组指派一名牵头人，组织编写符合本类学生需要的教学方案。为保证分类教学的质量，教研室制定编撰原则。一要确保与全校的教学要求在目标上的一致性。通过“基础”课的教学，使大一新生在人生观、价值观、道德观、法治观几个方面形成正确的认识，这个目标不能走样。二要确保与全校的教学内容在框架上的一致性。教研室要求做到“规定动作不走样，自选动作要多样”。所谓“规定动作”就是全校的教学内容有一个大的框架，在编撰教学方案时不能无视这个框架，其中的必讲内容或资料都必须落实到位。“自选动作”就是要求教师应根据三类学生的实际情况，选择学生喜闻乐见的内容和形式开展教学。实践证明，我们采取这种分类教学的方案是行之有效的。

第三，极大地调动了学生的学习热情。在许多人的思想认识中，大学生并不喜欢思想政治理论课，其实不然。用学生自己的话说：“我们并不是不喜欢思想政治理论课，我们是不喜欢与我们无关的思想政治理论课。”因此，“基础”课要想让学生喜欢，就必须让他们感到授课的内容与他们有关。我们采取的分类教学，针对不同专业学生的素质要求，讲授与他们的生活实际紧密联系的内容，因而极大地调动了学生参与和关注教学的积极性。比如，我们在进行理想教育的教学过程中，要求全体学生结合自己的理想写一篇主题为“我来大学做什么”的小论文，教师审读后，根据班级人数按10%的比例选出优秀小论文，并请作者在班级宣讲自己的论文，最后教师结合全班学生的论文和优秀论文的宣讲进行点评。通过班级同学的宣讲，学生在比对自己的理想设计时，就会自觉或不自觉地从中得到有益的启发。这一做法的成功之处就在于促进了朋辈教育的实效性。我们知道，不同专业的学生理想可能会有不同，但同一专业的学生理想却有相似之处。如果不进行分类教学，教师只能在理论上说明什么是理想，在宏观上指导学生如何树立正确的理想，很难针对不同专业的学生的理想进行解读和引导。虽然我们的做法全校统一，这也是在“规定动作”上的统一，但是学生对个人理想的陈述，教师对学生论文的解读，学生在班级的宣讲都是“自选动作”，完全是与本专业紧密结合的产物。这种对学生现实生活的高度关注，极大地激发了学生的参与热情。

分类教学:增强高校思想政治理论课教学实效性的有益探索

——以“中国近现代史纲要”课为例*

自“05方案”实施以来，全国各级各类高校充分发挥思想政治理论课作为大学生思想政治教育工作主渠道作用，积极探索增强高校思想政治理论课实效性的途径和方法，形成了许多有效成果。在教学方式与方法上，一方面，研究者对启发式、参与式、研究性教学等内容展开深入研究，形成以专题讲授、案例教学等为代表的教育教学形式；另一方面，分地域、分层次、分对象开展教学的呼声在学界也不断涌现。为此，本文将以“中国近现代史纲要”（以下简称“纲要”）课程为例，探讨分类教学在高校思想政治理论课教学中的实际应用。

一、分类教学是增强高校思想政治理论课教学实效性的现实选择

所谓分类教学，是指为提高教学实效性，在课程设置总体目标指导下，根据高校学生的专业学科、思维特点、知识构成等将其分为不同的大类，并采取相应的教育教学形式的教学模式。分类教学模式之所以能被应用于高校思想政治理论课教学，是因为它在教育关系上尊重了教育对象的个体差异性，在教育理念上体现了因材施教的同类针对性，在教学实践中有助于促进高校思想政治理论课教学的“三个转化”。

---

*本文原载于《思想理论教育导刊》2016年第1期，有删改。

第一，在教育关系上，分类教学尊重了教育对象的个体差异性。

在教育理论中，师生关系是教育过程的一对基本关系，无论是单一主体论抑或双主体论均充分肯定学生在教育活动中的重要作用。我国已步入高等教育大众化时代，全国高校在校生总体规模庞大、知识水平参差不齐，即便在同一所高校内，学生在学科专业、思维特点、知识构成等方面也存在着明显的差异。这种差异性对我国现有高等学校思想政治理论课教学提出了迫切要求。为增强高校思想政治理论课的教学实效性，各级各类高校必须适应高等教育快速发展要求，充分调动广大学生在教学活动中的积极性、主动性，而分类教学模式因其充分尊重教学对象在学科背景、思维特点和知识构成等方面的差异性，成为提高高校思想政治理论课教育教学效果的一种现实选择。

第二，在教育理念上，分类教学反映了因材施教的同类针对性。

分类教学模式实现了传统因材施教理念的个体针对性和现代大众教育群体差异性的有效统一。从孔子提出“视其所以，观其所由，察其所安”，到孟子主张“教亦多术矣”；从宋代朱熹提出因人性“禀气有异”，教育“必尽人之材”，再到明代王守仁的“教无定法”“因人而施”；“因材施教”得到了历代教育家、思想家的阐释和践行，对中国教育发展具有重要的意义。因材施教立足教育对象之间的具体差异，主张具体问题具体分析，坚持把统一要求与特长培养结合起来，深刻反映了客观的教育规律，因此，因材施教是现代教育必须遵循的重要原则。然而，在高等教育大众化的时代背景下，强调绝对个体差异性的因材施教难以普遍实现。为此，以同校学生的专业学科、思维特点、知识水平、认知差异等归类教育对象并对其开展分类教学，就成为大众教育时代坚持因材施教理念的可行方案。

第三，在教学实践中，分类教学有助于思想政治理论课教学实现“三个转化”。

改革开放以来，高校思想政治理论课教育教学取得了很大成绩。但是在新的形势下，高校思想政治理论课教育教学还存在许多亟待解决的问题，比如“学科建设基础比较薄弱，课程内容重复，教材质量参差不齐，教学方式方法比较单一，教学的针对性、实效性不强。教师队伍数量不足，素质有待提高，优秀中青年学术带头人缺乏。一些学校不同程度地存在认识不足、重视不够、管理不到位的情况”[①]。为提高教学针对性、增强课程的吸引力和感染力，当前高校思想政治理论课教学正着力推进“三个转化”，即教材体系向教学体系转化，教学体系向学生的知识体系和信仰体系转化，管理体系向服务体系转化。分类教学恰恰有利于高校思想政治理论课教学实现教材体系向教学体系转化及教学体系向学生的知识体系和信仰体系转化。首先，分类教学是教材体系向教学体系转化的有效途径。“05方案”中高校思想政治理论课基本采取本、专科分层次的统编教材模式，面对全国各级各类高校的办学实际，统编教材建设与实际教学工作面临“统与分”的矛盾，为此各校普遍加强教材体系向教学体系转化工作。分类教学因凸显了高校学生专业学科背景的群体差异性，更有利于推动教材体系向教学体系的转化工作。其次，分类教学为教学体系向学生的知识体系和信仰体系转化提供可能。实现这两个转化的前提是高校思想政治理论课能具有较强的吸引力、感染力，增强广大青年学生对思想政治理论课的认同度和接受度。分类教学以学生专业背景、知识水平为分类标准，尊重学生思想状况、实际需求，更有利于青年学生认同和接受高校思想政治理论课，增强高校思想政治理论课的教学效果。

二、分类教学在高校“纲要”课教学中的应用模式

安徽师范大学思想政治理论课教学团队经过多年探索积累了宝贵经验，逐步形成以学科专业背景分对象、以知识专博程度分内容、以群体思维特点分形式、以教学内容难易程度分考核为基本特征的分类教学模式。

第一，以学科专业背景分对象。

以学科专业背景分对象是开展思想政治理论课分类教学的基础性工作。

① 教育部社会科学司.普通高校思想政治理论课文献选编(1949—2006)[M].北京:中国人民大学出版社,2007:214.

高校思想政治理论课是针对高校大学生开设的必修课，是开展大学生思想政治教育工作的主渠道。当前我国各级各类大学普遍存在招生规模大、学生层次多样的现状，这迫切要求高校思想政治理论课教学体现这种层次性和差异性。安徽师范大学是一所省属综合性大学，学科门类齐全，专业设置多样。为了增强思想政治理论课开设效果，我校在全校范围内开展了课程分类教学工作。以“纲要”课为例，本课程依据学校招生学科分布情况，考虑不同专业间的差异与共性，将全校80多个专业学生划分为文科、理科、艺体三大学科类别，在“纲要”课教学大纲的框架内开展专题教学，大部分专题仍实行校内通用，同时抽取部分专题，结合三大学科类别的学生实际，开展针对性备课，采取相应授课形式，讲授具有差异性的内容。

第二，以知识专博程度分内容。

如何针对不同学科类别择取教学内容是实施分类教学的关键一步。因此，开展学科专业生源状况分析成为分类教学工作的重要环节。我国现行高中教育大多数实行文理分科制，政治、历史课程是文科生的必考科目，理科生在高中会考后一般不再学习政治、历史课程，艺体类专业学生则普遍重视艺体专业课而轻视文化课。这种课程设置造成广大理科生、艺体术科生的政治、历史专业知识不够，相关背景常识缺乏。在综合性高校，包含“纲要”课在内的思想政治理论课分类教学工作，要对不同学科生源状况及其知识专博程度予以尊重和考虑。比如，在“纲要”课分类教学中，对文科类学生，多以阐述中国近现代历史发展规律为主，讲授知识为辅，增加现实热点难点问题的理论分析；针对理科类和艺体类学生则以讲授知识为基础、讲清理论观点为重点，注重理论与实际相结合。

第三，以群体思维特点分形式。

以群体思维特点分形式是分类教学在课堂教学过程的具体体现。形式虽然是为内容服务的，但形式又是内容表现的必要途径。高校思想政治理论课教学实践已经形成广泛多样的教学形式与方法，如何有效选择运用适当的形式与方法，关键是要结合教学对象的思维特点。一般而言，文科类学生抽象思维能力较强，归纳与演绎能力突出；理科类学生以形象思维见长，实证逻辑分析能力强；艺体类学生则具有较强的专业思维。针对以上情况，我校“纲要”课突出以群体思维特点分形式展开分类教学实践。比如，在讲“中国共产党的成立是开天辟地的大事变”这一专题时，课程组根据不同类别学生设计了不同教学形式。在文科类班级组织以“中国梦与近现代中国”为主题的征文演讲比赛，丰富同学们的情感共鸣和理性认知；在理科类班级实施情境教学，开展以“参观革命遗迹、感悟先辈风采”为主题的实践教育活动，培养学生爱国主义精神；在艺体类班级采取与专业紧密相关的教学形式，如在音乐学专业结合学生艺术修养高的特点，开展“回味红色经典、展现爱国情怀”的课堂实践教学，实施激情教学，从而增强教学感染力。

第四，以教学内容难易程度分考核。

以教学内容难易程度分考核是开展分类教学的必然要求和有效保障。高校思想政治理论课开展分类教学的逻辑起点是高校学生之间的学科类别、思维特点、知识层次等方面的差异性与同类学科思维方式的相似性。开展分类教学的终极目的是要使学生掌握基本理论、懂得基本规律、形成基本认同。为此，教学考核环节必然要体现各大类的差异性。我校在多年的思想政治理论课教学中基本形成了“多形式、板块型”的考核方式。多形式主要指传统的统一笔试和统一的计算机考试两大类型，板块型是指考核内容分为包含征文、演讲、辩论和课外调研汇报的实践成绩，体现学生参与课堂教学和课外参观的平时成绩，反映学生知识掌握程度的笔试成绩或机考成绩。在这一考核方式下，以教学内容难易程度分考核就是要求教师在进行课程考核时将各大类学生各板块成绩所占比例进行调整，既反映不同学科的专业背景差异，又体现不同学科学生的学习特点和知识水平。比如，在艺体类班级中，我校有运动训练、高水平运动员等特殊专业学生，“纲要”课可以结合以难易程度分考核的原则，增加调研汇报、实践评价等部分的成绩，略微降低笔试部分成绩占总成绩的比例。总之，分类教学的成绩考核是为课程设置目的服务的，是对课堂教学效果的一种直接反馈，更是实现分类教学持续健康发展的必要保证。

三、高校思想政治理论课开展分类教学工作的实践反思

正确开展分类教学必须注重以下几方面问题，避免陷入理论与实践误区。

第一，分类标准不能混淆，要坚持以类而分原则。

分类在课程分类教学中既是关键环节也是基础性步骤。要做好分类工作必须弄清分类标准，要坚持以类而分。这里所谓类是指，在学科整合层次上思维方式、知识背景等方面具有共性的相近学科门类的综合。我国高等教育招生制度已经明确地将不同学科背景的考生纳入高校不同的专业进行培养。从学科细分方面看，归属不同专业的学生分别成为具有特定学科属性的个体；从学科整合方面看，专业不同但学科相近的学生则又构成具有共同类属性的聚合体。坚持以类而分，既要准确把握单一专业学生的个性，又要找到相近学科学生的共性。在实践中开展分类教学，必须把握分类教学分类标准，既要看到以学科专业背景分类的差异性，也要看到这些单一个体学科背景的相近性。对于文科或理科学科背景专业的学生，我们可以将其纳入统一的文科或理科的大类；对于分属于不同学科的音体美专业学生，我们可将其归为相近学科的艺体类专业大类。

第二，分类程度不应独立，要以课程设置为总纲。

分类教学虽然坚持以学科背景专业特点区分教学对象，但分类教学并不是把某一整体教学对象完全分散，更不是将各大类的教学内容完全独立成没有关联性的分离的教学体系。实际上，分类教学处理不当有可能出现对象广泛分散、内容完全独立的状况。要处理好分类教学的合理“分类”，必须根据课程设置要求，遵循课程基本设置，将课程体系提炼成若干具有共性的教学专题，然后依据不同大类教学对象的特征选取适当专题开展分类教学。分类过程中，不同大类教学对象的教学内容既同属统一教学专题而不完全单独分立，又与各大类教学对象基本特征紧密结合而体现鲜明的类特征。这种分类保证了在坚持教学对象共性前提下的合理分类与实现教学对象类的差异性的统一。

第三，分类模式不可僵化，要形成动态调解机制。

实行分类教学的出发点是解决当前高校尤其是综合性院校教学对象的广泛性与学科背景的差异性之间的矛盾。近年来，我国教育主管部门为解决先前思想政治理论课教学水平参差不齐、教学质量较差、实效性不强的现实困境，积极开展高校思想政治理论课教学改革探索，形成多种多样的教学模式和方式方法。分类教学模式就是由一线思想政治理论课教师在教学实践中形成的有效的教学模式。为了解决高等教育大众化时代高校教育对象自身多样性的问题，培养合格的高水平的大学生，教育主管部门也强调高校应在统一标准下开展教育教学，分类教学因而也成为思想政治理论课教学积极应对当前高校教育对象学科背景的差异性的有效路径。随着高校招生规模的变动、招生学科专业的调整，分类教学的分类依据也在不断变化，这就要求分类教学以课程设置为前提，适时依据高校学生相关背景做适当调整。

第四，分类是形式不是目的，要能增强教学实效。

作为一种教学模式，分类教学具有一般教育教学方式和方法的基本特征，即可总结、可推广。在总结推广过程中，不同地区、类型、层次的高校在开展分类教学时，必须坚持以课程设置为根本，以教育对象差异性和同一性的辩证统一为分类标准，适时根据教学对象的变动情况及时调整。当然作为可推广的教学模式，判断某一高校分类教学的实践效果除了考查分类教学实践是否有指导、有依据、可调节等外，最主要是考查分类教学所达到的实际教学效果。实际上，实现可推广并非开展分类教学探索的初衷，其最终目的还是在于增强课程的教学实效性。

总之，分类教学是增强高校思想政治理论课教学实效性的一种积极探索。对于高校思想政治理论课而言，开展分类教学实践探索，其最终评价依据就是教育对象对基本理论的掌握程度、对基本规律的理解程度、对基本情感的认同程度。除此以外，高校思想政治理论课开展分类教学还应该考虑到分类范围的全覆盖等。

从文化自觉视域拓展思想政治理论课教学目标*

时代在发展，社会在进步，中国社会进入新的战略机遇期。在这一时期，党中央提出了文化强国的战略发展目标，将文化自觉、文化自信、文化自强作为当前思想文化建设的目标，以及加强社会主义核心价值观建设的重要举措。在提高人们的思想文化水平，增强国家文化软实力方面，教育的作用不可替代。思想政治理论课教育教学是思想政治教育的主渠道，是大学生综合素质养成的重要方式，如何从文化自觉高度提升思想政治理论课教育教学的效果，取决于我们如何看待其教学目标及其实现。理解思想政治理论课教学目标，不能简单停留于一般课程教学的要求，而要从独特性、整体性、过程性三个方面入手，提升对其的认识。

一、思想政治理论课教学应当有自己独特的教学目标

传统课程教学一般将教学目标分为知识性目标、能力目标和情感目标，尽管研究者对此有不同的看法，但是从这三个方面理解和把握一门课程的教学目标还是可行的。

从知识性目标方面看，思想政治理论课应当具备自己独特的目标，我们可以将之概括为广义文化知识论的目标。思想政治理论课的主体内容是马克思主义基本理论，马克思主义基本理论在中国的实践进程，中国化的

* 本文原载于《思想教育研究》2015年第2期，有删改。

马克思主义理论成果，以及运用马克思主义从事思想政治教育的理论与实践。如何围绕马克思主义基本理论开展教学是思想政治理论课教学的关键。马克思主义理论是人类文明发展的产物，是人类精神财富的集大成，是人类文化自觉进程中的精神结晶。自1848年《共产党宣言》问世以来，马克思主义就以其对现代资本主义社会的全面批判和解读为人类认识资本主义的本质奠定了基础。随着资本主义的进一步发展，马克思主义从各个方面展开了对这一社会的全面分析，建构起以唯物史观和剩余价值论为核心的理论体系，并对未来社会的发展趋势作出了自己的判断。随着马克思主义理论的传播，马克思主义从各个方面得到了后人的继承和发展。可以说，马克思主义的诞生不仅是人类文明发展进程中划时代的历史事件，也是划时代的文化事件，是现代人类自我文化批判意识的觉醒。

无论是经典马克思主义的发展，还是国外马克思主义的各种流派，其基本的理路都没有离开马克思主义广义文化知识论背景。马克思主义的多元发展态势证明了马克思主义理论的生命力。从广义文化知识论角度看，马克思主义理论贯通古今、融汇中西，包括哲学、经济学、政治学、历史学、社会学、文化学等多方面知识内容，深则深矣，浅则浅矣，可深入也可浅出。也就是说，马克思主义基本理论教学不是单纯某种知识的教学。从广义文化知识论的角度看，学习、传播和教授马克思主义基本理论不应该停留于知识的灌输，而要以高度的文化自觉意识，以人类文明成果集大成的知识体系为基础，来阐述马克思主义的广义文化知识论目标。

从能力目标方面说，多方面提升大学生能力，尤其是锻炼大学生思维素质，提高大学生分析、判断、解决实际问题的水平，是当前思想政治理论课教育的主要目标。思想政治理论课的主体内容——马克思主义理论，形成于人类文明变化的重要时期，马克思恩格斯等一大批经典作家通过自己对当时社会本质以及人性发展的自觉探索和认识，提出了分析、理解社会历史的钥匙，为人类未来美好社会前景指明了发展方向。在这种特定历史条件下形成的马克思主义理论具有深厚的历史感和现实关怀，凝聚着高度的文化自觉意识，蕴含着丰富的分析、理解现实的方法论内容。马克思主义理论教学要重点帮助学生把握马克思主义世界观和方法论，帮助青年学生直面现实社会发展的危机和问题，提升他们的思维能力和实践能力。如“马克思主义基本原理概论”课的教学要注重培养大学生形成马克思主义的世界观、人生观和价值观，让学生学会以科学的理论面对和解决自身的问题。“中国近现代史纲要”课的教学，不仅要带领大学生领略中国近现代历史波澜壮阔的历史画卷，而且还要立足于唯物史观的高度，教会学生掌握审视历史、看待历史、理解历史的方法，因为任何时代的人们都将进入历史，我们既是历史的过客，更是历史的同时代人。

从价值观目标方面说，思想政治理论课依托的理论体系本身就带有自己鲜明的价值立场和价值目标。价值观是文化的核心和灵魂，帮助大学生养成积极向上、健康乐观的情感态度和价值观，就是唤醒大学生文化自强意识，是思想政治理论课教育的内在目的。思想政治理论课教育不是枯燥教条的传布，也不是某一类知识点的堆积，而是一种培养大学生综合素质的文化养成教育。思想政治理论课教育具有提升大学生文化素质的教化功能，也是修身养性教育。在思想政治理论课教育过程中，如何使马克思主义价值观与传统优秀价值观相结合，同时汲取西方文明发展过程中人类积累的优秀价值观理论，是马克思主义中国化、时代化、大众化的落实。作为人类文明成果，经典马克思主义以及中国化的马克思主义所蕴含的崇高价值是人类目前文化价值体系的最高成就，是社会主义核心价值体系的指导思想，值得所有人去追求，当代大学生要努力自觉养成，这就需要思想政治理论课教育的推动。如“思想道德修养与法律基础”课教学就要着力于马克思主义价值观教育，吸收和消化中国传统文化的优秀价值观，以及西方文明中发展出来的积极价值理念，帮助大学生塑造健康、正确的价值观。在这一过程中，教师也要不断加强文化素质，提升人格修养，发挥引领和劝导作用。

二、落实思想政治理论课教学目标要做到五个方面的呼应

思想政治理论课教育教学过程中首先要突出马克思主义理论的整体性要求。思想政治理论课各门课程之间不是孤立的，而是相互关联，密切共存的。马克思主义整体性就其本质来说，是一脉相承和一以贯之的理论。从经典马克思主义到中国化的马克思主义，其发展历程是一脉相承的；其理论实质和理论主题的转换始终围绕着一个中心主题，即马克思主义理论的人类文明指向，这就是一以贯之。一脉相承和一以贯之的理论品质，体现了马克思主义蕴含的激发人类推进文化自觉的内驱力。一脉相承是文化自觉意识的绵延，一以贯之是文化自信品质的体现，中国共产党人正是秉承了这样的文化觉醒意识，才能够将马克思主义推向一个又一个发展的新阶段，这是从文化自觉角度看待马克思主义理论的整体性。以此为基础，在实际教学过程中需要处理好五个方面的问题。

第一，注意保持思想政治理论课各门课程教学内容之间的呼应。

思想政治理论课程不是相互独立的，而是属于一个整体理论体系的各个方面，其课程体系蕴含的广义文化知识论构成了近代以来中国文化发展的主流。“马克思主义基本原理概论”是所有课程的理论基础，“思想道德修养与法律基础”是马克思主义价值观的落实，“中国近现代史纲要”和“毛泽东思想和中国特色社会主义理论体系概论”是当代马克思主义在历史实践和理论推演两重维度的展开。从整体性文化视野出发，思想政治理论课几门课程的讲授就不会陷入重复讲授、矛盾讲授的困境，思想政治理论课的设置和教学也就不会陷入相互重复、相互矛盾的境地。

第二，注意每一门课程前后教学内容之间的呼应。

从马克思主义理论的整体性出发，需要找准每门课程的整体性逻辑的演绎规律。如“马克思主义基本原理概论”课就要侧重马克思主义基本理论的构成以及其理论所揭示的现实和未来指向。本着这样的整体性逻辑，

“马克思主义基本原理概论”课所体现的重点，及其教学思路就十分清晰了。教师做到心中有数，其教学过程也就流畅自如，学生接受后就会自觉形成一种逻辑理路，不至于陷入狭隘的只是对知识性目标的追求中，而是开始追求广义文化知识论目标。从表面上看，“中国近现代史纲要”课似乎是对中国近现代历史的线性描述和阐释，其实质则是中国共产党人追求马克思主义、实践马克思主义、创新马克思主义的历史进程，体现了马克思主义理论的一脉相承。把握住这一特征，教师就能够引导学生进入马克思主义整体性的实践视野，体会中国近现代社会变迁的艰辛历程，进而产生对中国近现代历史发展的价值同情，乃至文化认同，这样一来，课程教学的平面逻辑就能够得到立体化，实现思想政治理论课教学的文化价值追求。

第三，注意每门课程中每章、每节、每次课讲授内容之间的呼应。

由于思想政治理论课鲜明地体现了马克思主义理论整体性的一以贯之和一脉相承特征，所以每门课都应该在课程的具体讲授上做到衔接有序、过渡自然，要上好每一课。历史和理论的展开都有其文化发展的逻辑，其中不仅有理论之间推演的内在逻辑，也有其阐释层面的话语逻辑。教师只有充分把握这两层逻辑之间的关联，才能够将每门课程的要求落实到教学过程中，让教学变得生动、精彩。

第四，注意理论讲授与大学生实际生活以及社会生活内容之间的呼应。思想政治理论课教学能力目标的核心是思维素质，如何锻炼和提高大学生的思维素质关系到思想政治理论课教学实效性的实现。为此，思想政治理论课教学必须以广义文化知识论目标为依托，深化和拓展学生思维素质。思想政治理论课教学所追求的思维素质提升不是单纯的抽象思维素质，而是综合思维素质，既有抽象的理论思维，也有情感的形象思维。这就需要教师在教学活动中，拓展课堂教学的适应面，所讲授的内容要联系大学生生活实际和社会发展实际，让学生的“理性之眼”与“生活之眼”结合在一起。在这一过程中，实践教学环节很重要，实践教学形式要多样，如现场教学、激情教学、案例教学等，都是很好的实践教学方式。同时，实践教学也要与大学生文化素质拓展教育相结合，将思想政治理论教育教学融入大学生教育的全过程。只有这样，思想政治理论课教学才能做到理论讲授不枯燥，联系实际不牵强。

第五，注意教师讲解和学生理解之间的呼应。

思想政治理论课教学具有自己独特的文化价值目标，关系社会主义事业发展的前途和命运，是文化强国战略实施中人才培养的保障。因此，思想政治理论课教学活动必须在教师讲解和学生理解之间构建一条畅通的情感认同的文化价值之桥。教师必须要有坚定的马克思主义信仰，在实施教学过程中将自己对马克思主义的理解化作有感染力的语言，使教师和学生之间的文化价值之桥得以畅通。为此，教师就需要将理论讲授的规范性与灵活性、主动性与被动性相统一，照顾不同对象、不同专业学生的知识背景和理解层次，充分发挥学生情感和价值认同的主体性作用，进而实现因材施教的目的。在教师讲解和学生理解之间构建思想情感和文化价值认同的桥梁反映了思想政治理论课教学的独特性，只有注意到这一点，思想政治理论课教师才能够体现可亲、可敬、可信、可爱的一面，其教学才能够深入学生心中，内化为其行为动力。

做到这五个方面内容的呼应，需要教师强化文化自觉意识，努力学习，钻研马克思主义经典文本，跟踪马克思主义理论研究最新成果，提高自身文化修养，从马克思主义理论的整体性角度来教授思想政治理论课，做到“苟日新，日日新”。

三、实现思想政治理论课教学目标要在备课过程中下功夫

由于思想政治理论课具有自身的特殊教学目标，决定了其备课不同于一般课程备课，要体现过程性的特点。只有围绕思想政治理论课教学的广义文化知识论目标、思维素质目标和独特的情感价值目标，才能够备好思想政治理论课，教好思想政治理论课。

第一，备教材。

熟悉教材、领会教材、掌握教材、分解教材，这是备好教材向备好教案的过渡，只有将教材备好，才能够备其他内容。思想政治理论课教学内容随着时代的发展需不断更新，教材内容也就会不断发生变化。即使有些课程理论内容相对固定，但是由于实际情况发生了改变，教师就必须根据实际情况的变化不断更新教学内容，做到与时俱进。

第二，备教案。

教案包括文字讲义、多媒体课件，以及其他用于教学的材料。思想政治理论课教学的教案必须经过集体备课形成，这完全不同于专业课教学的要求。思想政治理论课教学的对象是全体大学生，这就决定了集体备课是备好教案的前提。集体备课不是取代教师个人的备课，教师要在集体备课的基础上，适当调整自己的教学内容、教学方案，个人的教案要有自己的特色，能够反映自己的个性，同时也要照顾到学习对象的需求。教案与具体课程教学直接相关，每门课、每个人都应当形成自己的教案，这就需要长期的积累和探索。所以说，思想政治理论课教学中使用的教案不能千篇一律，不能不作修改，而要做到年年新、时时新、课课新。

第三，备对象。

这是因材施教的具体表现，也是思想政治理论课教学的能力目标和价值目标决定的。教师要根据不同年龄段、不同学科专业的教学对象的差别准备教学，做到因人而异。综合性大学不同于专科性大学，本科院校不同于职业院校，同一所学校的不同专业也不同——传统的基础理论研究专业不同于新兴的应用型专业，人文学科专业不同于自然科学专业，师范专业不同于非师范专业。在思想政治理论课的课堂上，教师要充分了解所教授对象的所思所想，贴近他们的实际，如此教师的教学才会受到欢迎。面对不同的教学对象，教师要变换教课方式，包括授课的理论逻辑和话语系统。教案中的事例也要更换，教师要从马克思主义大众化的高度，充分了解对象，深入对象的生活中，只有这样，学生才能够听得懂，也愿意听，达到知识入耳、入脑、入心、入行。

第四，备时势。

这是由思想政治理论课教学的广义文化知识论目标决定的。思想政治理论课教学的时势包括各种教学时空因素，既有人类知识文化的历史进程，也有现实社会面临的各种问题和困境，以及对人类未来发展状态的瞻望和担忧。备好时势才能够将课堂教学内容与人类历史进程以及时代发展实际联系起来，这是理论联系实际原则的运用。思想政治理论课的生命力在于其强烈的现实观照和时代使命感，在于其内在的意识形态教育功能，忽略这一点，思想政治理论课教学就会陷入虚无主义的境地。我们只有克服思想政治理论课教学中的理论虚无主义、历史虚无主义，以及由此产生的悲观主义，才能够密切关注时势发展，解析国内外大事，注重中国社会发展实际的要求，将时势真正地贯穿于教学的整个过程中。

第五，备环节。

思想政治理论课教学过程是一个整体。虽然在具体教学过程中，教学由一节节课构成，但是在一个学生的学习生涯中，每位老师的教学都可能对其产生重要影响，因而教师要意识到每个教学环节在教学过程的地位和作用，认真准备教学环节。课程教学的最佳状态是讲出节奏，进而产生美感，最后创造出教育的艺术感。想要做到这一点，需要教师的付出与努力。教师要不断探索思想政治理论课教学的基本规律，在实际教学过程中贯彻这些教学规律，实现教学目标。

思想政治理论课独特的教学目标决定了其教学具有独特的规律。教师只有在文化强国战略的指引下，以高度的文化自觉、文化自强、文化自信意识，合理设计教学，探寻思政课教学规律，深化教学改革，更新教学形式，才能够提升思政课的教学水平。只有这样，思政课教学才能够使学生真心喜爱、终身受益，从而培养出更多、更为优秀的社会主义建设者和接班人。

大学生期待视野的社会主义核心价值观教育*

大学生的价值观期待，是大学生从自身成人、成才、成功等目标出发对生活世界“是什么样”“有何意义”“如何实现作用”的体认与反思，体现了当代青年的成长规律。大学生的价值观期待体现在三个方面。其一，大学生对生活世界的积极反映。大学生根据已有的知识储备和学习实践，能够积极地感知和识别生活世界，从而获得知识、形成观念、储备智慧、规划蓝图。其二，大学生对人生发展的积极谋划。大学生的自我意识不是封闭的、主观的，而是将在积极反映客观世界过程中所获得的思维模型、理想蓝图用来指导自己的行动，从而把观念的世界变为自己所希冀的客观现实。其三，大学生对自己行为的积极调控。大学生作为主体，在面向外界的同时能够不断反观自身、反思自己的生命历程。理性、平和、理想、规划等积极因素优化着大学生的内心世界。

大学生是国家的希望、民族的未来，是唱响主旋律、传播正能量的新生力量。高校是契合大学生的价值观期待，开展社会主义核心价值观教育的主要阵地。搞好社会主义核心价值观教育是当前高校思想政治工作的重要内容，对大学生进行行之有效的价值观引导尤为迫切。关于具体路径的选择，学界无论是理论阐释抑或是实践回应都取得了较为丰硕的成果，但在如何满足大学生的价值观期待方面还需推进研究。价值观教育说到底是塑造人的工作，我们有必要结合大学生自身的成长规律，在教育目标、教

---

* 本文原载于《思想政治教育研究》2017年第6期，有删改。

育内容、教育环境、教育形式等多个维度探寻社会主义核心价值观的育人新路径。

一、教育目标依照大学生期盼，注重知识、能力、价值的贯通性

教育目标是教育主体根据人的身心发展规律对教育客体施加影响所实现的目的和意图。当代大学生思维活跃、接受能力较强，在价值取向上往往张扬自我、追逐新奇。大学生科学价值观取向的养成需要教师言传身教地加以引导。为此，在价值观教育目标的设置上，教师需要兼顾以下三个方面：其一，调查分析当代大学生的价值取向；其二，深入研究社会主义核心价值观；其三，认真反思自己的价值取向。融入社会主义核心价值观教育正是这三者碰撞的过程，其中，社会主义核心价值观是主线，教师本人接受和认同社会主义核心价值观是学生接受和认同社会主义核心价值观的前提。教师的言行对学生成长起着至关重要的影响作用，一个言行不一致、课堂上下相脱节的教师怎么能教导出真正接受社会主义核心价值观的学生？所以，要提高学生对社会主义核心价值观的认同，教师首先要提高自身的马克思主义理论素养，以自己的“知”“情”“意”引导学生健康成长。教师要用自己对社会主义核心价值观的真懂、真信、真讲、真做引领学生对社会主义核心价值观的真学、真懂、真信、真用。

社会主义核心价值观的教育目标，是在多元价值观并存的情境中引导大学生接受、认同和践行当下中国主流价值观，达到转识成智、化理论为德行，促进自身全面发展。笔者在调查中发现，持有“对社会主义核心价值观不以为然”“了不了解社会主义核心价值观无所谓”“个人价值观就是社会主义核心价值观”等看法的大学生不在少数，如何设置教育目标才能有助于大学生提升社会主义核心价值观的理论自觉的确是一个重要课题。完整的教育目标是一个寓教于知、寓教于情、寓教于乐的三维统一体。社会主义核心价值观到底是一种怎样的价值观？为什么要学习社会主义核心

价值观？掌握社会主义核心价值观有何用处？这是大学生期待得到解答的三个重要问题。第一个问题体现了社会主义核心价值观教育的知识目标，即帮助大学生理解社会主义核心价值观的基本内容及其根本属性；第二个问题体现了社会主义核心价值观教育的能力目标，即锻炼大学生对社会主义核心价值观的理解能力、表达能力、综合运用能力；第三个问题体现了社会主义核心价值观教育的价值目标，即培育大学生的马克思主义的价值取向以及引导他们以社会主义核心价值观引领自己的成长与发展。

这样知识目标、能力目标、价值目标三位一体、相互贯通，才能有助于大学生的社会主义核心价值观的养成与巩固。首先，知识目标是基础。社会主义核心价值观从社会、国家和个人三个层面反映了人与人、人与社会、人与自然之间的规律性关系，本身含有丰富而深刻的价值观理论与实践，是马克思主义世界观、人生观的核心层次。教师应该结合课程教学帮助学生领悟科学价值观的要义。其次，能力目标是根本。通过课程教学力求实现学生由被动接受式向主动参与式转变，促进学生在校园文化主题实践活动中养成勤学、修德、明辨、笃实的品质，提高学生在学习与生活中对社会主义核心价值观的理解。最后，价值目标是归宿。教师需要在答疑解惑、有的放矢的课程教学中改变学生学习的不良态度，提升大学生的理论素养，培育大学生的共产主义信仰。

二、教育内容根据大学生实际，注重立德树人的针对性

教育内容是教育主体影响教育客体的知识体系及其思维方式。社会主义核心价值观的教育内容，不是指“24个字”的字面意思，而是指这“24个字”所具有的丰富内涵和精神实质。当代大学生恰逢全面深化改革的新时代，身处一个价值多元的社会如何在眼花缭乱的“多”（多元价值观）中抉择“一”（科学价值观），亟须教师加以引领。教师需要深度考量社会主义核心价值观所包含的育人内容：理想信念教育、品格修炼教育、文化创新教育。在此基础上，教师一方面要坚持正面教育、正面宣传，即使关于

一些负面的、低俗的价值观的介绍也必须要站在衬托社会主义核心价值观的积极性、科学性的角度进行；另一方面要坚持做到理性表达与情感抒发相统一，运用充满激情和极富感染力的教学语言诠释富强、民主、文明、和谐、自由、平等、公正、法治、爱国、敬业、诚信、友善，这样才能更好地引导学生认识、领会、把握社会主义核心价值观的精神实质。

实际上，大部分大学生的价值取向比较符合社会主流意识，符合社会的整体利益。但也有一部分学生以生活的舒适度、社会名望的高低以及权力的大小为价值标准，所以在教育内容上有针对性地加强大学生的社会主义核心价值观认同很有必要。社会主义核心价值观"把涉及国家、社会、公民的价值要求融为一体，……体现了时代精神，回答了我们要建设什么样的国家、建设什么样的社会、培育什么样的公民的重大问题"①。在根本上，高校社会主义核心价值观教育的主题内容是要回答"培养什么样的大学生"的问题，即引导大学生如何健康成长与科学成才的问题。这一点与当前大学生极为关注的"我是什么样的人""我心目中的价值观"等主体期待相互呼应。

根据大学生的上述特点，社会主义核心价值观教育内容需要凸显立德树人的三个针对性：接受、内化、提升。接受，即向大学生传授社会主义核心价值观的要义——立身做人、立志成才、立业为民。这是一个理论教育的环节，在根本上是教师结合学生实际进一步提炼社会主义核心价值观所包含的正能量和主旋律的过程。内化，即实现大学生对社会主义核心价值观由感悟体验上升到理性审视——人道之真、人性之善、人生之美。这是一个思维训练的环节，在实质上是回应大学生所关注的成人、成名、成才等现实困惑的过程。提升，即把社会主义核心价值观所具有的精神感召力转换为现实方法论。这是一个能力养成的环节，是教师"授人以渔"在大学生身上所展现出来的智慧力量——社会心（公正、法治）、国家感（富强、民主、文明、和谐）、集体情（自由、平等）、个人恩（爱国、敬业、诚信、友善）的过程，也就是引导大学生理性自觉地把爱社会、爱国家、

① 中共中央宣传部.习近平总书记系列重要讲话读本[M].北京：学习出版社，2014：94.

爱集体与爱自己融为一体。简而言之，注重社会主义核心价值观教育内容的针对性，就是关注学生如何将社会主义核心价值观“内化于心、外化于行”，从而实现立德树人。

三、教育环境结合大学生特点，注重真、善、美的导引性

教育环境是教育主体影响教育客体的外在因素和诸种环节。社会主义核心价值观的教育环境，是人的社会实践环境，用马克思的话来说，“环境的改变和人的活动或自我改变的一致，只能被看作是并合理地理解为革命的实践”①。教育环境是教育者、受教育者之间的相互影响、相互作用的时空条件和实践维度，包括家庭环境、学校环境和社会环境等各个方面，也包括教育者、受教育者各自的主客观条件和诸多因素，还包括教育者、受教育者双方共同营造的文化氛围和人文气息。

笔者通过调查发现，大多数学生认为，践行社会主义核心价值观受环境的影响。在谈到环境因素的感染力时，不少学生表示，在奥运会赛场上，看到国旗被升起时会产生强烈的自豪感，这说明震撼人心的正面环境直接作用于大学生民族自豪感、集体荣誉感等价值观因素的生成，这还表明当代大学生对真善美的育人环境有很高的期待。但不容忽视的是，仍然有部分学生偏好享受、感性有余而理性不足，自主未必能够自觉。因此，大学生如何对正确的价值判断保持理性自觉，需要教师在育人过程中加以悉心指导。

社会主义核心价值观教育是一个从我做起、从小事做起、从现在做起的系统实践，教师的育人过程便是这一系统实践人文涵蕴的起点。充分发挥教师的主导作用去契合大学生的价值观期待，是社会主义核心价值观教育在高校“落细、落小、落实”的重要切入点。育人过程需要坚持由己推人、以小见大、从近及远的原则，即教师是整个社会主义核心价值观教育过程的导演和剧作者，围绕身边热点焦点问题以情境教学的方式引导作为

① 马克思，恩格斯．马克思恩格斯选集：第1卷[M]．北京：人民出版社，2012：134.

演员和剧中人的学生在反思中成长。因此，教师一方面要精心备课、认真授课、潜心科研，努力以自己的爱岗敬业引领学生的诚信爱学；另一方面要以自己的言行举止更好地激发大学生的自尊、自信、自立、自强精神，使其自觉养成判断能力、选择能力、践履能力等主体能力。换句话说，师生双方都是社会主义核心价值观教育的受益人，在关系国家发展、民族未来的层面上，师生双方构成了平等的利益共同体。但是，就教育活动本身而言，教师担负着更多的责任，学生是教师“传道、授业、解惑”的直接影响者。

因此，在价值取向、价值选择、价值判断、价值运用上，都需要发挥教师的主导作用去引领学生的主体作用。相应地，教师开展社会主义核心价值观教育要注重真理之真、品德之善、人文之美的环境培育与导引。首先，追求真理之真。面对种种价值断裂、价值冲突、价值矛盾，教育学生坚持马克思主义的价值思维、价值逻辑和价值分析，坚持发挥社会主义核心价值观的统领作用。其次，发扬品德之善。中华民族的优良传统和典型人物的先进事迹为社会主义核心价值观提供支持和定力。领导干部的率先垂范、先进人物的示范引领、普通民众的感悟践行等都渗透着品德之善，为大学生践行社会主义核心价值观提供了信念支持。最后，塑造人文之美。促进人的生活的不断丰富、人的关系的日益合理、人的精神的不断提升是社会主义核心价值观的人文关怀。也就是说，作为引导大学生成人成才的社会主义核心价值观，不是单纯的某一方面的价值观，而是以经济、政治、文化、社会和生态等多层面的构建来促进人的发展的价值观。

四、教育形式考虑大学生情趣，注重灵活多样的丰富性

社会主义核心价值观的教育形式，是以教育内容为载体而又直接服务于教育内容的表达方式和展现过程，是教育者、受教育者双方思想交流、融合与会通的平台与媒介。完整的教育过程是理论教育和实践教育高度统一的过程。因此，社会主义核心价值观的教育分为理论教育和实践教育两

个方面。理论教育是教师对社会主义核心价值观理论的讲授，实践教育是对社会主义核心价值观理论内容的展开，是对学生理论知识掌握情况的检验。

当代大学生比较自主自立，但面对新媒体“富余信息”的“狂轰滥炸”往往身不由己，部分学生甚至沦为课堂内外的“低头党”（低头玩手机）。实践证明，因势利导、以理服人、以情感人，才是教师开展社会主义核心价值观教育的有效形式。一方面，教师需要自始至终坚持马克思主义的立场、观点和方法，“利用网络语言生动活泼、灵活多变的形式”[①]，关注、分析各种价值观现象和问题；另一方面，教师需要尽自己所能加强对学生使用网络的引导与监督，营造良好的网络氛围，无论正面宣传的理论教育形式，还是丰富多彩的实践教育形式，都要坚持时尚、新潮与科学、理性相结合，教育学生不能搞脱离社会主义核心价值观内容的形式主义。只有这样，才能真正发挥社会主义核心价值观对不良思想和倾向的纠偏和矫正作用。

笔者在调查中还发现，关于开展社会主义核心价值观教育的有效形式，大多数学生表示更加喜欢生动活泼的校园文化活动与假期社会实践活动。此外，无论课堂讨论，还是课下调研，大多数学生愿意以新潮、时尚、幽默、诙谐的形式开展。这说明，大学生对理论学习较为认可，对校园文化和社会实践有更多期待。

因此，教师需要充分尊重大学生的主动性与创造性，结合大学生的生活情趣选择灵活多样的社会主义核心价值观教育方式。首先，课内教育立足于“育智”，即充分诠释社会主义核心价值观的理论内涵；校园文化立足于“育德”，即大力彰显社会主义核心价值观的积极能量；社会实践立足于“育人”，即尽量挖掘社会主义核心价值观的人文关怀。其次，课堂教学以主题讲授社会主义核心价值观内涵为重点；校园文化突出勤学善思、爱党爱国、历练本领等创新社会主义核心价值观宣传；社会实践可以深入工厂、

① 张春美，陈继锋．微文化生态下的社会主义核心价值观培育[J]．安徽师范大学学报（人文社会科学版），2014(1)：70.

企业、农村，自觉践行社会主义核心价值观。最后，重点引导学生结合当代中国社会现实设计一些有趣又有意义的课题，让学生根据自己的知识结构和兴趣程度选题或者带着自己关心的问题，去结合生活案例进行深入思考，达到在生活中深化对中国梦、民族梦、个人梦的认识，进而培育社会主义的理想担当，提升热爱社会的精神境界和生活品质。

价值观是一个人世界观、人生观的核心内容，是人们对于活动对象作出的价值判断和价值选择，是主客观条件以及各种环境因素相互交织作用的产物。社会主义核心价值观是当前中国特色社会主义价值观多元共存形势下，发挥凝魂聚气作用、彰显社会正能量的主流价值观。高校开展社会主义核心价值观教育需要在教育目标上凸显大学生知识、能力和价值三维期盼的贯通性；在教育内容上需要根据大学生成人成才之需，注重立德树人的针对性；在教育环境上需要结合大学生个体差异，注重真理之真、品德之善、人文之美的导引性；在教育形式上需要考虑大学生情趣，注重灵活多样的丰富性。

案例展示篇

第一讲　马克思主义哲学与文学

一、教学设计

1. 教学对象：语言文学类专业本科生，包括汉语言文学、对外汉语、新闻学以及外国语言类专业本科生。

2. 教学逻辑：哲学—马克思主义哲学—马克思主义哲学与文学。

3. 教学目标：一是帮助学生整体把握哲学作为时代精神精华的特点，二是引导学生掌握马克思主义哲学革命的意义，三是探讨哲学与文学各自的特点及其关系，四是引导大学生运用马克思主义哲学基本理论分析文学领域的问题。

二、教学过程

（一）为什么说哲学是时代精神的精华

教师：各位同学，上一讲我们已经对马克思主义作为一种科学的世界观和方法论进行了分析探讨，今天我们先讨论哲学为什么是时代精神的精华，然后对马克思主义哲学的特点进行阐述，最后结合各位同学的专业特点，对马克思主义哲学与文学的关系展开讨论。我想通过本次教学，帮助大家认识到马克思主义哲学在哲学历史上是如何发挥革命作用的。在此基础上，我们可以深入分析哲学思想是如何影响文学发展的，以及现时代我们怎样在中国特色社会主义建设的大潮中，推进当代中国文学发展。

我们先讲第一个问题：哲学是时代精神的精华。

哲学是时代的产物，也是人类精神活动的产物。人类文明发展的早期，即德国思想家雅斯贝尔斯所称的文明发展的轴心期，世界上许多民族都创造了众多的思想体系，其中包括哲学。与此同时，在人类文明早期发展的进程中，不仅有哲学思想的创造，也有文学艺术的创造。可以说，人类是追问着、思考着、唱着歌、跳着舞走向现代社会的。

我想问一下同学们，你们谁能够解释一下我刚才提出的观点？

学生：老师，您刚才提到的观点我知道一些。研究诗歌的人都知道，古希腊有《荷马史诗》，古代中国有《诗经》，古印度有《摩诃婆罗多》和《罗摩衍那》两大史诗。所以有文学家就说，人类是唱着歌从远古走来。老师刚才提到人类追问着、思考着走向现代，我有点不太明白，能否请老师解释一下？

教师：好的。刚才这位同学回答得很好，也提出了非常好的问题。

我们应该知道，人类文明的发展进步不是单线条的。一般来说，人们理解社会的进步总是以物质文明发展水平作为标准的，这样的理解当然不能说错，我们后面讲解马克思主义唯物史观时还会遇到这个问题，即判断一个社会文明进步的水平的标准是什么。物质文明发展肯定是基础性的，也是决定性的。这是生产力决定生产关系基本原理的内容，相信大家在中学阶段已经有所接触。但是在人类发展的特定时期，总是摆脱不了对精神生活的追求，因而精神文明发展的状况也是衡量社会发展进步的重要标准。刚才我提出的“人类是追问着、思考着、唱着歌、跳着舞走向现代社会的”观点，就是对人类精神生活发展进步的描述。大学生在学习过程中应该注重反思和批判。

马克思大学毕业以后，到《莱茵报》工作。但是，马克思并没有只关注报道一些新闻事件。他在对新闻事件的报道中，充分利用自己对哲学批判精神的理解，通过撰写文章，对现实展开了激烈的批判。其中《评普鲁士最近的书报检查令》是他撰述的第一篇政论文章。

1841年12月24日，普鲁士政府颁布了新的书报检查令，以取代1819年10月18日的书报检查令。新的书报检查令包含保障言论自由、出版自由等内容，书报检查的权力则被赋予检察官。马克思认为这样的书报检查令明显带有官方的色彩，代表了官方的立场。新的书报检查令有这样一条："根据这一法律（即根据第2条规定）书报检查不得阻挠人们对真理作严肃和谦逊的探讨，不得使作者受到无理的约束，不得妨碍书籍在书市上自由流通。"①既然允许书籍在市场上自由流通，却为何要设立检查制度呢？对此，马克思嘲弄地说："我是一个幽默的人，可是法律却命令我用严肃的笔调。我是一个豪放不羁的人，可是法律却指定我用谦逊的风格。"②"真理像光一样，它很难谦逊；而且要它对谁谦逊呢？对它本身吗？真理是检验它自身和谬误的试金石。"③"每一滴露水在太阳的照耀下都闪现着无穷无尽的色彩。但是精神的太阳，无论它照耀着多少个体，无论它照耀什么事物，却只准产生一种色彩，就是官方的色彩！精神的最主要形式是欢乐、光明，但你们却要使阴暗成为精神的唯一合适的表现；精神只准穿着黑色的衣服，可是花丛中却没有一枝黑色的花朵。精神的实质始终就是真理本身，而你们要把什么东西变成精神的实质呢？"④

从马克思的这些表述中，我们可以发现他的语言充满了理性主义色彩。马克思通过对理性精神的高扬，对现实社会进行了哲学的反思。

同一时期，马克思又发表了《〈科隆日报〉第179号的社论》。在这篇文章中，马克思指出"哲学家并不像蘑菇那样是从地里冒出来的，他们是自己的时代、自己的人民的产物，人民的最美好、最珍贵、最隐蔽的精髓

① 马克思，恩格斯．马克思恩格斯全集：第1卷[M]．北京：人民出版社，1995：110.

② 马克思，恩格斯．马克思恩格斯全集：第1卷[M]．北京：人民出版社，1995：111.

③ 马克思，恩格斯．马克思恩格斯全集：第1卷[M]．北京：人民出版社，1995：110.

④ 马克思，恩格斯．马克思恩格斯全集：第1卷[M]．北京：人民出版社，1995：111.

都汇集在哲学思想里……任何真正的哲学都是自己时代的精神上的精华。”①

其实这一时期马克思的哲学思想还并不成熟，马克思尚处在信奉黑格尔哲学的时期。大家都知道，黑格尔创立了德国古典哲学中规模最为庞大的哲学体系。他以精神的运动为描述的对象，阐述了人类精神运动由低级向高级不断发展的过程。黑格尔的哲学以高扬理性精神为目标，将人类精神运动归结为绝对精神的不断外化过程。在马克思的言论中，我们可以看出他深受黑格尔哲学的影响。

马克思所说的哲学是时代精神的精华，就是强调哲学能够对时代发展的面貌作出反映。哲学作为时代精神的体现，隐含着时代的精神秘密。后来，他逐渐认识到哲学思想也会受到一定时代生产力状况的影响，甚至生产力具有决定性的作用。这一点我们以后还会讨论。

人类的精神活动呈现的方式是多种多样的，精神活动的结果也是五彩纷呈的。文学作为人类精神活动的重要表现方式，也是对人类精神活动的反映。下面，我想请同学们就文学所反映的人类精神的特点开展讨论。哪位同学愿意发表自己的观点？

学生：老师，我想谈谈自己的看法。亚里士多德说过，文学是对现实世界的模仿；黑格尔则认为文学是某种抽象的理念；弗洛伊德把文学看作以白日梦的形式体现出来的想象；莎士比亚曾说过，一千个读者就有一千个哈姆雷特。从人类文明发展的进程来看，文学是人类活动中的高级文化活动。中国文学传统强调文以载道。文学以其特有的方式展示人类意识活动的特点。文学之道也反映了人类精神活动的某个面向。

鲁迅先生说：“我的取材，多采自病态社会的不幸的人们中，意思是在揭出病苦，引起疗救的注意。”②鲁迅先生希望通过文学来救治人类精神的病苦，治疗人类精神的伤痛。沈从文先生说：“我只想造希腊小庙”，“这神

① 马克思，恩格斯.马克思恩格斯全集：第1卷[M].北京：人民出版社，1995：219-220.

② 鲁迅.狂人日记[M].北京：北京教育出版社，2019：147.

庙供奉的是‘人性’”[①]。沈从文的弟子汪曾祺先生说：“我有一好处，平生不整人。写作颇勤快，人间送小温。”[②]“人间送小温”是汪先生的文学之道。从我引述的几种观点来看，文学之道体现的就是文学家的思想，是文学家通过创作表达自己的方式。正是因为文学家主张不同的文学之道，才产生不同的文学作品。文学的多样性不仅反映了文学家生存的不同状态，更是对人类不同精神取向的反映。我想刚才老师所说的人类精神的不同表现方式，文学就是其中一种吧。我这样说，不知道对不对？还请老师多多指点。

教师：这位同学回答得非常好。你所提到的文以载道，是中国传统文学创作所依据的基本理论。早在先秦时期，荀子在自己的著作中，就将“道”看作万物变化的根本和规律，在儒家那里，人的认识要以把握“道”为最高目的。这就是荀子“文以明道”的思想。“文”最初的本义就是树木的纹理，自然万物生长的有序状态。人类通过对这些纹理的认识，就能够把握万物运行的规律，也就是道。

《文心雕龙·原道》就提道：“文之为德也大矣，与天地并生者何哉！夫玄黄色杂，方圆体分；日月叠璧，以垂丽天之象；山川焕绮，以铺理地之形。此盖道之文也。仰观吐曜，俯察含章，高卑定位，故两仪既生矣。惟人参之，性灵所钟，是谓三才。为五行之秀，实天地之心。心生而言立，言立而文明，自然之道也。”从这段话我们可以看出，古人将天地万物运行的状态归结为一种文。天地、日月、山川的存在和变化都有自己的形式。人只有通过认识天地万物变化显示出来的文，才能够获得对万物自然之道的把握。识文而知道、明道，在知道、明道的基础上，人们产生各种认识，也就是“心生而言立”。心是人心，言是人言。人言是表达人心的，文学就是人言。文学通过人言来揭示人的精神生活，这是人类生存的自然之道。

宋代的哲学家周敦颐提出了文以载道的观点。他说：“文所以载道也。轮辕饰而人弗庸，徒饰也，况虚车乎？文辞，艺也；道德，实也。笃其实，

① 续小强，谢中一.沈从文自叙传：上[M].太原：北岳文艺出版社，2016：294.

② 汪曾祺.不要着急[M].宁波：宁波出版社，2019：236.

而艺者书之，美则爱，爱则传焉。贤者得以学而至之，是为教。故曰：‘言之无文，行之不远。’然不贤者，虽父兄临之，师保勉之，不学也；强之，不从也。不知务道德而第以文辞为能者，艺焉而已。”[①]周敦颐认为，文章就像车子一样，可以用来装载道德伦理一类的东西。车子既要装饰得美丽，也要装满有用的东西。文章如果承载了真善美的思想，就能够起到教育感化的作用。反之，如果文章虚华，没有内容，就像“虚车无以载道”，其结果则是“言之无文，行之不远”。

应当说，文以载道的思想对中国古代文学产生了重要影响。文学作为中国古人最为重要的表达精神生活的方式，不仅有众多的文学语言形态，也蕴含着丰富多彩的思想内容，是中国人精神生活的重要面向。在座的各位同学，我们要深刻认识到文以载道所体现的哲学精神。其实，不仅文学的创造和表达要遵循文以载道的规律，哲学思想的表达也是如此。

前面我们已经学习了马克思关于哲学是时代精神的精华的理论，根据这一理论，任何哲学都是对时代精神的表达。马克思主义哲学从产生起，就像东方的一轮红日，喷薄而出。这种哲学带着对自己时代的反思，高举批判的武器，对现实展开了无情的批判。从马克思走上哲学创造的道路时，就预示着一种新的哲学世界观产生了，一场新的哲学革命开始了。为此，我们就来重点探讨马克思主义哲学革命的意义。

(二)马克思主义哲学革命的意义

教师：同学们，我们时常会听到这样一种言论，说马克思主义过时了，没有学习马克思主义哲学的必要了。作为当代大学生，我们需要理性地面对和分析问题。如果说马克思主义哲学过时了，那么这种哲学为何还拥有众多的研究者？为何马克思主义哲学在今天还有各种演化的表现形态？

英国学者特里·伊格尔顿作为当代新马克思主义的代表性人物，在《马克思为什么是对的》这本书中用辩驳的论辩方式，为我们展示了马克思主义的理论魅力。作者在书中列出了十种反对马克思主义的观点。这十种

① 周良英，周仁，周义．周敦颐著作释译[M]．广州：华南理工大学出版社，2017：34.

观点分别是：

第一，马克思主义在阶级分化日益淡化、社会流动性日益增强的后工业化时代，失去了用武之地。第二，马克思主义在理论上有些道理，但是无法付诸实践，一旦实践，其结果是恐怖、独裁和暴政，或者僵化的社会主义。第三，马克思主义是一种宿命论，马克思相信存在某种任何凡人都无法抗拒的历史铁律。第四，马克思主义是乌托邦之梦，马克思对未来的天真想法反映了他无视人性的险恶，整体思想的荒谬和不切实际。第五，马克思主义是经济决定论的又一种表现形式，其历史观缺少对历史错综复杂的本质的认识。第六，马克思是唯物主义者，除了物质，什么都不存在，意识仅仅是对物质世界的反映，蔑视宗教，对人性的认识非常冷酷。第七，马克思主义最为过时之处在于对阶级问题的痴迷，具有革命精神的工人，如同邪恶的资本家一样，不过是马克思主义的凭空想象。第八，马克思主义倡导的是暴力的政治斗争，这是马克思主义与民主制度势不两立的原因之一。第九，马克思主义主张建立全面而强大的国家，马克思主义的逻辑是：人民让位于政党，政党让位于国家，国家听命于一个铁腕的领袖。第十，过去四十年中，所有引人注目的激进运动都源自马克思主义以外的思想，政治左派适合后阶级、后工业化的时代。

我们如果对这十种观点进行概括，可以发现其对马克思主义的错误认识主要体现在以下三个方面：一是马克思主义已经脱离当前的社会实际，不再能够对当前资本主义社会进行批判；二是马克思主义只是一种乌托邦的理想，很难找到实现共产主义的途径和方法；三是马克思主义所揭示的社会规律并不存在，人类社会历史的发展是错综复杂的。我们就第一点展开讨论。请问同学们读过夏衍先生写的《包身工》吗？有没有同学还记得其中的内容？

学生：老师，我曾经读过这篇文章。这是夏衍先生在1936年写的一篇报告文学作品，作者突出描写了“芦柴棒”这个人物形象，以此反映包身工的真实经历。夏衍先生在文章的最后写道：“在这千万的被饲养者的中间，没有光，没有热，没有温情，没有希望，……没有法律，没有人道。

这儿有的是20世纪的烂熟了的技术、机械、制度，和对这种制度忠实地服务着的16世纪封建制下的奴隶！黑夜，静寂的、死一般的黑夜，但是，黎明的到来还是没法可抗拒的。索洛警告美国人当心枕木下的尸首，我也想警告某一些人，当心呻吟着的那些锭子上的冤魂。”①

教师：这位同学回答得非常好！我查过资料，当年夏衍先生在写这篇报告文学之前，到上海的纱厂进行过实地调查，获得了第一手的资料。这篇文章在现代中国文学史上具有重要的价值。周立波曾说它是“关于产业工人的一篇材料丰富、情意真挚的报告文学，在报告文学刚刚萌芽，工人文学非常缺乏的现在，它有双重的重大的意义”②。

在资本主义生产方式下，工人根本就不可能获得自由。资本的原始积累总是充满着剥削和压迫。随着资本主义的发展，工人的生活条件不断得到改善，阶级和社会矛盾也趋于缓和。在这种情况下，一些同学也许会有这样的疑问：现代社会与马克思创立自己学说的时代已经大不相同，马克思主义，包括马克思主义哲学是不是已经不再有价值了？

回答这个问题，要有理性的立场。或者说，判断一种学说是否过时，不仅要看社会历史发展的现状，还要分析这一学说是否具有真理性的内容。为此，我们还是回到马克思主义哲学革命的意义这个问题上。

马克思主义哲学的革命意义主要体现在其哲学精神上。马克思主义哲学精神最为核心的表现就是唯物辩证法。马克思曾经指出：“辩证法不崇拜任何东西，按其本质来说，它是批判的和革命的。”③辩证法一词，出自希腊语“dialego”，原意为谈话、论战的技艺，是一种逻辑论证的形式，指在辩论中揭露对方议论中的矛盾并克服这些矛盾的方法。辩证法是一种化解不同意见的辩论方法。在两个或更多的对同一问题持不同看法的人之间，通过对话、论辩的方式获得对事物的真理性认识。对话、论辩就是揭示彼此观点中的矛盾，进而对事物本身的矛盾加以反映。因此，辩证法的本质

① 夏衍．夏衍选集：下[M]．北京：人民文学出版社，1980：801.

② 周立波．周立波三十年文学评论集[M]．上海：上海文艺出版社，1984：163.

③ 马克思，恩格斯．马克思恩格斯文集：第5卷[M]．北京：人民出版社，2009：22.

不仅在于揭示人们思维中的矛盾，还在于揭示事物本身固有的矛盾。

我想问大家，你们是否觉得现实生活中充满着矛盾？你们是否经常感到自己在思考问题时难以找到合理的结论？简单地说，你们是否觉得自己的思想充满着矛盾？

学生：是的，老师，我总是很难对一些问题作出正确的分析和判断。您难道不认为当前我们的现实生活中也存在类似于《包身工》中所描述的现象吗？比如2010年发生的富士康员工跳楼事件。对于某些报道，我根本就不知道该如何解释。既然一些富士康员工那样不满意自己的工作，那么他们为何还要继续在那里工作呢？而且富士康作为大型企业为什么还能够继续发展下去呢？如果这个企业纯粹是资本主义的企业，那么在我们社会主义国家它为什么又能存在呢？

教师：这位同学说得非常好。他提出的问题值得我们深入探讨。为了不偏离主题，我还是想就马克思主义哲学的革命意义谈谈这个问题，并作出简要的概括。

我们说马克思主义哲学的革命意义在于其批判性，在于其运用辩证法分析和解答现实问题。辩证法的一个重要特点就是承认矛盾，不回避矛盾。前面我们提到的黑格尔也是辩证法大师，但是他将辩证法看作绝对精神运动的辩证法，这是马克思所不认同的。马克思在对黑格尔哲学的批判过程中，就提出要将黑格尔哲学颠倒过来，恢复辩证法的本性。马克思认为辩证法不只是思维运动的辩证法，更是现实事物运动的辩证法。人类思维能够积极反映世界的运动变化，因而，人类思维领域的主观辩证法一旦和客观世界事物运动的辩证法相一致，人类就能够把握现实世界的运动规律，进而为人类社会发展提供有利条件。这是马克思主义哲学革命性的实践表现，也就是唯物辩证法的实践表现。

我们生活在一个伟大的时代，这是一个改革的时代。改革面对的事业是前无古人的，特别是当前中国特色社会主义改革事业，正在迈向一个新的发展阶段。从马克思主义哲学的唯物辩证法理论出发，我们应当正确地认识这个时代。改革是为了发展，发展就是为了解决各种矛盾。可以说，马克思的唯物辩证法理论为当前我国开展的全面深化改革事业提供了方法论的指导。直面矛盾，分析矛盾，解决矛盾，这是唯物辩证法的要求。中国共产党人之所以能够在全球化急剧深入的时代，积极把握时代的脉搏，就在于掌握了唯物辩证法的精髓。毛泽东曾经将辩证法的精髓概括为具体问题具体分析。

在唯物辩证法理论的指导下，中国特色社会主义建设自信地吸纳市场经济的积极因素，摆脱了长期以来所纠结的“姓资姓社”问题的困扰。刚才同学们所提到的作为社会主义国家，为什么还要允许资本主义企业在中国发展，体现的就是这个道理。社会主义的本质特征是发展生产力、消灭两极分化、实现共同富裕。这种理论就是要解决各种现实社会中的矛盾，推动社会的整体进步和发展，也是马克思主义提出要实现共产主义社会理想的要求。其中就蕴含着马克思主义哲学的革命性价值。

介绍了哲学的本质以及马克思主义哲学的革命性意义，下面我们再来讨论哲学与文学的关系问题。希望大家和我一道共同探讨，不要拘束。

（三）哲学与文学

教师：我想在讲这个问题之前，布置一个讨论的话题。请大家拿出笔和作业本，我给大家十分钟的时间，请大家围绕“哲学与文学”这一主题，写出一段文字。字数不要太多，尽可能用比较凝练、简单的语句，概括地写下你们对这两者的认识。同学们可以交流，在小范围开展讨论。哲学也是一种语言表达的艺术，看看大家能否在短时间内调动自己的思维，激发思想的灵感。

时间差不多了，我看不少同学也写好了。下面请四位同学将自己认为满意的表达写在黑板上，哪几位主动到讲台上来？好的，前排这位同学，右面这两位，后排还有一位。

同学们写得非常棒，感谢他们让我们一起分享思想的成果。但他们写的内容如何呢，还需要我们一一讨论。

我们先看第一位，她写的是：“哲学抽象地看世界，增进人的智慧；文学形象地写世界，丰富人的情感。”

这段话写得很好，她通过抽象与形象的区分，将哲学和文学看世界的方式表达出来，尤其是将哲学与智慧、文学与情感相联系，对哲学与文学的不同特征表现出来了。但是她将哲学归结为看世界，将文学归结为写世界，这种区分有些不恰当。如果稍做如下修改会更好：哲学抽象地反思世界，增进人的智慧；文学形象地描绘世界，丰富人的精神。

第二位同学写的是：“哲学是抽象的、思辨的、概括的、真理性的，文学是具体的、主观的、虚拟性的。”

这位同学对哲学特点的判断比较准确，但对于文学特点的界定则值得商榷。如说文学是主观的，所指不够清晰；如说文学是虚拟的，概括得也不准确。文学有很多种表现形式，未必都是虚拟的。如果要完善的话，建议改成：哲学用抽象的、思辨的方式反映真理，文学以形象的、生动的方式描绘真理。实际上，文学也反映真理，文学是在对美的追求中揭示真理。

我们再来看看第三位同学写的：“哲学偏重于思考，学习哲学就是不断地接近智慧；文学偏重于表达，学习文学就是不断地丰富情感。”

从这句话可以看出，一些同学对哲学与文学的特点和关系的把握还是比较准确的，认为哲学重点在于求真，文学在于求美。我认为这些看法都有道理。如果想把哲学与文学的关系表达得更为深刻，这句话还可以加以完善。哲学和文学都是人类精神活动的展现。随着人类文明的发展，哲学和文学从最初的不分彼此，到作为两种独立的学科共同的发展，二者之间一直是相互推进的。就现代哲学来说，许多哲学的表达都采取了文学化的方式，如尼采、萨特的著作中相关表达。同样，许多文学家在文学创作中，也越来越重视文学本身对人类精神生活的关照。我们能否从哲学与文学相融的角度来表述二者的关系。我提出一种表述，大家看看如何：“哲学是诗之思，文学是思之诗。”哲学的思考一定要有诗意，才能贴近人生的实际；文学的创作一定要有反思，才能跳出生活的烦琐。概括地说，哲学和文学都需要思考人生，都是对人类精神的理解和表达。

最后一位同学的理解是怎么样的呢？我们先看他写的内容：“哲学沉到

人们精神的深处，从外向内看世界；文学浮到人们精神的外表，由内向外看世界。”

这位同学很有见地，真的非常好，但我觉得还可以完善。如果改成：“哲学是从精神的深处向内看世界，文学是从精神的深处往外看世界”，则更简洁明了。作为人类的精神生活，哲学和文学的思考都是面向世界的，不同的是，哲学更偏向于向内的哲思，文学更偏重于往外的文思。前者追求深刻，后者追求渲染。

这几位同学对哲学和文学的特点的描述都比较有意思，既点出了哲学和文学的不同，也发现了二者之间的关系。我们这里的讨论还是有些抽象，哲学与文学不仅具有各自的具体特点，二者之间的关系也有各种表现。

20世纪70年代，比较文学开始在国内流行。其中文学与哲学的比较研究属于文学跨学科研究的一部分。王国维在其文学研究中，就对中国哲学与文学的关系进行了阐述，他所依据的主要是康德和叔本华的哲学。他借助西方哲学思辨的特点，解读中国古典文学，在某种意义上说，他的《人间词话》既是文学著作，也是哲学著作。在这本著作中，他充分运用了哲学的思辨和抽象来解读、分析中国的诗词，表达了对中国传统文学的独特见解，这也是《人间词话》在现代文艺美学领域占据重要位置的原因之一。朱光潜曾将文学与哲学进行过比较，他说：“诗虽不是讨论哲学和宣传宗教的工具，但是它的后面如果没有哲学和宗教，就不易达到深广的境界。诗好比一株花，哲学和宗教好比土壤，土壤不肥沃，根就不能深，花就不能茂。”①诗歌的创作表达，应该是文学对人类最深层精神活动的抉发。一些诗歌所蕴含的精神代表了人类在面对现实的诸多矛盾困境中的自我挣扎，人们通过诗歌来宣泄对于现实生活不顺适、不自在的不安和不满。现代著名哲学家海德格尔就提出人要诗意地栖居在大地上。追求诗意的栖居，就饱含着哲学家对理想生活的期待，尤其是对精神生活自由的期盼。

1943年新儒家代表人物唐君毅写了《中国哲学与中国文学之关系》一文，着力探讨了文学与哲学的关系。唐君毅对西方文学的悲剧精神与中国

① 朱光潜.中西诗在情趣上的比较[J].中国比较文学，1984(1)：42.

文学中作者所表达的人生无常感慨的哲学渊源进行了深刻的反思。唐君毅指出："哲学文学关系之密，古今中外皆同。西人多有哲学为文学之灵魂，文学以哲学为内质之论。"[①]他认为中国文学受中国哲学的影响，形成了与西方文学不同的两大特色，第一是自然文学，第二是伦理道德文学。唐君毅先生的这篇文章写得很好，各位同学如果有时间，不妨找来读一读。

(四)运用马克思主义哲学分析文学问题

教师：关于运用马克思主义哲学分析文学问题这部分内容我想重点阐述。我讲两点：一是马克思主义文学理论的基本内容有哪些，二是以当前文学研究的接受理论来谈谈马克思主义文学理论的运用。

我们先来谈第一个问题。

唯物史观的创立为马克思主义文学理论奠定了科学的世界观和方法论，这是马克思主义文学理论的基础。马克思在《〈政治经济学批判〉序言》中对唯物史观原理作了经典表述。他说："人们在自己生活的社会生产中发生一定的、必然的、不以他们的意志为转移的关系，即同他们的物质生产力的一定发展阶段相适合的生产关系。这些生产关系的总和构成社会的经济结构，即有法律的和政治的上层建筑竖立其上并有一定的社会意识形式与之相适应的现实基础。物质生活的生产方式制约着整个社会生活、政治生活和精神生活的过程。不是人们的意识决定人们的存在，相反，是人们的社会存在决定人们的意识。"[②]根据马克思的论述，我们知道在马克思主义唯物史观那里，包括法律、政治、宗教、艺术或哲学的意识形态，都受到现实的生产关系的制约，并随着社会经济基础的改变而改变。其观点可以概括为三点：一是人类社会是一个复杂的系统，包括政治、经济、文化等各个方面；二是人类社会处在不断发展变化的过程中，社会基本矛盾运动推动社会不断发展；三是包括文学艺术在内的各种社会意识形式，都是由社会存在决定的。

---

① 唐君毅.唐君毅全集:中西哲学思想之比较论文集[M].北京:九州出版社,2016:181.

② 马克思,恩格斯.马克思恩格斯选集:第2卷[M].北京:人民出版社,2012:2.

马克思主义文学理论不仅揭示了文学艺术等社会意识形式的本质，还对其特点进行了论述。马克思认为，人类精神生活的方式主要有四种，即理论的、艺术的、宗教的和实践的方式。这些精神活动遵循着基本的运动规律，“从抽象上升到具体的方法，只是思维用来掌握具体、把它当做一个精神上的具体再现出来的方式”①。文学作为精神的抽象活动，其把握世界的方式有三个特点。

一是充分发挥想象力的作用。马克思说：“任何神话都是用想象和借助想象以征服自然力，支配自然力，把自然力加以形象化。”②想象力是人类艺术掌握世界的主要能力，也是文学创作和鉴赏的必备条件。可以说，没有想象力，就没有文学。

二是着力塑造典型的文学艺术形象。马克思在1859年致拉萨尔的信中指出，一部好的文学作品，除了要有合理的结构和感人的情节，还要有鲜明的人性人物。恩格斯提出，巴尔扎克的《人间喜剧》不仅反映了19世纪法国社会急剧变化的历史现实，而且还塑造了法国贵妇人如何让位于资产阶级妇女的典型形象，是一部描写法国社会，特别是巴黎上流社会现实的优秀作品。典型人物和典型环境的塑造是否成功，还要看作家对这些艺术形象的描写是否恰当，是否代表了特定时代、特定阶级的思想倾向。

三是使用特定的文学语言。马克思认为，语言是一种实践的、既为别人存在并仅仅因此也为我自己存在的现实的意识。文学交流的是思想和情感，离不开语言这一基本媒介。作家要用韵文写作，要有韵律安排，增强文学作品的美感。

从马克思主义的文学理论不难看出，马克思主义对文学艺术这种社会意识形式的本质和特征有着深入的思考。这从另外一面也证明了马克思主义对人类社会本质的认识和把握是全面的、整体的。文学艺术作为人类精神生活的主要表现形式，既是人类日常生活的精神表达方式，也是人类思想发展的抽象结果。马克思主义哲学作为时代精神的代表，文学的本质和

① 马克思，恩格斯. 马克思恩格斯选集：第2卷[M]. 北京：人民出版社，2012：701.

② 马克思，恩格斯. 马克思恩格斯选集：第2卷[M]. 北京：人民出版社，2012：711.

特点自然也就在其思考的范围之内。

下面我们再来谈谈第二个问题。

文学作品是展示现实生活的，那么什么样的文学作品才容易被人们接受呢？这就是文学接受问题。

毛泽东在《延安文艺座谈会上的讲话》中明确提出文艺作品是给谁看的问题。2015年10月15日，习近平在中央召开的文艺座谈会的讲话中指出："文艺是铸造灵魂的工程，文艺工作者是灵魂的工程师。好的文艺作品就应该像蓝天上的阳光、春季里的清风一样，能够启迪思想、温润心灵、陶冶人生，能够扫除颓废萎靡之风。'凡作传世之文者，必先有可以传世之心。'"[①]文艺作品能否传世也涉及文学接受问题。

对文学接受的理解需要明白接受的要素有哪些。我想文学接受关乎读者、作者和作品这三大要素，当然如果细加辨析，还有作者阅读理解的过程这一要素。为了讨论的方便，我们仅就读者的作用和地位问题进行探讨。

文学作品的传播归根到底是作品被接受的问题。没有读者的作品就难以称之为优秀的作品。为什么读者有如此重要的作用呢？这主要体现在两个方面。第一，读者在文学接受中具有还原或赋予文学作品意义的作用。《孟子・万章上》："故说诗者，不以文害辞，不以辞害志。以意逆志，是为得之。"以意逆志，就是要求读者从自己理解的意思出发，去接受作者所要表达的志。逆的过程就是对作品的还原，通过还原作者的想法去理解作品，推想到作者创作文学作品的意志，进而从作品中接受教诲。文学作品要成为传世之文，就要有传世之心，也就是说优秀作品要能够被读者理解，并在读者的理解中被赋予新的意义，提升读者的思想和精神境界。第二，读者接受文学作品还会有自己新的体会和发现。中国古代的诗论就有很多认为对诗的理解接受并非是一成不变的观点，董仲舒说的"诗无达诂"就是指这个意思。王夫之还认为，因为人情之游也无涯，而各以其情遇，读者在接受作品的时候就会出现"作者用一致之思，读者各以其情而自得"的现象。这就是说，读者因为身处不同的境遇和环境，即使在阅读同一个文

① 习近平.在文艺工作座谈会上的讲话[M].北京：人民出版社，2015：23.

学作品时，也会产生不同的理解。读者对作品理解接受的变化，就反映出他已经产生了某种新的理解和看法。

当然，读者也不是孤立存在的。任何读者一定是与作者和作品联系在一起的。为此，我们就读者与作者、读者与作品之间的关系作简要分析。

首先是读者与作者之间的接受关系。《文心雕龙·知音》指出："夫缀文者情动而辞发，观文者披文以入情。""缀文者"指的是作者，"观文者"指的是读者。作者根据对现实生活的观察和理解，对自己体验的感情用语言文字进行表达。读者则是通过对文字作品的阅读来感受其中蕴含的丰富情感。在作者和读者之间，其接受的方式和对象是有差异的。第一，作者接受的是生活的原型和事实，读者接受的则是文学作品，读者只有阅读作品，才有可能接近作者所描绘的现实世界。第二，作者和读者的审美方式也会不同。作者是直接面对生活，以自己的审美感受、体验来表达对生活的认识和理解。读者则是通过作品所构造的审美意境，然后再以自己的审美方式来观照现实生活。第三，读者对作品的接受反过来影响作者的创作。文学作品的创作从来都不是孤芳自赏的精神活动，读者的阅读以及审美方式会以各种方式影响到作者的创作，作者也是以作品被接受的情况来调整创作的方向。

其次是读者与作品之间的接受关系。作品先于读者，对读者具有规范作用。相对于作品而言，读者总是后来的，作品则是第一位的。如《红楼梦》这部作品，对于红学爱好者或者阅读这部作品的读者来说都是先在的。曹雪芹根据"大旨谈情、实录其事"的基调，以独特的事体情理，按迹循踪，摆脱旧套，创作出新鲜别致的故事情节，达到了中国古代小说艺术的巅峰。《红楼梦》的"真事隐去、假语村言"的描写笔法，为读者理解接受作品的审美感受提供了基本的规范。无论读者如何强加解释，《红楼梦》自身所显示的作品风格都是很难简单加以改变的。

最后是读者对作品具有再创造功能。文学作品的描述性语言，带有非常强烈的气氛渲染、节奏变化、色彩润饰的作用，以及各种文学手法的大量使用，造成了文学作品许多意义的不确定性，甚至意义空白。如《红楼梦》中的晴雯、尤三姐，《西厢记》中的红娘，《聊斋志异》中的诸多女性，都有非常鲜明的人物性格，但这些人物的外形描绘都不是非常具体的。所以，读者就有可能通过自己在现实生活中的所见所闻，在脑海中勾勒出一个个鲜明的人物形象，以此来填补作品描写所留下的空白。著名作家萧乾在《经验的汇兑》中说："文字是天然含蓄的东西。无论多么明显地写出，后面总还跟着一点别的东西，也许是一种口气，也许是一种情感，即就字面说，它们也只是一根根的线，后面牵着无穷的经验。"[①]这里所说的"别的东西"就是指意义不确定和意义空白。

（五）小结

各位同学，本讲我们重点讨论四个问题：什么是哲学？什么是马克思主义哲学？哲学与文学的关系如何？如何运用马克思主义基本理论分析文学领域的问题？对这四个问题的分析，我们紧密结合了大家的专业背景，通过对文学理论问题的分析为大家展示了马克思主义哲学与文学的关系。希望大家通过本讲的学习，加深对马克思主义哲学的理解，深化对马克思主义基本理论的认识，明白马克思主义哲学是我们这个时代精神的精华；希望大家学好文学，研究好文学，真正掌握马克思主义文学理论，努力创作文学作品，为现实服务，为大众服务，为人类进步服务，成为时代的同行者。

三、课外延伸阅读与理解

（一）经典节录理解

《〈科隆日报〉第179号的社论》

背景简介

这篇社论是《莱茵报》和《科隆日报》之间论战的产物。1842年6月

① 萧乾，等. 书评面面观[M]. 北京：人民日报出版社，1989：29.

28日，《科隆日报》的政治编辑海尔梅斯撰写了第179号社论，攻击《莱茵报》的政治立场，要求普鲁士书报检察机关禁止青年黑格尔派在政治报刊上批判普鲁士国家和基督教。马克思写的这篇政论文章驳斥了海尔梅斯的公开告密，阐述了政治和哲学的相互作用，以及哲学是如何反映时代精神状况的。

经典节录

任何真正的哲学都是自己时代的精神上的精华，因此，必然会出现这样的时代：那时哲学不仅在内部通过自己的内容，而且在外部通过自己的表现，同自己时代的现实世界接触并相互作用。那时，哲学不再是同其他各特定体系相对的特定体系，而变成面对世界的一般哲学，变成当代世界的哲学。各种外部表现证明，哲学正获得这样的意义，哲学正变成文化的活的灵魂，哲学正在世界化，而世界正在哲学化，——这样的外部表现在一切时代里曾经是相同的。人们可以查阅任何一本历史书，他们将会发现，最简单的外部形式都一成不变地重复着，而这些外部形式很清楚地说明，哲学已进入沙龙、教士的书房、报纸的编辑室和朝廷的候见厅，进入同时代人的爱与憎。哲学是被它的敌人的叫喊声引进世界的；哲学的敌人发出了要求扑灭思想烈火的呼救的狂叫，这就暴露了他们的内心也受到了哲学的感染。对于哲学来说，敌人的这种叫喊声就如同初生婴儿的第一声啼哭对于一个焦急地谛听孩子哭声的母亲一样；这是哲学思想的第一声喊叫。哲学思想冲破了令人费解的、正规的体系外壳，以世界公民的姿态出现在世界上。①

经典理解絮语

哲学源于时代，又远于时代。哲学不可脱离时代，时代也不可脱离哲学。哲学因为其精神之力的张扬，使得人们可以通过对哲学的认识而获得

① 马克思，恩格斯.马克思恩格斯全集：第1卷[M].北京：人民出版社，1995：220.

对世界的认识。哲学思维的过程与哲学思维的成果，一刻也不能离开人们的现实生活。那种将哲学高悬于奥林匹斯山巅的想法，无非是让哲学失去自己的根基和本源。生活有多深刻，哲学就有多深刻；我们认识生活有多深刻，我们获得的哲学之思就有多深刻。哲学的潮流从来不落后于时代，在任何时代，哲学之光都永远点亮人世间。让我们接近哲学，深爱哲学，祝福哲学吧！

（二）推荐阅读书目

1.《马克思为什么是对的》（特里·伊格尔顿著，李杨、任文科、郑义译，新星出版社2011年版）。

特里·伊格尔顿曾先后担任剑桥大学、牛津大学、爱尔兰国立大学教授，是当代英国最具代表性的新马克思主义研究理论家和文学理论家。他的著作《文学理论介绍》被重印了将近二十次，成为二十世纪八九十年代文学专业学生的必读书目。伊格尔顿定期为《卫报》和《伦敦书评》以及其他许多主流媒体撰写文章。查尔斯王子曾高度评价其在学术界的地位，称其为“可怕的伊格尔顿”。

伊格尔顿在《马克思为什么是对的》中，逐一批驳了十个典型的否定马克思主义的观点。作为一名坚定的马克思主义者，伊格尔顿通过自己对马克思主义的深入研究和系统分析，充分展示了马克思主义的真理性的力量。作者以申辩式的写作手法提醒人们，马克思用科学辩证的方法诠释历史，其理论的着眼点是人类的未来。马克思和恩格斯所要颠覆的正是资本主义带来的人与物质异化的事实——而这正是资本主义越成功、道德就越败坏的原因。马克思主义理论的伟大之处不仅在于其对资本主义制度全面彻底的揭露，还在于其辩证唯物主义和历史唯物主义的研究方法同样适用当今社会。该书进一步阐明了在马克思主义理论指导下市场经济体系运作的可行性，同时还为马克思主义与可持续发展找到了一个极佳的契合点，对我国当下的经济建设有着深远的参考价值。该书语言酣畅浅白、深入浅出、易于被读者理解，为国内读者进一步认识和理解马克思主义提供了新的视角，是近年来研究马克思主义的佳作之一。

2.《文学理论》（本书编写组编，高等教育出版社、人民出版社 2009 年版）。

《文学理论》不仅全面、准确地论述了马克思主义经典作家的文艺思想，而且集中论述了中国特色社会主义理论体系中的文艺思想，突出了马克思主义的指导作用，阐明了马克思主义文学理论及其在中国的发展，阐述了文学理论学科体系的基本构成部分，即文学性质论、文学价值论、文学创作论、文学作品论、文学接受论、文学批评论和文学发展论。这“七论”形成了一个有机的问题链，即文学是什么的问题、文学对人的意义和作用的问题、文学的创作过程问题、文学作品的构成要素问题、读者对文学作品的接受问题。该书对于文学专业学生掌握马克思主义在文学发展中的作用，学会用马克思主义哲学原理分析文学领域的各种问题具有重要的指导作用。

四、参考文献

[1]陈先达.陈先达文集:第2卷:马克思和马克思主义[M].北京:中国人民大学出版社,2015.

[2]胡适.人生有何意义[M].北京:九州出版社,2013.

[3]吴嘉佑.屠格涅夫的哲学思想与文学创作[M].北京:人民出版社,2012.

[4]徐复观.儒家思想与现代社会[M].北京:九州出版社,2014.

[5]张周志,郭明俊,山小琪,等.马克思主义哲学原典导读[M].北京:中央编译出版社,2014.

[6]赵敦华.西方哲学经典讲演录[M].桂林:广西师范大学出版社,2007.

[7]朱良志.扁舟一叶:理学与中国画学研究[M].合肥:安徽教育出版社,2006.

[8]威尔·杜兰特.哲学的故事[M].蒋剑峰,张程程,译.北京:新星出版

社,2013.

[9]维克多·弗兰克尔.活出生命的意义[M].吕娜,译.北京:华夏出版社,2018.

[10]特里·伊格尔顿.马克思为什么是对的[M].李杨,任文科,郑义,译.北京:新星出版社,2011.

五、反思与实践

1.请搜集相关资料，谈一谈为什么说马克思主义哲学是人类哲学史上的一场革命。

2.请结合自身专业，分析马思主义理论与文学之间的关系。

六、学生作品展示

智慧之花

人类有一棵常青的智慧之树，那就是哲学；诗就是这棵智慧之树上盛开的花朵。哲学深入人生，深入社会，深入大自然，深入人的思想内心，哲学无所不在；诗也抒写着人生，抒写着社会，抒写着大自然，抒写着人的内心，诗同样无所不在。哲学是含蓄的诗，诗是形象的哲学；哲学是人类智慧的诗章，诗是人类思维的花朵。哲学不是玄学，哲学是一汪清泉；诗不是精神贵族的养料，诗是大众的面包。我们可以通过哲学与诗的关系来类比哲学与文学的关系。文学离不开哲学的引导，哲学需要文学的语言来表达。哲学与文学是辩证统一的。哲学是对事物内在的思考，文学是对事物外化的描绘。

诗是文学作品的表现形式之一，是一种外部的表现形式。诗的内部渗透的是作家希望表现的思想。也就是说，文学是思想的凝聚，并通过文字的外化方式加以表达，所以文学是思之诗。哲学则强调语言本身所包含的思想。无论哲学语言以何种方式表现出来，最终所要揭示的都是语言背后的思想。哲学的思偏于规律，偏于理性；文学的思偏于情感，偏于感性。在人类诗意的栖居中，人类诗性的精神通过哲学和文学，以及其他各种精神的表现形式完美地活跃在生活的大地上。

（2014级汉语言文学专业学生　李宜然）

第二讲　哲学的基本问题与心理学的当代发展

一、教学设计

1.教学对象：理科类相关专业本科生。

2.教学逻辑：哲学的基本问题—物质与意识—意识研究的现代进展。

3.教学目标：一是帮助学生掌握哲学的基本问题的由来与主要内容；二是分析马克思主义物质观的主要内容；三是介绍物质与意识的关系；四是通过探讨现代科学对意识研究的主要成果及其存在的问题，引导学生理论与实际相结合，处理好学习与生活中的问题。

二、教学过程

（一）什么是“哲学的基本问题”？

教师：同学们，通过之前的学习，我们了解了马克思主义理论的内涵、产生背景、发展历程及其革命性意义，现在我们接着来学习马克思主义关于哲学的基本问题的论述。在《路德维希·费尔巴哈和德国古典哲学的终结》中，恩格斯第一次提到了这个问题。他的原话是这样的：“全部哲学，特别是近代哲学的重大的基本问题，是思维和存在的关系问题。”①为了搞清楚这句话的意思，我们先来讨论一下，什么叫“思维”？什么叫“存在”？有没有哪位同学可以简单地说一说？

学生：“思维”这个词，如果作动词指的是人进行思维活动，如果作名词指的是认识活动的过程。“存在”这个词我不是很明白，大概指实际存在的东西吧，还是请老师跟我们讲解。

教师：好的。刚才这位同学说的是我们对这两个概念的字面意义上的理解，而恩格斯所说的则是哲学上的概念。实际上，在西方哲学史上，关于思维和存在的关系问题由来已久，而且非常复杂，不是三言两语能够说得清楚的。在这里我简单地说说，给大家提供一点思路，感兴趣的同学可以在课后找些西方哲学史方面的书来看。

大家知道，在古代，由于认识水平的限制，人们对于梦和死等现象感到困惑，因此就产生了关于灵魂和身体，以及灵魂与外部世界的关系问题。出于对死亡的恐惧，人们渴望肉体毁灭后，精神却能够脱离它而得以永存，这就是灵魂不朽或灵魂不死观念的来源。不过，对于什么是灵魂，不同的人则有不同的理解。在古希腊的《荷马史诗》中，灵魂一词表示呼吸，以及给予肉体以生命，在肉体毁灭后则成为飘荡的幽灵。毕达哥拉斯则认为灵魂可以进入任意一个肉体，因而他被认为是第一个提出“灵魂轮回”的人。原子论者德谟克利特主张，宇宙万物是由原子和虚空构成的。他认为人的灵魂也是由原子所构成，这种原子是一种精细的球形原子，它能够推动物体运动。在灵魂观念的基础上，后来又产生了所谓的“泛灵论”，或者说“万物有灵论”，认为世上万物都有灵魂。万物有灵论有两个基本信条：一是各生物的灵魂在肉体死亡或消灭后能够继续存在；二是各精灵本身可以上升到诸神的行列，神灵影响或控制着物质世界，而且和人是相通的。英国文化人类学家泰勒认为，万物有灵论既构成了蒙昧人的哲学基础，也构成了文明民族的哲学基础。

到了中世纪，因为基督教的缘故，灵魂和世界的关系转变成了上帝或

① 马克思，恩格斯．马克思恩格斯选集：第4卷[M]．北京：人民出版社，2012：229.

神与世界的关系。相应地，世界的自然生成论也就被神创论所代替。需要注意的是，这里所说的灵魂已经完全变成非物质性的了。在座的同学有读过《圣经》的吗？在《圣经》里，上帝是怎么创造这个世界的呢？首先，我们来思考一个问题：何为“上帝”？有一点我们可以肯定，即上帝绝不是物质性的，否则就会面临上帝是如何构成的问题，如何产生的问题以及是否会消亡的问题。这样，上帝就不可能是永恒的。然而，基督教学说认为上帝必定是永恒的，因为不但天地万物，而且就连时空都是上帝创造出来的，上帝必然处于时空之外。这也从一个侧面表明，上帝是非物质性的。那么这个非物质性的上帝又是如何创造出这个物质世界的呢?《圣经·创世纪》中有这样的一段文字：“上帝说要有光，于是就有了光。”从这里我们可以知道，上帝不是用物质而是用他的“言”创造了世界。

到了近代，灵魂与世界的关系问题又变成了精神与物质或精神与自然的关系问题。在这个问题上，哲学家们分成了两派，一派认为精神是世界的本原，物质产生于精神，这就是所谓的唯心主义派；而另一派则认为物质是世界的本原，精神派生于物质，这就是所谓的唯物主义派。恩格斯的下述论断大致就是从这样的历史语境中生发出来的。按照恩格斯的观点，思维和存在的关系问题又包括两个子问题：第一，思维和存在，或精神和物质，何者为第一性，何者为第二性；第二，思维能不能认识，或能不能正确地认识存在。恩格斯认为，依据哲学家们对第一个问题的回答可以区分两大哲学家阵营，即唯心主义阵营和唯物主义阵营，前者主张世界的本原是精神，后者则认为世界的本原是物质。根据哲学家们对第二个问题的回答可以区分可知论阵营和不可知论阵营，前者认为世界是可以被认识的，后者则否认世界可以被认识。

这些话听起来很抽象是不是？下面这幅图（图1）可以帮助大家更直观地理解这段话。

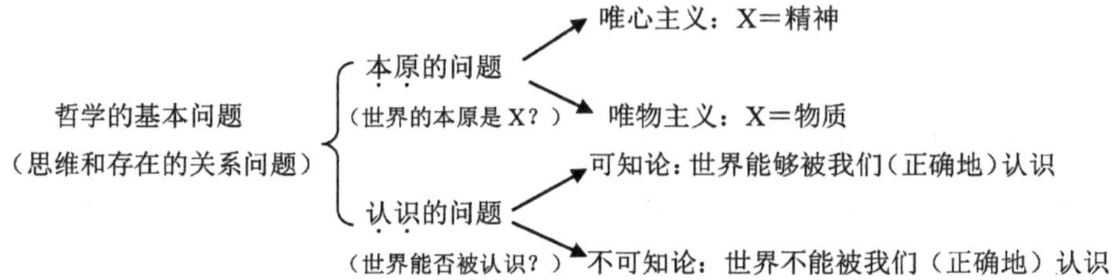

图1　哲学的基本问题

学生：老师，我有一个问题。您说的这些我们大概也能听得懂，但是就是不知道讨论这些抽象的哲学问题对我们当代大学生来说究竟有什么意义？

教师：问得好，请坐！大家知道，马克思主义理论不仅是世界观，而且是方法论。马克思主义理论特别强调，认识世界是为了改造世界。马克思有一句名言：“哲学家们只是用不同的方式解释世界，而问题在于改变世界。”[①]可以说，这句话不仅是马克思对世人的期许，也是马克思对自己的要求。众所周知，青年马克思曾经立志为了人类的幸福而献身。后来，马克思终其一生致力于追求人类的自由和解放事业，兑现了自己的诺言。马克思去世后，他的墓碑上镌刻的还是这句话。因为这句话最能代表马克思主义哲学的精神。列宁进一步阐释了理论、行动和革命的关系。他认为，没有革命的理论，就没有革命的行动。今天虽然我们已经在某种意义上“告别了”革命，但是其中包含的理论之于行动或实践的关系却仍然是适用的，即没有理论指导的实践是盲目的，而没有实践活动的理论则是空洞的。就像我们当代大学生一样，如果有志于投身国家的建设，那么首先就必须重视理论学习，提高理论素养，否则就只能变成空谈。马克思主义哲学强调实践的重要性，但这并不代表理论就不重要。不然，我们何以常说“理论是行动的指南”呢？理论是先导，行动是归宿。

学生：老师，中国哲学家王阳明曾经说过，“知是行之始，行是知之成”，您刚才说的“理论是先导，行动是归宿”和这句话很像，不知道这两者有没有什么区别？

① 马克思，恩格斯．马克思恩格斯选集：第1卷[M]．北京：人民出版社，2012：140.

教师：问得好！刚才我所说的“理论是先导，行动是归宿”，是从逻辑的意义上来说的，而不是指理论在时间上先于行动。实际上，在马克思主义者看来，理论产生于行动，但是理论反过来又可以指导行动。就是说，理论虽然源于实践，但是由于它具有预测功能，所以可以指导实践。王阳明是宋明理学中心学的代表人物，他的“知行合一”学说在中国哲学史上极具特色。不过，需要注意的是，王阳明所说的“知”主要是指道德之知，他所说的“行”主要是指道德践履，这与马克思主义的客观之“知”、实践之“行”完全不同。

学生：那什么是客观之“知”、实践之“行”呢？

教师：所谓客观之“知”，就是说马克思主义追求的是一种包括自然、社会和人类思维发展在内的关于世界的客观规律。马克思主义认为，世界是物质的，物质是运动的，运动是有规律的。正是基于这一点，马克思主义认为通过由感性到理性的不断发展和升华，我们就可以达到对世界的真理性认识。所谓实践之“行”，则是说马克思主义谈论的“行”主要指人类能动地改造世界的物质性活动，即“实践”，包括物质生产实践、社会政治实践和科学文化实践，其中人类的物质生产实践是最基本的、也是最主要的实践形式。在之前的学习中我们了解到，马克思主义极为重视实践，认为正是实践活动形成了人们的社会存在，并且最终促成了意识的产生。显然，为了更好地改造世界，我们必须先来认识世界，从而把握规律，追求真理。

(二)马克思主义的物质观

教师：世界究竟是什么？世界到底有没有规律？下面，我们就来看看马克思主义经典作家是如何展开他们的讨论的。在马克思主义之前，关于世界的本质问题，大体上存在着两种对立的观点：一种观点认为世界是精神的，另一种观点认为世界是物质的。包括各种宗教在内的唯心主义理论持前一种观点，而唯物主义理论则持后一种观点。马克思主义认为，唯心主义的立场是错误的，因为它既违背常识，也违背近现代以来的自然科学的结论。当然，马克思主义也承认，唯物主义的基本立场虽然是正确的，但是其理论也有一个从粗糙到科学的发展过程。比如，古代的朴素唯物主义认为世界是由某一个或几个元素所构成，其中，古希腊哲学家用“水”“气”“火”“原子”等来解释世界的构成。中国古代哲学家则用“五行”和“元气”等来解释世界。近代形而上学唯物主义利用近代自然科学的成果，把“物质”等同于物质结构层次中的“原子”。和古代的朴素唯物主义相比，近代形而上学唯物主义有明显的进步，但是仍然存在局限性，经不起自然科学的进一步检验。实际上，根据夸克理论，所谓基本粒子实际上并不基本，因为基本粒子也有复杂的结构。所以理解“物质”概念对于唯物主义，尤其是马克思主义就显得格外重要。接下来，我们就来讨论“物质”这个概念。我先问大家一个问题：“物质”和“物体”的意思一样吗？

学生：我认为“物体”一般指的是比较大的东西，比如我们身边这些桌椅，而“物质”似乎更多的是指那些非常小的东西，比如分子、原子等，不知道这样说对不对？

教师：这种说法很有意思。按照这位同学的看法，“物体”指的是宏观的事物，“物质”则是指微观的事物。这并不等同于马克思主义关于“物质”和“物体”的区分，马克思主义认为二者之间是一般与个别、共性和个性、抽象和具体的关系。马克思主义经典作家，尤其是恩格斯首先对物质概念作了初步的概括。他说：“物、物质无非是各种物的总和，而这个概念就是从这一总和中抽象出来的。”[①]20世纪初，列宁对物质概念作了更为全面的、科学的规定。列宁认为，“物质是标志客观实在的哲学范畴，这种客观实在是人通过感觉感知的，它不依赖于我们的感觉而存在，为我们的感觉所复写、摄影、反映”[②]。那么，恩格斯和列宁的这两个定义有什么区别呢？简单地说，恩格斯强调的是物质概念的抽象性，但是仍然没有达到对物质本质层次的探讨。列宁的定义则是从物质和意识的关系出发，揭示了物质的本质在于其客观实在性。当然，无论是恩格斯的定义还是列宁的

① 马克思，恩格斯．马克思恩格斯选集：第3卷[M]．北京：人民出版社，2012：939.

② 列宁．列宁全集：第18卷[M]．北京：人民出版社，2017：130.

定义都是一种哲学上的定义，具有抽象性，它们和自然科学关于具体的物质形态和物质结构的概念是不一样的。

由此，马克思主义认为，世界上的各种具体事物虽然千差万别，多种多样，但是在这种多样性的背后又存在着某种共同性或者说统一性，这就是世界的物质性。换句话说，世界统一于物质。如何证明这一论断呢？前面我们学习过，世界包括自然、社会和人类的思维。显然，要证明前两者即自然和社会具有物质性并不难，因为自然的物质性已经由自然科学的发展所证实，而社会虽然较为复杂，但是我们也不难发现社会存在的基础是物质，而人类的实践活动及其中介也要依赖于物质性的东西。问题在于人类的思维或意识是不是物质性的？不知道大家对这个问题怎么看？

学生：我觉得人类的思维也是物质性的，因为思维依赖于人的大脑，而人的大脑是物质性的。

学生：不对，如果思维也是物质性的，那么二者不是没有区别了吗？而且书上说，物质对于意识具有独立性和根源性，意识对于物质具有依赖性和派生性。这就说明二者是不一样的东西。

教师：说得非常好！刚才两位同学的讨论实际上已经涉及马克思主义是如何看待意识的本质以及物质和意识的关系这两个问题了。接下来我们就对此展开探讨。

（三）物质与意识的关系

教师：根据马克思的观点，“观念的东西不外是移入人的头脑并在人的头脑中改造过的物质的东西而已”[①]。这句话表明：第一，意识是人脑的机能和属性，是客观世界的主观映像；第二，意识是物质的产物，但并不是物质本身。其中，第一点回答的是意识的本质问题，表明意识的内容是客观的，意识的形式则是主观的，意识是二者的统一；第二点回答的是意识和物质的关系问题，表明意识是物质世界或者说自然界长期发展的产物。在座的有生物学专业的同学，你们应该比我更加了解人类从低等生物向高

① 马克思，恩格斯．马克思恩格斯选集：第2卷[M].北京：人民出版社，2012:93.

等动物进化的整个过程。人类的意识其实也一样，也经历了一个长期发展的过程。大家都知道，一切物质都具有反应的特性。比如，“水滴石穿”这一成语，如果抛开其中的道德寓意，说的不就是水和石头之间的物理作用吗？不过，无论是这里的水，还是石头，其存在的形式决定了它们只具有受动性或被动性。但是低等生物就不一样了，即使像草履虫这样低等的生物，也具有所谓的刺激感应性，表现为趋光、趋水、趋养分、趋利避害等。高等动物则更是发展出了感觉和心理，最后在人类这里形成了意识，特别是自我意识。

不仅如此，意识还是人类社会历史发展的产物。因为没有人们的劳动和交往，没有在此基础上形成的语言，意识也不可能发展起来。需要指出的是，马克思主义虽然坚持物质对意识的决定作用，但并不认为意识像镜子一样只是消极被动地反映客观世界。意识不仅是对客观世界的主观映像，而且对客观世界具有能动的反作用，表现在以下四个方面：第一，意识具有目的性和计划性；第二，意识具有创造性；第三，意识具有指导实践改造客观世界的作用；第四，意识具有指导、控制人的行为和生理活动的作用。下面我们从中西方思想史的角度再给大家提供一些关于物质和意识关系争论的材料。

我们以法国启蒙运动时期具有代表性的哲学家思想为例作一个补充说明。大家知道，启蒙运动是发生在17—18世纪欧洲的一场反封建、反教会的思想文化解放运动，它为法国大革命作了思想准备和舆论宣传，被称为继文艺复兴运动之后欧洲近代第二次思想解放运动。法国是启蒙运动的中心，与其他国家相比，法国的启蒙运动声势最大，影响最深远，是西欧各国启蒙运动的典范。那么什么是“启蒙”呢？在法语中，“启蒙”这个词的本义是“光明”。当时先进的思想家认为，人们处于黑暗之中，应该用理性之光驱散黑暗，把人们引向光明。列宁曾在《马克思主义的三个来源和三个组成部分》中写道：“在欧洲全部近代史中，特别是18世纪末叶，在同一切中世纪废物，同农奴制和农奴制思想展开决战的法国，唯物主义成了唯一彻底的哲学，它忠于一切自然科学学说，仇视迷信、伪善行为及其他等等。”[①]

法国唯物主义的代表人物主要有拉·梅特里、狄德罗和霍尔巴赫等。他们坚持无神论，认为世界不是神或任何超自然原因创造的，物质再加上运动就能够解释世界。所谓神的存在，是僧侣和统治者的捏造，是无知加欺骗的产物。统治者炮制了所谓的“君权神授说”，要人们像服从上帝一样服从君主。宗教则用虚妄的天堂来掩盖尘世苦难的真实原因。这样它既使教会成为人们的崇拜对象，又剥夺了人们的反抗意志，因此被法国唯物主义者称作是万恶之源。我们先来介绍一下法国哲学家、医生拉·梅特里，他的名字大家可能没听说过，但是《人是机器》这本书或许有同学看过。在这本书里，拉·梅特里根据大量医学、解剖学和生理学的科学材料，证明人的心灵状况决定于人的机体状况，特别是证明思维是大脑的机能，以此论证精神对物质的依赖关系。法国哲学家笛卡尔曾经说“动物是机器”，拉·梅特里则进一步提出“人也是机器”。这一观点在当时曾引起轩然大波，当然也招致无数的攻击。另一个哲学家狄德罗，是当时著名的“百科全书派”的代表人物，在他看来，世界是一个大的系统，其中存在的只有时间、空间与物质。他认为，物质本身具有活力，能够自行运动，不需要它以外的神秘力量参与，而运动则是物质的一种属性，物质和运动一起造成了这个大千世界。在狄德罗看来，这个世界只能是一元的，世界的本质就是物质。霍尔巴赫也是“百科全书派”的成员，他从唯物主义自然观和认识论出发，否定上帝的存在，认为只有物质才是唯一的真实存在，只有能被我们感官感知的东西，我们才能确信其存在。他认为，上帝既然是非物质的、无法被我们感官所感知的东西，那么肯定也是不存在的。霍尔巴赫还提出，物质是不能被消灭的，同样也不能被创造出来。因此，在物质世界之上没有、也不可能有一个精神性的本原作为世界的创造者。精神不能创造物质世界，相反它是物质发展到一定阶段上的产物，是由各种不同物质组织起来的人的肉体的功能。很明显，上述这几位哲学家都将唯物主义的原则贯彻到底，毫不妥协，可以称得上是彻底的唯物主义者。

---

① 列宁.列宁全集：第23卷[M].北京：人民出版社，2017：42.

其实，不仅西方思想家们关心物质和意识、身和心的关系问题，我国古代哲学家们也注意到并探讨过这些问题。《论语·先进》中有这样一段话："季路问事鬼神。子曰：'未能事人，焉能事鬼？''敢问死。'曰：'未知生，焉知死？'"这段话的意思是，子路问老师应该怎样侍奉鬼神，孔子的回答是，我们连侍奉人都还没有完全弄清楚，怎么知道如何侍奉鬼神呢？同样，我们连"生"都还没有完全搞清楚，又怎么知道"死"呢？很明显，孔子对于那些幽冥玄远之事持一种非常谨慎的态度。在古代，鬼神是人们所畏惧因而加以敬重的对象，人们相信有一个不同于我们现世世界的鬼神世界的存在，鬼神有能力左右我们的生活。对此，孔子没有肯定，也没有否定，而是存疑。用孔子的话说就是，"敬鬼神而远之"（《论语·雍也》）。他的弟子们也说，"子不语怪、力、乱、神"（《论语·述而》）。和佛教、基督教的两个世界即此岸世界和彼岸世界相比，儒家的世界只有一个，即今生今世。那种离开人的身体、离开物质而独立自存的鬼神世界和儒家基本上是不相干的。

东汉时期著名学者王充继承并发扬了儒家的这一现实主义精神，批判人们对天地和人世所作的虚妄论断和臆测。他著有《论衡》一书，和当时主张"天人感应"的谶纬之学进行论战。他在《论衡》中指出，"天地合气，万物自生"，所以"天自然无为"，没有任何神秘的地方。同样，人也是自然的产物，"人，物也；物，亦物也。"他认为，"天人感应"学说必然导致神秘主义。至于精神和形体的关系，他认为前者"依倚"后者，换句话说，没有形体就没有精神。他用"火"与"光"的关系来说明形体和精神的关系。他说："人之死，犹火之灭也。火灭而耀不照，人死而知不慧，二者宜同一实，论者犹谓死有知，惑也。"（《论衡》）对他来说，生与死都是再自然不过的事情。"人之所以生者，精气也，死而精气灭。能为精气者，血脉也。人死血脉竭，竭而精气灭，灭而形体朽，朽而成灰土，何用为鬼？"（《论衡》）他认为，鬼神之说皆为穿凿附会，要么出于迷信无知，要么服务于宗教或政治的需要。

继王充之后，南北朝时期的无神论者范缜在其代表作《神灭论》中更是提出“形神相即”的论断，他认为，“神即形也，形即神也。是以形存则神存，形谢则神灭也。”（《神灭论》）南北朝时期佛教逐渐兴盛，朝廷里，上至皇帝，下到群臣，大多崇信佛教。佛教宣扬灵魂不死和因果报应等教义。为了揭露这些教义的虚妄，范缜曾经和佛教徒们展开数次激烈的论战。范缜的“武器”就是唯物主义一元论。按照他的观点，“形”和“神”虽然看上去是两个名字，但实际上却是来自同一个东西，表现为形体存在，精神才能存在，形体消亡，精神也就归之于无，所以“形神不二”。为了进一步说明“形”和“神”的关系，范缜还提出“形质神用”的观点，就是说“形”为“质”，“神”为“用”。换句话，“形”是“神”存在的基础，“神”是“形”派生的功能。为了论证自己的观点，范缜作了一个比喻：“神之于质，犹利之于刃；形之于用，犹刃之于利。利之名非刃也，刃之名非利也。然而舍利无刃，舍刃无利。未闻刃没而利存，岂容形亡而神在？”（《神灭论》）

总的来说，王充和范缜的无神论思想，在当时起到了解放思想，维护真理的作用，因此具有进步的历史意义。但是由于他们并不具有现代科学知识，所以在某些问题的见解上也存在着一定的局限性。例如，王充反对“天人感应”学说，但是却又主张人各有命，他认为天地万物都是由所谓的“气”所产生。这只是一种朴素的唯物主义的观点，不能被现代科学所验证。范缜将“形”与“神”关系比作“利”和“刃”关系也值得商榷。大家在课后可以查阅相关材料，作进一步的探讨。

（四）现代科学对意识的研究

教师：说到科学，大家知道马克思主义理论与自然科学之间也有千丝万缕的联系。马克思主义有三个理论来源，即德国古典哲学、英国政治经济学和英法空想社会主义。此外，马克思主义还有其自然科学的基础，就是19世纪的三大科学发现。那么现代自然科学对于意识又持何态度呢？在座的有心理学专业的同学，不知道哪一位愿意谈一谈心理学领域对意识的研究成果？

学生：我来说一说吧。心理学从诞生到现在只有一百多年的时间，可以说是一门年轻的科学。心理学对意识的研究主要有实验心理学、行为主义心理学和格式塔心理学几个流派。实验心理学的代表人物是冯特，他在莱比锡大学建立了世界上第一个心理学实验室，使心理学成为一门独立的实验科学。冯特认为心理学必须借鉴自然科学的实验方法，主张把实验法和内省法结合起来，以实验条件控制内省，即在实验控制的条件下观察自我的心理过程，以消除主观内省所带来的不利影响。行为主义心理学产生于20世纪初的美国，代表人物是华生和斯金纳。行为主义心理学的独特之处在于，它不是直接去研究人的意识，而是要研究从人的意识中折射出来的那种可以看得见、摸得着的东西，也就是人的行为。行为主义理论认为，心理学的任务就在于发现刺激与反应之间的有规律的联系，这样就能根据刺激来推知反应，又能通过反应来推知刺激，从而达到预测和控制行为的目的。格式塔心理学产生于德国，也称完形心理学。格式塔心理学家认为心理学应该研究意识，他们既反对冯特把心理现象分析为各个元素，也反对行为主义的“刺激–反应”公式。他们认为任何一个心理现象都是一个完整的整体，整体并不简单地等于各部分之和，整体总比部分相加还要多。可以看出，格式塔心理学的这种整体主义思想与前面两种心理学研究明显不同。

学生：除了刚才这位同学所说的实验心理学、行为主义心理学和格式塔心理学，还有弗洛伊德的精神分析学说和马斯洛的人本主义心理学。弗洛伊德认为，人的心理包括意识和无意识现象，无意识现象又可以划分为前意识和潜意识。按照弗洛伊德的观点，如果将人类的整个意识比喻成一座冰山的话，那么浮出水面的部分就是属于显意识的范围，约占意识的5%，换句话说，95%隐藏在冰山底下的意识就是属于潜意识。现在心理治疗中使用的催眠术依据的就是精神分析理论。人本主义心理学产生于20世纪50年代，代表人物有马斯洛和罗杰斯等。马斯洛批评行为主义把人等同于动物，只研究人的行为，而不理解人的内在本性，同时也批评弗洛伊德只研究神经症和精神病人，而不考察正常人的心理。所以，人本主义心理学特别强调人的正面价值，强调人的成长和发展，也就是自我实现。

学生：还有认知心理学。认知心理学产生于20世纪五六十年代的美国，七十年代成为西方心理学的主流，代表人物有纽厄尔、西蒙等。认知心理学有广义、狭义之分。凡是研究人的认识过程的，都属于广义认知心理学。而通常所说的认知心理学，一般都是指狭义的认知心理学，也就是所谓的信息加工心理学，它是指用信息加工的观点和术语，通过与计算机相类比，模拟、验证等方法来研究人的认知过程，认为人的认知过程就是信息的接受、编码、贮存、交换、操作、检索、提取和使用的过程。认知心理学是在信息论、控制论、系统论以及计算机科学发展起来的条件下产生的。这一学派反对行为主义心理学，认为应该承认人的主观的东西，也就是意识。不仅如此，认知心理学还强调意识在行为上的重要作用，强调人的主动性，重视各心理过程的联系和制约。认知心理学的一个基本特点是用计算机来类比人的内部心理过程。计算机接受符号输入，对这些符号进行编码，接着对编码输入加以决策、存储、并给出符号输出。这就类似人接收信息，对信息进行编码和记忆，作出决策，然后变换内部认知状态，最后把这种状态编译成行为输出。

教师：谢谢！非常感谢刚才这几位同学，他们给我们介绍了心理学方面的不少知识。通过他们的介绍，我们可以了解到心理学中的大多数流派都非常重视对意识的研究，并且取得了许多很有价值的成果。不过，我们也注意到，作为一门学科，心理学源于西方，且具有强烈的科学性倾向。就是说，心理学家常以科学家的身份自许，希望以（自然）科学的方式来解决意识（灵魂）的问题。从实验心理学到认知心理学，就极其明显地反映出心理学的这种“科学化”。心理学能否最终解决意识之谜，我们现在还不得而知。但是必须承认，心理学的研究极大地丰富和推进了人类对意识及对自身的认识。人工智能的快速发展也正是得益于哲学、心理学以及计算机等学科的发展。

很多人非常关心人工智能将在何种意义上，以何种方式影响未来人类的生活。关于这一点，许多科幻电影给我们作了生动的描绘。比如，《黑客帝国Ⅰ》这部科幻电影讲述了人类的科技发展到某一天，人工智能已经开始超越了人所能控制的范围。于是，机器与人类的战争开始了。结果，机器战胜了人类。地球上的人类一部分被驱逐到地心深处一个名叫锡安的溶洞中，他们继续在跟机器进行着战斗，试图摧毁机器世界，重新获得地球的主宰权；另一部分则成为机器的战利品，一出生就被养在机器制造的试管中，他们也会生长发育，只是不知道过去曾经发生的一切，他们活在一个完全由程序编写的虚拟世界里面。这个世界被锡安的人称为梅屈克斯，它就像一个超级的网络游戏。对于机器来说，这部分人类的作用是给机器提供生物电，使得机器能够拥有必需的能源。然而，一个年轻的网络黑客尼奥对这个看似正常的现实世界产生了怀疑，他结识了黑客崔妮蒂，并见到了黑客组织的首领墨菲斯。墨菲斯告诉他，现实世界其实是被一个名叫“母体”（或“矩阵”）的计算机人工智能系统所控制的。人们就像它饲养的动物，没有自由和思想，而尼奥就是能够拯救人类的救世主。影片的结局是，尼奥通过牺牲自己换来了人类和机器的和平。这是一部科幻电影，但也可以看作一部哲学电影，因为从某种意义上，它就是在讨论我们现在的哲学话题，即世界的实在性问题。没有看过这部电影的同学，我建议你们有空时可以去看看。

（五）小结

最后，我们来作一个简单的小结。今天我们学习的内容主要有：恩格斯关于“哲学的基本问题”的论述；马克思主义的物质观；马克思主义关于物质和意识关系的论述；当代意识研究的进展。当然，其中我们还谈到了马克思主义的实践观。由于时间关系，我们这里就不再一一重复了。需要提醒大家的是，我们经常说学习知识是为了获得真理，其实获得真理也并不是我们认识这个世界的终极目的，我们的终极目的应该是更好地共同生存在这个世界上。

大家知道，当今世界科学技术发达，物质生活充裕，但是实际上，全球性问题仍然存在。仅以环境而言，大家就能看得出来，不知道从哪一天开始，我们吃的食物，我们喝的水，甚至我们呼吸的空气都不再让我们放心了。我们发现，蓝天少了，雾霾多了。自然原本是我们的母亲，因为我们是因她而来，可是现在这位母亲满目疮痍，究竟是谁的错？英国哲学家培根有一句名言：知识就是力量。但我们用这种力量干了些什么呢？就是为了征服自然吗？学生物学的同学都知道，我们人类和自然其实是一种“共生”的关系，那种“征服”的观念只能是一种短视。早在一百多年前，恩格斯就已经认识到这一点。他认为没有节制地开发自然必定会导致自然“对人进行报复”，所以提出“人类同自然的和解”的思想。当然，如何才能实现人与自然的和解？这是一个重大而现实的课题。希望大家认真思考这些问题，同时把理论和实际结合起来，做一些自己力所能及的事。

三、课外延伸阅读与理解

（一）经典节录理解

1.《路德维希·费尔巴哈和德国古典哲学的终结》。

背景简介

《路德维希·费尔巴哈和德国古典哲学的终结》是马克思主义哲学的主要经典著作之一。这部著作写于1886年，最初连载于德国社会民主党理论刊物《新时代》杂志1886年第4、5期，1888年，经恩格斯修改并加写一篇序言后出版了单行本。这本著作全面论述了马克思主义哲学和黑格尔、费尔巴哈哲学之间的批判继承关系，系统阐述了辩证唯物主义和历史唯物主义的基本原理，具体说明了马克思主义哲学产生的理论来源和自然科学基础，深刻分析了马克思主义哲学在哲学领域中革命变革的实质。

恩格斯在1888年单行本的序言中讲述了写作这部著作的原因和目的是，全面系统地阐明马克思主义哲学同德国古典哲学的关系。当时，马克思主义哲学得到了广泛的传播，马克思主义哲学著作被翻译成多种文字大量出版，而资产阶级通过复活德国古典哲学对抗马克思主义哲学，对德国工人运动产生了消极的影响。因此，当德国社会民主党的《新时代》杂志编辑部邀请恩格斯就丹麦社会学家施达克的《路德维希·费尔巴哈》一书写一篇评论时，恩格斯立即同意了。

经典节录

全部哲学，特别是近代哲学的重大的基本问题，是思维和存在的关系问题。在远古时代，人们还完全不知道自己身体的构造，并且受梦中景象的影响，于是就产生一种观念：他们的思维和感觉不是他们身体的活动，而是一种独特的、寓于这个身体之中而在人死亡时就离开身体的灵魂的活动。从这个时候起，人们不得不思考这种灵魂对外部世界的关系。如果灵魂在人死时离开肉体而继续活着，那就没有理由去设想它本身还会死亡；这样就产生了灵魂不死的观念，这种观念在那个发展阶段出现决不是一种安慰，而是一种不可抗拒的命运，并且往往是一种真正的不幸，例如在希腊人那里就是这样。关于个人不死的无聊臆想之所以普遍产生，不是因为宗教上的安慰的需要，而是因为人们在普遍愚昧的情况下不知道对已经被认为存在的灵魂在肉体死后该怎么办。由于十分相似的原因，通过自然力的人格化，产生了最初的神。随着各种宗教的进一步发展，这些神越来越具有了超世界的形象，直到最后，通过智力发展中自然发生的抽象化过程——几乎可以说是蒸馏过程，在人们的头脑中，从或多或少有限的和互相限制的许多神中产生了一神教的唯一的神的观念。

因此，思维对存在、精神对自然界的关系问题，全部哲学的最高问题，像一切宗教一样，其根源在于蒙昧时代的愚昧无知的观念。但是，这个问题，只是在欧洲人从基督教中世纪的长期冬眠中觉醒以后，才被十分清楚地提了出来，才获得了它的完全的意义。思维对存在的地位问题，这个在中世纪的经院哲学中也起过巨大作用的问题：什么是本原的，是精神，还是自然界？——这个问题以尖锐的形式针对着教会提了出来：世界是神创造的呢，还是从来就有的？

哲学家依照他们如何回答这个问题而分成了两大阵营。凡是断定精神对自然界说来是本原的，从而归根到底承认某种创世说的人（而创世说在哲学家那里，例如在黑格尔那里，往往比在基督教那里还要繁杂和荒唐得多），组成唯心主义阵营。凡是认为自然界是本原的，则属于唯物主义的各种学派。

除此之外，唯心主义和唯物主义这两个用语本来没有任何别的意思，它们在这里也不是在别的意义上使用的。下面我们可以看到，如果给它们加上别的意义，就会造成怎样的混乱。

但是，思维和存在的关系问题还有另一个方面：我们关于我们周围世界的思想对这个世界本身的关系是怎样的？我们的思维能不能认识现实世界？我们能不能在我们关于现实世界的表象和概念中正确地反映现实？用哲学的语言来说，这个问题叫做思维和存在的同一性问题，绝大多数哲学家对这个问题都作了肯定的回答。例如在黑格尔那里，对这个问题的肯定回答是不言而喻的，因为我们在现实世界中所认识的，正是这个世界的思想内容，也就是那种使世界成为绝对观念的逐步实现的东西，这个绝对观念是从来就存在的，是不依赖于世界并且先于世界而在某处存在的；但是思维能够认识那一开始就已经是思想内容的内容，这是十分明显的。同样明显的是，在这里，要证明的东西已经默默地包含在前提里面了。但是，这决不妨碍黑格尔从他的思维和存在的同一性的论证中作出进一步的结论：他的哲学因为对他的思维来说是正确的，所以也就是唯一正确的；而思维和存在的同一性要得到证实，人类就要马上把他的哲学从理论转移到实践中去，并按照黑格尔的原则来改造整个世界。这是他和几乎所有的哲学家所共有的幻想。

但是，此外，还有其他一些哲学家否认认识世界的可能性，或者至少是否认彻底认识世界的可能性。在近代哲学家中，休谟和康德就属于这一类，而他们在哲学的发展上是起过很重要的作用的。对驳斥这一观点具有决定性的东西，凡是从唯心主义观点出发所能说的，黑格尔都已经说了；费尔巴哈所增加的唯物主义的东西，与其说是深刻的，不如说是机智的。

对这些以及其他一切哲学上的怪论的最令人信服的驳斥是实践，即实验和工业。既然我们自己能够制造出某一自然过程，按照它的条件把它生产出来，并使它为我们的目的服务，从而证明我们对这一过程的理解是正确的，那么康德的不可捉摸的“自在之物”就完结了。①

经典理解絮语

《路德维希·费尔巴哈和德国古典哲学的终结》是为阐明马克思主义基本原理及其与德国古典哲学区别的一部重要哲学著作。在这本著作中，恩格斯首次将近代哲学，乃至于全部哲学的基本问题概括为思维和存在的关系问题。恩格斯的这一概括是否准确？今天是否已经过时？关于这些问题学术界仍然存在着不少争论。以下是何中华在其文章中的相关论述。

关于恩格斯提出的哲学基本问题究竟仅仅是“过去时”的抑或同时也是“将来时”的问题，上世纪80年代就有学者指出：“恩格斯关于哲学基本问题的论述着重讲的是欧洲近代哲学对这一问题的研究情况。……然而这决不意味着恩格斯要把欧洲近代哲学的问题固定下来，当作普遍的哲学模式，要求此后的一切哲学只能按照这个模式研究，并以此决定一切哲学的取舍。”②这种观点认为哲学基本问题仅仅是对既有哲学重点是近代哲学的概括，它并不适用于未来哲学。近些年来，又有学者提出：“就第一部分（指《终结》第一章——引者注）看，其内容是对近代哲学特别是黑格尔哲学和费尔巴哈哲学的批判性分析，其中提出的一些论断，如哲学基本问题、唯物主义的形式等，都只适用于近代哲学的范围。可是，我们以前僭越了论域，把它们视为可以用来解释和说明全部哲学史以及‘马克思哲学’本身的普遍理论，结果造成在哲学史研究领域中简单化的做法大行其道，而

① 马克思，恩格斯．马克思恩格斯选集：第4卷［M］．北京：人民出版社，2012：229-232.

② 武维琴．哲学基本问题与欧洲近代哲学：恩格斯哲学思想研究［M］//．高崧，骆静兰，胡企林．马克思主义来源研究论丛：第4辑．北京：商务印书馆，1983：21.

在对马克思哲学实质的理解上又陷入‘近代性’的遮蔽。”[①]还有学者认为，“‘哲学基本问题’仅仅是恩格斯对以往哲学的一个总结或终结，并且这个‘基本问题’最终在历史唯物主义的实践观点中被彻底扬弃了”。因此，“恩格斯在《终结》中……超越了所谓的‘哲学基本问题’”[②]。

哲学基本问题是使恩格斯所说的“两大阵营”赖以成立并形成对立的逻辑前提和内在基础。哲学倘若是在机械的否定意义上“终结”了的话，当然就谈不上什么哲学基本问题了。但如前所述，哲学在恩格斯那里只是被扬弃而已，这才是恩格斯所谓“终结”的真实内涵。他明确指出这种“扬弃”改变的只是形式而非内容，内容被保留了下来。在这个意义上，恩格斯提出“哲学基本问题”，正是为了给现代唯物主义奠定基础。正因为这样，在哲学基本问题基础上成立的唯物主义，仍被恩格斯作为他所谓的“新世界观”的刻画和称谓，这只能表明新世界观同旧哲学之间除了“断裂”（形式上的）之外，更具有“连续”的（基础层面的）一面。表面看来，哲学基本问题似乎只是恩格斯用来总结和梳理以往哲学的框架，是“过去时”的，它不再适合恩格斯所说的仅仅作为世界观而不再作为哲学存在的现代唯物主义。但在实质上，哲学基本问题仍然构成恩格斯新世界观的先行有效的坐标，新世界观依然需要在这一基本框架中找到自己的位置。在恩格斯的实际思考中，即使在讨论新世界观时，“哲学基本问题”从未过时。

通过本文前面的讨论可以看出，在恩格斯的实际运思——既包括批判性地总结哲学史，又包括积极地建构自己的思想——中，哲学基本问题不仅未曾失效，相反构成了其中最深刻的分析框架和基础。因此，把哲学基本问题解释为“过去时”的观点是难以成立的。哲学基本问题诚然是恩格斯对于以往哲学所做的总结，但它一经提出，就不再仅仅适用于历史上的

① 杨学功.恩格斯对“马克思哲学”的解释和贡献：以文献为基础的分析[J].南京大学学报(哲学·人文科学·社会科学)，2005(1)：14.

② 孙和平.论恩格斯如何扬弃“哲学基本问题”：兼论实践概念的主题性与非主题性[J].湖州师范学院学报，2005(3)：47-48.

哲学，而且适用于未来的哲学（恩格斯称作“世界观”）。在这个意义上，我们有理由说哲学基本问题既是“过去时”的，同时又是“将来时”的。

总之，无论人们怎样理解和诠释哲学的“终结”，恩格斯都始终坚持“唯物主义—唯心主义”的二元划分格局没有动摇。即使哲学变成了世界观，哲学基本问题仍然实质性地有效。这就决定了恩格斯不是在形式的意义上而是在内容的意义上提出哲学基本问题的。因此，在恩格斯的语境中，哲学基本问题不只是“过去时”的，同时也是“将来时”的，它并没有随着哲学的“终结”而失效。尽管这不符合马克思的思想实质，却真实地反映了恩格斯的思想脉络。①

2.《人是机器》。

背景简介

拉·梅特里的《人是机器》被认为是18世纪法国第一部以公开的无神论形式出现的系统的机械唯物主义著作。

拉·梅特里是18世纪法国启蒙思想家、哲学家、无神论者和医生。1709年，他出生于法国西北部圣马洛城一个商人家庭。青年时期，拉·梅特里曾学过神学，后改学医学。1733年，他在巴黎一所医学院获得大学文凭，而后到荷兰跟医学家波尔哈维学习，回国后曾担任军医。战场上的经历是他撰写《人是机器》的重要源泉。1747年，他匿名出版了这本书。

《人是机器》围绕物质和精神、肉体和心灵的关系论述机械唯物主义的自然观。根据笛卡尔关于动物是机器的思想，拉·梅特里运用大量的医学和生理学的知识，说明人其实和动物一样，也是一架物质机器，但是他不同意笛卡尔的“身心二元论”，认为如果灵魂不同于物质，就会导致身体死亡而灵魂继续存留的结论，从而为宗教神学留下空隙。由此可见，拉·梅特里的世界观完全是机械决定论的，他以此排除了上帝的偶然意志，认为

① 何中华.恩格斯在何种意义上提出哲学基本问题:再读《路德维希·费尔巴哈和德国古典哲学的终结》[J].马克思主义与现实,2010(2):64-65.

宇宙的全部环节都归属于物理的原因，是不能不如此发生的，但这样同时也将偶然性消除了。拉·梅特里把一切偶然的东西存在归结于我们的无知。这种机械唯物主义的理论归宿必然是宿命论，但在当时还是起到了打击宗教神学和思想解放的积极作用①。

经典节录

一个明智的人，仅仅自己研究自然和真理是不够的，他应该敢于把真理说出来，帮助少数愿意思想并且能够思想的人；因为其余甘心作偏见的奴隶的人，要他们接近真理，原来不比要蛤蟆飞上天更容易。

我把哲学家们论述人类心灵的体系归结为两类，第一类，也是最古老的一类，是唯物论的体系；第二类是唯灵论的体系。

有些形而上学家们曾经暗示过，说物质也很可能具有思想的能力。不能说他们辱没了他们的理性。为什么呢？因为他们有这样一个好处（因为在这里这要算一个好处）：含糊其辞。其实，问物质能不能思想，而除了把物质当作物质本身以外，不作任何别的考虑，这就等于是问物质能不能报告钟点时间。可以预见，我们是要避开这个暗礁的，洛克先生不幸正就是覆灭在这块暗礁上。

莱布尼兹主义者们，以他们的所谓单子建立了一个谁也不懂的假定。与其说他们物质化了心灵，不如说他们把物质心灵化了。一个存在，如果说它的性质是我们所绝对不知道的，试问我们怎么样给它下定义呢？

笛卡尔以及所有的笛卡尔主义者们（人们把马尔布朗希派也算作笛卡尔主义者是很久的事了），也犯了同样的错误。他们认为人身上有两种不同的实体，就好像他们亲眼看见，并且曾经好好数过一下似的。

……

人是一架如此复杂的机器，要想一开始便对它有一个明确的完整的概念，也就是说，一开始便想给它下一个定义，这样的事是不可能的。就是因为这个缘故，那些最大的哲学家们先天地，也就是说想借助于精神的羽

① 邓晓芒，赵林．西方哲学史［M］．北京：高等教育出版社，2014：190.

翼做出来的研究，结果证明都是枉费心机。因此除了后天地，是别无办法可想的；也就是说，只有设法，或者说，通过从人体的器官把心灵解剖分析出来，这样我们才有可能——我不说这样便无可争辩地发现了人性本身，但至少是——在这个问题上接近最大程度的或然性。

……

人体是一架会自己发动自己的机器：一架永动机的活生生的模型。体温推动它，食料支持它。没有食料，心灵便渐渐瘫痪下去，突然疯狂地挣扎一下，终于倒下，死去。这是一支蜡烛，烛光在熄灭的刹那，又会疯狂地跳动一下。但是你喂一喂那个躯体吧，把各种富于活力的养料，把各种烈酒，从它的各个管子里倒下去吧；这一来，和这些食物一样丰富开朗的心灵，便立刻勇气百倍了，本来一杯白水吃得他要临阵逃跑的那个兵士，这会儿变得剽悍非凡，应着战鼓的声音，迎着死亡，勇往直前了。这就叫做冷水浇得定下来的血，热血又使它沸腾起来。[①]

经典理解絮语

关于拉·梅特里的观点，有不少学者对其进行详细的分析，如严春友在其著作中说道：

人是机器，是欧洲17、18世纪流行的一种观念，而法国启蒙思想家拉·梅特里（1709—1751）是其集大成者。

人是机器这个命题，主要是说人体的一切运动和功能都像机器那样，具有物质基础，是物质的机械反应，像机器那样运行。

人的身体是由物质构成的，这些物质分成许多细小的单位，每个单位具有不同的功能；同时，这些功能之间又是相互协调的，一个功能的变化会导致一系列其他功能的变化，简直可以说天衣无缝，如同一架设计精巧的机器。

这样看来，好像每个功能单位都具有一个基本的原则，指导着它的行为，一旦有某种外在刺激作用于它，就立刻做出相应的反应。用针刺一下

① 梅特里.人是机器[M].顾寿观,译.北京:商务印书馆,1959:13-21.

手指，手指立刻就产生了收缩，其过程之快，我们根本无法意识到。这个过程纯粹是机械的，不是意识的产物。一直到有机体最微小的纤维层次都存在着这种机械反应的原则。

那么，人的精神活动是否也是一种机械运动呢？拉·梅特里的回答是肯定的。我们的快乐和痛苦情绪，都有相应的物质基础，甚至思想也有思想的“肌肉”。我们进行思考的时候，尤其是在情绪激动的时候，尽管我们的身体是静止的，但血液流动的速度却会加快，这表明思维的状态与物质的状态之间是相一致的，是以相应的物质活动为基础的。即便是高雅的爱情，也是以物质的作用和机械的原理为前提：当人们想起一个美丽的女人时心跳会加快，会产生一些特殊的欲望，导致某些特定器官的变化，而其他的器官却无动于衷，这显然是由于在这种情感与相应的器官之间存在着一系列的反应机制，而且是强制性的、唯一性的，这种情感的反应机制有着特定的方向，因而不会引起其他器官的变化。

随着年龄的变化，不仅人体的功能在发生变化，而且人的观念也在发生变化。在老年人身上很少能够看到他年轻时的那种生龙活虎的劲头，那是因为这架机器因长期的磨损而老化了。人在饥饿的时候，精神也会萎靡不振，而吃饱了肚子以后，眼睛里就放射出明亮的光芒。

这一切都足以说明，物质是精神活动的基础和根据，也是精神活动的最终动力；离开了物质活动，精神活动将不可思议。

拉·梅特里的观点，现在看来当然有些过于机械，因为人毕竟不是机器，至少不是人造的那种机器，但其根本的原则依然是有效的。今天我们知道人远比机器复杂，但是也知道人的一切活动都是物质活动。精神活动的机制虽然仍然没有完全揭示出来，但至少可以断言，它完全是一种物质活动：从微观上来看，我们的思维活动只是大脑细胞及其相互之间各种物理和化学活动的结果，离开了这些活动，根本无法产生精神……

我们之所以觉得精神活动好像不是一种物质活动，那是因为在抽象而神秘的精神活动与简单的机械活动之间存在着一个很长的作用链条我们还不知道，但从一般意义上可以断言：我们思维，就是物质在思维，这一点还有什么值得疑问的呢？①

（二）推荐阅读书目

1.《惊人的假说》（弗朗西斯·克里克著，汪云九等译，湖南科学技术出版社2018年版）。

弗朗西斯·克里克是英国著名分子生物学家和神经科学家，DNA的发现者，被2000年诺贝尔奖得主坎德尔誉为20世纪最伟大的生物学家，是可以与伽利略、牛顿、达尔文和爱因斯坦比肩的科学巨匠。这是因为他对公认的世界三大科学之谜——宇宙产生之谜、生命之谜、意识之谜中的后二者的破解作出了重大贡献。1953年他与美国分子生物学家沃森、英国生物学家威尔金斯共同发现了脱氧核糖核酸（DNA）分子的双螺旋结构，并于1966年破译了遗传密码，从而揭开了生命与非生命的本质区别。当他功成名就以后，他又在20世纪70年代毅然离开了他开辟成熟、如日中天的分子生物学的坦途，吹响了用自然科学手段研究意识的号角②，《惊人的假说》便是这一研究的成果。

一开篇，克里克就对“惊人的假说”这一说法作出解释。他认为，所谓惊人的假说是说，“你”，“你”的喜悦、悲伤、记忆和抱负，“你”的本体感觉和自由意志，实际上都只不过是一大群神经细胞及其相关分子的集体行为。这个观点未免有些惊世骇俗，然而却是包括克里克在内的许多物理学家和一些激进哲学家所坚守的信念。让我们来读读克里克本人关于“惊人的假说”为什么惊人的三个原因。

为什么惊人的假说如此令人吃惊呢？我认为主要有三个原因。

第一个原因是许多人还不愿意接受被称作“还原论”的研究方法，即复杂系统可以通过它各个部分的行为及其相互作用加以解释。对于一个具有多种活动层次的系统，这一还原过程将不止一次地加以重复。也就是说，

① 严春友.精美思想读本[M].济南：山东友谊出版社，2008：150-151.

② 顾凡及.20世纪最伟大的生物学家——弗朗西斯·克里克[J].自然杂志，2016(1)：73.

某一特定部分的行为可能需要用它的各个组成部分及其相互作用的特性加以解释。例如，为了理解大脑，我们需要知道神经细胞的各种相互作用，而且每个细胞的行为又需要用组成它的离子和分子的行为来解释。

这种过程在哪里终止呢？幸运的是，存在一个自然的中断点。这发生在（化学）原子的水平。每个原子有一个携带正电荷的重原子核，它被一个有组织的电子云包围。这些电子既轻又灵活，而且携带负电荷。每个原子的化学性质几乎完全由核电荷确定。核的其他性质，如质量数及偶极矩、四极矩强度等次级电学性质，在大多数情况下，对它的化学性质影响很小。

大体上说来，原子核的质量数和电荷数不会发生变化，至少在生命赖以生存的温度和环境中如此。在此情况下，原子核的亚结构知识对研究化学是不必要的。原子核由各种质子和中子组成，这与质子和中子由夸克组成没有区别。为了解释大多数化学事实，所有的化学家都需要知道原子的核电荷数。为此，我们需要懂得一种料想不到的力学类型——量子力学，它控制微小粒子特别是电子的行为。实际上，由于计算很快就变得极端复杂，因此，人们主要是应用各种粗略的“拇指规则”（rules-of-thumb），以便用量子力学术语进行合理的解释。在这一水平以下，我们无须去冒险。

至今仍有许多人企图说明还原论是行不通的。他们通常先是采用相当正式的定义形式，进而说明这种类型的还原论是不真实的。他们忽略的一点是，还原论并非是用一组低层次上的、固定的思想去解释另一组高层次的、固定的思想。它并不是一种一成不变的过程，而是一个动态的相互作用过程。它随着知识的发展，不断修改两个层次已有的观念。“还原论”毕竟是推动物理学、化学和分子生物学发展的主要理论方法。它在很大程度上推动了现代科学的蓬勃发展。除非遇到强有力的实验证据，需要我们改变态度，否则，继续运用还原论就是唯一合理的方法。反对还原论的泛泛的哲学争论是我们不希望看到的。

另外一个某些人喜欢的哲学论点是“还原论”中包含了“分类错误”。例如，20世纪20年代时他们说，把基因视为一种分子（现在我们应该说是配对分子中的一部分）是一种分类上的错误。基因是一回事，分子则是另外一回事。现在看来，这种反对意见是十分空洞的。分类对于我们来说并非绝对的，只是人们的一种规定而已。历史告诉我们，某种听起来很合理的分类，有时也可能是错误的和会使人发生误解的。回想一下古代和中世纪医学上有关人体四种体液的分类（血液、黏液、黄胆汁和黑胆汁），我们就清楚了。

惊人的假说使人感到奇怪的第二个原因，是意识的本质。比如说，我们有一幅外部世界的生动的内部图画。如果把它仅仅看成神经元行为的另外一种描述方式，这看来也是一种分类错误。但是我们已经看到，这种论点并不总是可信的。

哲学家特别关心可感受特性问题，如怎样解释红的程度和痛的程度。这是一个非常棘手的问题。它来自这样一个事实：不管我们自己感受到的红色多么鲜明，都无法与其他人进行准确的交流，至少在通常情况下是这样的。倘若你不能以确定的方式描述一个物体的特性，那么当你使用还原论的术语解释这些特性时，就可能遇到某些困难。当然这并不是说，在适当的时候无法向你解释清楚你看红色时的神经相关物。换句话说，我们有可能说，只有你头脑中一定的神经元和（或）分子以确定的方式活动时，你才能感受到红色。这也许说明了，为什么你能体验到鲜明的颜色感觉。为何某种神经行为必定使你看到红色，另一种神经行为使你看到蓝色，而不是相反的情况。

即使得出结论说，我们不能解释红色的程度（因为你无法将你的红色感觉准确地告诉我），这也并不意味着，你我看到的红色是不同的。如果我们知道，你我大脑中的红色神经相关物严格相同，我们就可以作出科学推论，你我在观看红色时具有同样的感受。问题在于“严格”一词。我们能有的精确程度，取决于我们对该过程的详尽知晓。如果红色的神经相关物主要依赖于我过去的经历，而你我的经历又大不相同，那么我们就不能推断出你我看到的红色完全相同。

因此，可能有人做出结论，要想了解各种不同形式的意识（con-sciousness），我们首先就需要知道它们的神经相关物。

惊人的假说让人感到奇怪的第三个原因，是我们无法否认“意志（will）是自由的”这种感觉。两个相应的问题立刻就会产生：我们能够发现表现为自由意志的事件的神经相关物吗？我们的意志并不仅仅表现为自由的吗？我相信，只要我们首先解决了意识问题（problem of awareness or consciousness），再解释自由意志就会比较容易了。

这一超常的神经机器（machine）是怎样产生的呢？要理解大脑，非常重要的一点就是要懂得，大脑是在长期的进化过程中自然选择的最终产物。大脑并非由工程师设计的，但它能在狭小的空间内靠消耗微不足道的能量来完成十分巧妙的工作。双亲遗传给我们的基因经历了千百万年的进化，它受到我们远古祖先生活经历的深刻影响。这些基因以及在出生前由其引导的发育过程决定了大脑各部位的基本结构。我们已经知道，出生时的大脑并非白纸一张，而是一个复杂的结构，它的很多部分已经各就各位。经验将会不断调节这一大体确定的装置，直到它能完成精细的工作。①

你对这本书的主旨感兴趣吗？想要知道更多，就开始阅读吧！

2.《皇帝新脑》（罗杰·彭罗斯著，许明贤、吴忠超译，湖南科学技术出版社2007年版）。

罗杰·彭罗斯是英国数学物理学家、牛津大学数学系名誉教授。他在数学物理领域的工作得到人们的高度评价，在广义相对论与宇宙学方面，他的贡献更为突出。2020年，由于发现黑洞的形成是对广义相对论的有力预测，彭罗斯被授予诺贝尔物理学奖。

在数学和物理学之外，彭罗斯还广泛涉猎计算机科学、神经和精神科学以及哲学等领域。《皇帝新脑》就是彭罗斯对被认为是哲学中最重要的问题——“精神–身体关系”作出的挑战。书中充满了天才般的猜测，贯穿着探索真理的灵感和激情，他阐释科学论题的新方式令人眼前为之一亮。在这本书的前言里，马丁·伽特纳说道：

① 弗朗西斯·克里克.惊人的假说[M].汪云九，等译，长沙：湖南科学技术出版社，2018:7-11.

几十年来，人工智能专家尽力说服我们，再有一两个世纪的时间（有些人已把这些时间缩短到50年！）电脑就能做到人脑所能做的一切。他们因为受年轻时读到的科学幻想的刺激，而坚信我们的精神只不过是“肉体的电脑”（正如马文·闵斯基曾经提出过的）。他们想当然地认为，当电子机器人的算法行为变得足够复杂时，痛苦和快乐、对美丽和幽默的鉴赏、意识和自由意志就会自然地涌现出来。

有些科学哲学家（最著名者为约翰·西尔勒，他的大名鼎鼎的中文屋子的理想实验为彭罗斯所深入讨论）强烈地反对这种看法。对他们来说，电脑和用轮子、杠杆或任何传递讯号的东西运行的机械计算器并没有什么本质的不同（人们可用滚动的弹子或通过管道流动的水流制造电脑）。因为电流通过导线比其他能量形式（除了光）走得更快，它就能比机械计算器更快地摆弄信号，并因此能承担庞大复杂的任务。但是，一台电脑是否以一种比算盘更优越的方式“理解”它的所作所为呢？是的，现代电脑能以大师的风度下棋。它们是否比一群电脑迷曾经用积木搭成的方格游戏机（一种西方的初级游戏）对游戏“理解”得更好些？

彭罗斯的书是迄今为止对强人工智能的最猛烈的攻击。几个世纪以来，人们就一直反对还原主义者关于精神只不过是已知物理定律操纵的机器的宣称。但是，因为彭罗斯凭借从前的作者不能获知的资讯，所以他的攻击更加令人信服。从这本书可以看出，彭罗斯不仅是一位数学物理学家，而且是一位第一流的哲学家，他毫无畏惧地和当代哲学家斥之为无稽的问题进行搏斗。

彭罗斯还不顾一小群物理学家的越来越强烈的否定，敢于认可坚定的实体主义。不仅宇宙是“外在的”，而且数学真理自身也有其神秘的独立性和永恒性。正如牛顿和爱因斯坦那样，彭罗斯对物理世界和纯粹数学的柏拉图实体极其谦恭和敬畏。杰出的数论学家保罗·厄多斯的口头禅是，所有最好的证明都记载在“上帝的书”上，数学家偶尔地被允许去瞥见一页半纸。彭罗斯相信，当一位物理学家或者数学家经历一次突然的“惊喜”的洞察，这不仅是“由复杂计算作出”的某种东西，而是精神在一瞬间和客观真理进行了接触。他感到惊讶，莫非柏拉图世界和物理世界（物理学家已将其融入数学之中）真的是合二而一？

……

彭罗斯在数学和物理上的成就——我只能触及一小部分——源于他毕生对“存在”的神秘和美丽保持好奇之心。他的小指头告知他，人脑不仅仅是小导线和开关的集合。……彭罗斯的许多看法都富有幽默，但这件事体绝不是闹着玩的。①

确实，在人类面对的诸多谜题之中，意识之谜或许是我们最想破解的，因为我们不仅需要了解世界，更需要了解我们自己。在这方面，我们必须尊重科学家们的努力，即使他们的结论可能是让人难以接受的。为此，让我们暂且搁置常识和成见，走进彭罗斯的《皇帝新脑》。

四、参考文献

[1]崔丽娟等.心理学是什么[M].北京:北京大学出版社,2002.

[2]霍涌泉.意识心理学[M].上海:上海教育出版社,2006.

[3]王志良.脑与认知科学概论[M].北京:北京邮电大学出版社,2011.

[4]叶浩生.西方心理学研究新进展[M].北京:人民教育出版社,2003.

[5]章士嵘.心理学哲学[M].北京:社会科学文献出版社,1998.

[6]恩斯特·海克尔.宇宙之谜:关于一元论哲学的通俗读物[M],郑开琪,袁志英,陈少新,等译.上海:上海译文出版社,2002.

[7]弗朗西斯·克里克.惊人的假说[M].汪云九,等译.长沙:湖南科学技术出版社,2018.

① 罗杰·彭罗斯.皇帝新脑[M].许明贤,吴忠超,译.长沙:湖南科学技术出版社,2007:前言8-12.

[8]罗杰·彭罗斯.皇帝新脑[M],许明贤,吴忠超,译.长沙:湖南科学技术出版社,2007.

[9]泰勒.原始文化[M],蔡江浓,编译.杭州:浙江人民出版社,1988.

[10]汤浅泰雄.灵肉探微:神秘的东方身心观[M].马超,等编译.北京:中国友谊出版公司,1990.

五、反思与实践

1.收集相关文献资料，谈一谈你对灵魂的认识。

2.结合马克思主义相关原理，就如何改善人与自然的关系说说你的看法。

六、学生作品展示

拯救地球母亲

2009年，联合国大会通过决议，把每年的4月22日定为国际地球母亲日。这个节日的设立既是坏消息，也是好消息。说它是坏消息，是因为地球母亲生病了；说它是好消息，是因为地球母亲有救了。

地球是人类生存的家园，也是其他物种生存的家园。从科学的角度说，地球是一个由大气圈、水圈、岩石圈、生物圈和日地空间等组成的复杂系统。在这个系统内，所有的组成要素都处在相互作用之中，从而引发地球系统变化的驱动力。这种“内源力”可能来自地球内部、太阳辐射，也可能来自人类活动，其中任何一部分的改变都会带来整个系统的改变。近代以来，由于工业文明的胜利，人类滋长了支配万物的野心，甚至企图征服整个地球。环境被破坏，资源枯竭，生态失衡，这些无一不在向我们警示：人类和万物以及人类和地球的和谐共生关系就要被打破了。其实，早就有人发出过警告。比如，梭罗在《瓦尔登湖》中指出，人类为了满足自己对财富和金钱的追逐而无限度地向自然索取。在机器的轰鸣声中，文明是进步了，环境却倒退了。卡逊的代表作《寂静的春天》以文学的方式讲述了一个原本鸟语花香的世界，因为人类过度使用农药而被破坏，导致环境恶化，最终归于一片寂静的故事。

让我们行动起来，拯救我们的地球母亲。这是我们每个人义不容辞的责任。

（2014级生物学专业学生　夏晖）

第三讲　唯物辩证法与自然科学研究方法

一、教学设计

教学对象：理科类相关专业本科生。

教学逻辑：唯物辩证法总论—唯物辩证法的具体方法—唯物辩证法与现代自然科学发展。

教学目标：引导学生掌握以下四个内容，一是近代自然科学的发展与形而上学观念的破产，二是联系与发展是唯物辩证法的总观点，三是对立统一规律是事物发展的基本规律，四是现代科学思维方法。

二、教学过程

（一）近代自然科学的发展与形而上学观念的破产

教师：同学们，上一讲我们探讨了世界的本原问题，理解了世界的真正统一性在于物质性，这一讲我们将学习世界的状态问题。所谓世界的状态问题，通俗地讲，就是我们所处的这个世界是运动变化的，还是静止不变的问题。哲学是“黄昏起飞的猫头鹰”，哲学的思辨与自然科学、社会科学与思维科学密切相关。我们可以先从先哲们对自然的总的看法，即自然观入手展开这个有趣的话题。

学生：老师，上次您提到哲学关注的世界是属人的世界，为什么要从先哲们对自然的看法入手？

教师：这位同学问得很好，我们之所以先探讨自然观主要有两个原因。第一，自然的含义有广义和狭义两种，广义的自然即指整个宇宙，其中包含了人类世界，狭义的自然一般指与人类社会相对的自然界。狭义的自然对人类而言依然具有先在的、优先的地位，是自然界孕育了人类社会，认识到这一点有利于我们在实践活动中主动关爱自然。第二，哲学要以自然观作为自己的重要基础，尤其在探讨人类看待世界状态问题的时候。这不仅体现在自然观的形成需要以当时的科学技术作为认识的基础，而且和哲学家的理论概括密切相关。

学生：老师，您讲的第一点我很赞同，不过，我想针对您说的第二点提一个问题。既然自然观的形成有着科学技术的时代背景，那么是不是可以这样推理：从古到今，科学技术经历了多次革命性的变革，自然观也相应发生了重大的转变呢。老师能不能给我们梳理一下。

教师：这位同学推理得很不错，事实也确实如此。既然科学与技术体现的是人与自然之间的理论与实践关系，那么人类在对自然奥秘进行探索的过程中不可回避地要涉及对自然的基本看法。人类对自然的认识在科学技术的推动下大致经历了古代朴素辩证法自然观、近代形而上学自然观、辩证唯物主义自然观。

在古代，自然科学处于萌芽状态，唯有天文学、力学和数学因为生产的需要有一定的发展，但以它们当时发展的水平还不足以对自然界展开深入的分析。因此，这一时期关于自然的知识大都来自常识，人们用常识解释常识，遇到无法解释的疑难问题则求助于抽象的思辨和猜测。而且在古代的西方，尤其是古希腊，自然哲学家大都是美学家，追求美的原则是他们的基本信念，诸多先哲们都是带着猜测，直观地寻求着某种永恒、和谐、统一。这一时期的自然观更多的是对自然界的整体看法。用恩格斯的话来说，在希腊哲学的创立者们看来，“整个自然界，从最小的东西到最大的东西，从沙粒到太阳，从原生生物到人，都处于永恒的产生和消逝中，处于不断的流动中，处于不息的运动和变化中”[①]。也就是说，古代科学技术虽然落后，但是关于自然的观念基本是正确的。

欧洲中世纪时期，亚里士多德关于神是宇宙的第一推动力的思想被宗教神学加以利用，人类的观念被目的论与创世说深深禁锢了，科学成为神学的“婢女”，除了关于逻辑推理的知识有闪光点外，自然科学在漫长的中世纪几乎没有发展。直到1543年哥白尼的《天体运行论》颠覆了日地关系，冲破了宗教神学的枷锁，拉开了近代自然科学发展的序幕。当时，天文学和数学是围绕力学这一学科逐步发展的，其他各门学科如雨后春笋崭露头角：天文学领域，在“哥白尼革命”之后，“天空的立法者”开普勒通过分析“星学之王”第谷搜集的大量天文观测资料提出行星运动三定律；数学领域，笛卡尔创立了解析几何，牛顿和莱布尼茨分别创立了微积分；力学领域，伽利略运用数学与实验相结合的方法对物体运动规律进行了研究，牛顿的《自然哲学的数学原理》实现了自然科学史上第一次理论大综合，形成经典力学体系。

不过，在16—17世纪，真正得到充分发展、形成相对独立体系的也只有牛顿力学。毫无疑问，既然真正意义上的自然科学是关于自然的经验科学，那么在其发展的初期，其他各门学科由于经验材料的缺乏，只能暂时处于分门别类地搜集材料的状态，由此一种孤立、片面、静止地看待自然界和人类世界的观点，即“形而上学”的观念形成。

学生：老师，您曾经说过我们理科生一定要重视各门学科的科学思想史，对此，我很受启发。您刚才也简单地描述了近代前期自然科学的发展状况以及形而上学观念的形成，那么，您能不能具体给我们分析一下什么是形而上学观念以及该观念形成的科学背景呢？

教师：好的。“形而上学”出自亚里士多德的一部著作。亚里士多德是古希腊百科全书式的人物，论著颇多，在他去世后，古希腊逍遥派哲学家安德罗尼柯把他关于灵魂、本质、意志等经验以外对象的论著编纂后排在

① 马克思，恩格斯．马克思恩格斯选集：第3卷[M]．北京：人民出版社，2012：856.

《物理学》一书之后，并将其命名为《物理学之后》。传入中国之后，学者们根据著作研究领域的特点，最后将之翻译为《形而上学》，以切合《易经》中提到的“形而上者谓之道，形而下者谓之器”。后来，在黑格尔那里，“形而上学”则成为与“辩证法”相对立的一种机械教条式的思维方式，指用孤立、片面、静止的观点看待世界的思维方式。

那么如何从形而上学的观念变革到辩证法呢？这确实和当时的科学背景相关。从16世纪开始直至18世纪上半叶，虽然自然科学各门学科有所发展，但是完善的只有牛顿的经典力学，其他各门学科还处于分门别类地搜集材料的阶段。在这种状态之下，不仅学科之间的联系无法建立，而且各门学科内部，由于经验材料的缺乏还不足以得出规律性认识。在这样的大背景之下，只能形成一种孤立的、静止的和片面的形而上学的观点。并且，即使对一个对象进行研究，也只能先研究清楚其各个部分，才能综合为对其整体的认识，也就是说，片面的观点在所难免。另外，在对对象进行探究的时候，我们也只能先研究它的静止状态，然后才可以研究它的运动状态，就像在理论力学中，有时要先找到一个瞬时为静止平衡的状态来建立方程式，然后才可以进行运算推理，静止的观念因此形成。当然，这种孤立、片面、静止观念的形成，还与当时的自然科学的分析还原方法密切相关，即把复杂的东西还原为简单的事物，把高级运动还原为简单运动，最后还原为机械运动，归结为位置的移动和数量的增减，把一切变化的原因都归结为外力作用的结果。18世纪末期，一种严格的机械决定论被法国哲学家们推到顶峰。这种决定论认为，任何一个系统，只要知道了它的初始状态，就可以根据普适的动力学定律，推演出它随时间的变化所经历的一系列状态，就好像根据逻辑推理的基本前提，可以演绎出结论来一样。拉普拉斯把这种决定论推广到全宇宙，得到了著名的拉普拉斯决定论。

归根结底，这一时期自然科学最显著的特点在于，认为事物之间没有联系，只是把自然界的一切事物和过程从总的联系中抽取出来，并且认为运动没有方向性，过去与将来可逆。这种考察问题的方法被培根与洛克，从自然科学移植到哲学之中。比如，培根认为归纳法是科学研究的主要方法，主张抛弃中世纪经院哲学空洞的哲学概括，形成系统化理论化的世界观。世界成为既成的世界，绝对不变成为普遍的观念，如果说有变化也只是量上的连续变化，没有连续性的中断，如果说有运动也只是机械运动，如果要追究事物变化的原因那也只能是外力作用的结果，这就是形而上学的思维方式与世界观，正如“是就是，不是就不是；除此以外，都是鬼话”。所以，恩格斯认为，这个时代的特征是一个特殊的总观点的形成，这个总观点的中心是“自然界绝对不变”。哥白尼在这一时期的开端给神学写了挑战书，牛顿却以关于神的第一次推动的假设结束了这个时期。

有没有哪位同学知道，是哪门学科的发展打开了这种形而上学观念的突破口？

学生：老师，记得您在讲世界观的时候，曾提到自古以来存在着不同宇宙观之间的激烈争论，不仅谈到中国古代的“盖天说”“浑天说”“宣夜说”，而且将之与古希腊时期毕达哥拉斯、柏拉图、亚里士多德，以及托勒密的宇宙模型进行了比较。刚才，您又谈到哥白尼的太阳中心说对地心说的颠覆，这次是不是又是天文学首先突破这种形而上学观念呢？如果真的是这样，那么这纯粹是巧合呢，还是有什么缘故？

教师：这位同学说得很好。确实是天文学领域的发展给形而上学自然观带来了有力冲击。我们可以将世界观理解为宇宙观，天文学领域从古希腊开始就存在性质根本不同的宇宙观之间的对立，由于人类的实践在宏观领域的直接现实性不如在微观领域那么简洁明了，充满了反复性和不确定性，因此天文学家可以带着理性大胆地提出科学假说。

在回到我们的问题之前，先交代一下时代大背景。18世纪的欧洲发生近代第一次技术革命，随着资本主义工场手工业向机器大工业过渡，生产得到极大发展。在生产过程中，人们在陆地上发现海生物种的化石，在不同的地层发现不同物种的化石，这或许能够证明世界并不是固定不变的，而是变动事物的集合体。同学们知道，人类的观念、思维方式等这些形式的东西是很难改变的，必须经过不断的冲击、启蒙。同时，自然科学的发展也从分门别类搜集材料进入对材料进行综合整理和概括阶段，一种新观念的形成慢慢具备了条件。

其实，早在18世纪中期，哲学家康德就提出太阳系起源的“星云假说”，认为太阳系是从最初无序弥漫的尘埃所构成的星云物质经过自身的吸引与排斥的相互作用慢慢形成和发展起来的，或者说，这个世界是从混沌的无序状态借助相互作用演化到逐渐清晰的有序的状态。不过，由于康德是哲学家，哲学的思辨不能让众人信服。直到18世纪末，法国科学家拉普拉斯观察到在遥远的星空确实有炽热星云团的存在，并提出类似的假说，这才引起人们的注意。后人把他们两人关于太阳系起源的假说称为“康德-拉普拉斯星云假说”，这种假说把太阳系的产生看作物质世界自身的历史发展过程，既否定了“宇宙神创论”，又排除了“第一推动”，在形而上学自然观了打开了第一个缺口。

18世纪末期和19世纪初期，自然科学的发展和社会历史所显示的辩证的性质，为德国古典哲学家对辩证法的探讨提供了条件。“辩证法”一词在古希腊文中指谈话的艺术，可称之为“辩论术”，即在辩论中发现、揭露对方论述的错误的方法。黑格尔是德国古典哲学集大成者，第一次把世界描写成一个过程，他认为无论自然的、历史的和精神的世界都是矛盾的过程集合体，事物运动、发展的动力或者源泉在于过程内在的矛盾。经过在客观唯心主义基础之上的丰富和发展，辩证法成为一种思维方法，一种宇宙观。当然，在黑格尔那里，辩证法是作为思想的自我发展强加于自然界和人类历史的。

19世纪中期，自然科学的发展所体现的辩证性质更加明显。在地质学领域，赖尔提出地质渐变的理论，他采用古今一致的原则对地球的历史进行分析、比较，探索历史规律。他认为“现在”是认识“过去”的一把“钥匙”。看似不变的地球表面其实是一个不断变化着的舞台，变化的原因就在于各种自然力量相互作用。恩格斯认为是赖尔第一次把理性带进地质学的。在赖尔之前，学者们认为物种是不变的，一个地区的物种变化也只是用其他地域生物的跃迁来解释，地球上新物种的出现则只能是造物主的创造，这和赖尔的理论格格不入。同学们试想一下，在一个变动的地球表面上，物种怎么会保持不变呢？随后，被认为是马克思主义哲学的自然科学前提的19世纪自然科学三大发现，即细胞学说，能量守恒和转化定律，达尔文的生物进化论对自然科学突飞猛进的发展具有决定性的意义。自然科学的发展揭示了自然界各种物质、运动形式之间有着普遍的联系及其演化过程，从不同方面对之前僵化的形而上学的观念给予冲击，使其变得千疮百孔。所以，恩格斯说："新的自然观就其基本点来说已经完备：一切僵硬的东西溶解了，一切固定的东西消散了，一切被当做永恒存在的特殊的东西变成了转瞬即逝的东西，整个自然界被证明是在永恒的流动和循环中运动着。"①恩格斯所说的新的自然观，即辩证自然观，它的基本思想是把自然界看作相互联系的有机整体和生成、衰亡、发展的演化过程，整个自然界是处于永恒的运动中。

当然，在社会历史领域，19世纪中期的无产阶级革命运动的兴起也揭示出社会历史运动的辩证性质。马克思恩格斯在无产阶级革命实践和自然科学重大发现的基础上，扬弃了黑格尔的唯心辩证法，创立了马克思主义唯物辩证法。

学生：老师，我有一个疑惑，您提到在牛顿力学时代整个世界是一幅相对静止的画面，到了19世纪，世界的画面变成了一个鲜活的动态的图景，既然物质世界不以人的意识为转移，为什么同一世界会有着不同的景象？物质世界的真实图景的基本特征表现在哪里？

教师：为什么同样的世界会有不同的图景呢？其实，这就相当于当你心情很好的时候看什么东西都觉得那么美好，当你心情不好的时候看什么都觉得讨厌、无聊一样。或者说，一个偏向感性的人和一个偏向理性的人看待同一事物或者现象得到的反映或许就有很大差别。这告诉我们，我们是戴着"有色眼镜"看待世界的，这个"有色眼镜"就是我们的知识背景、情感、价值观以及思维方式等。

为什么恩格斯说"一切僵硬的东西溶解了，一切固定的东西消散了"？这相当于心理学上的鸭兔图之间的格式塔转换，变化后的物质世界依然是

① 马克思，恩格斯．马克思恩格斯选集：第3卷[M]．北京：人民出版社，2012：855-856.

原来的物质世界，只不过我们的观念和思维方式发生了变化，同一世界会有着不同的景象，在形而上学的框架下是孤立的、静止的、片面的，在辩证法的视野下是联系的、发展的、全面的。感兴趣的同学可以在课后阅读库恩的《科学革命的结构》，以便更好地理解“世界观变了，世界就变了”。

(二)联系与发展是唯物辩证法的总观点

教师：我们这个世界是一个普遍联系的世界。日月星辰、高山河流、草原沙漠、动物植物、分子原子以至基本粒子都处于普遍的联系之中，这种联系不因为人类的意识而有所改变，但是可以被人类所认识并在实践中加以利用，为人类服务。正如恩格斯所言：“当我们通过思维来考察自然界或人类历史或我们自己的精神活动的时候，首先呈现在我们眼前的，是一幅由种种联系和相互作用无穷无尽地交织起来的画面。”[①]普遍联系的观点是唯物辩证法的基本观点，即没有孤立存在的事物，事物之间与事物内部有着一种相互影响、制约和作用的关系，这种相互的联系是事物自身所固有的，是不以人的主观意志为转移的，事物之间就是由各种各样的联系交织起来的。正因为事物的多样性和运动的多样性，联系也是多样的，现代科学技术已经从各个方面揭示了这一点。

对于联系，大家首先要理解它的客观性，即联系是事物本身所固有的，不以人的意志为转移。例如我们引以为豪的量子通信技术，其依据就在于量子的关联性，即两个处于纠缠态的粒子，其中一个粒子的状态发生改变，另外一个粒子的状态随之发生改变。

纳什在读研究生的时候写了一篇论文——《n人博弈的均衡问题》，这篇论文篇幅不大，却堪称博弈论的经典之作，纳什在文中提出了纳什均衡。在纳什均衡点上，参与博弈的理性人都不会单独改变策略。下面我们以“囚徒困境”的例子着重分析一下人与人之间联系的客观性。

甲乙两个小偷在行窃的时候被巡逻的警察发现后带到派出所，警察问他们之前有没有一道做过偷盗之事，双方相互看看没有回答。这时，警察

① 马克思，恩格斯．马克思恩格斯选集：第3卷[M]．北京：人民出版社，2012：790.

将他们分别关押审问，并告诉他们坦白从宽、抗拒从严的政策：第一，如果你不坦白，对方坦白了过去你们所做的违法之事，则对方无罪释放，你将被判6年有期徒刑；第二，如果双方都拒不交代，则因为找不到过去你们违法的证据，只对当前的偷盗行为进行惩处，双方都将被关押半个月；第三，如果双方都坦白交代了过去所做的违法之事，则双方都被判3年有期徒刑。哪位同学分析一下他们会怎么选择呢？

学生：老师，我认为他们都会选择坦白。原因在于甲或乙都会得出不管在对方坦白还是不坦白的情况下，自己坦白都是最佳选择。比如说，甲会想，在对方坦白的情况下，自己坦白被判3年，不坦白则被判6年，所以要坦白；在乙不坦白的情况下，自己坦白可以无罪释放，不坦白还会被关半个月，所以还是坦白。乙也会做同样的思考，所以最终双方都认为坦白是对自己最有利的选择。

教师：这个同学分析得很好。从囚徒困境这个例子我们可以看出，联系确实具有客观性，即使是人与人之间的联系也是这样。我们可以看到，每一个小偷都试图寻求他认为对他最有利的选择，但是，从结果来看，坦白对他们来讲并不是最优选择，最优选择应该是双方都不坦白，因为这样他们只会被关押半个月。

刚才我在介绍囚徒困境的例子前简单地提到了纳什均衡，有的同学肯定知道，许多学者认为纳什均衡可以看作是对亚当·斯密提出的“看不见的手”的一个挑战。亚当·斯密认为，在市场经济中，每一个人都从自己的利益出发，最终会达到整个社会利益最大化。表面上看起来，纳什均衡确实与之相悖，不过，大家要知道，在纳什均衡中所假定的主体都是理性人，而在现实中的人是很复杂的，决策的时候不仅需要理性，还有非理性的因素，不仅要考虑个人价值，还要考虑社会价值，所以不能简单地说谁对谁错，这其实也正是联系的条件性的表现。

同学们，在理解了世界是普遍联系的之后，下面我们继续探讨我们这个普遍联系的物质世界的走向问题。之前我们提到了运动和变化这两个概念，但是，运动只是说明这个世界是动态的，不是绝对静止的；而变化也只说明了世界既有现存事物的消亡，也有新生事物的出现。那么这里就有一个问题需要说明，即我们这个世界的未来将向何处去，或者说运动变化的方向问题。我们知道相互的作用会导致变化，辩证法认为变化的基本趋势是发展，也就是前进的、上升的运动，发展的实质是新事物不断产生和旧事物的不断灭亡。

学生：记得赫拉克利特说过，上升的路和下降的路是同一条路。在现实世界中，我们也知道许多类似的情况，如物种的进化与退化，化学反应中的化合和分解，以及朝代的兴盛与衰败等，老师为什么说变化的基本趋势是发展呢？

教师：对这个问题我们可以这么来理解。我们知道，哲学中运动的形式有机械运动、物理运动、化学运动、生物运动和社会运动，一定的运动形式会产生一定的变化。从方向上看，就像刚才这位同学说的一样，运动有水平方向的、有下降的、也有上升的。而我刚才说变化的基本趋势是发展，是前进的、上升的运动，意思是指这种运动是占主导地位的。

确实在物理学中，经典力学、相对论，以至量子力学理论都是用可逆的方程式来描述世界，其中时间作为描述运动的一个参量是反演对称的。不过，现代科学已经揭示如果单纯地将自然规律描述成完全可逆的，实际上是极度简化的表象的产物。达尔文《物种起源》的出版就标志着生物学与物理主义的决裂。达尔文的由自然选择引起的经由共同祖先的进化概念使生物学家的思想发生了根本的转变，有学者就认为物理学的定律在生物学中几乎并不存在。简而言之，达尔文的思想就是通过环境的自然选择，或者说生物之间生存斗争，适者生存，不适者则被淘汰，物种得到从低级到高级，从简单到复杂地不断进化，进化的动力在于生物内在的因素与自然环境的选择。可以说，这是真正动摇了人类的观念，其冲击力甚至远超哥白尼的太阳中心说。

刚才这位同学提到上升的路与下降的路是同一条路，意味着一种可逆性，但是在生物学里却不是这样。马克思主义者认为进化是定向的，达尔文认为进化的方向由环境决定，随机论者认为进化是随机的，他们的共同点是都认为进化是不可逆的。因为地球环境的改变是不可逆的，所以生物进化也是不可逆的，不仅如此，自然界的一切自发过程都是不可逆的。对此，有同学愿意谈谈自己的看法吗?

学生：老师，您以进化论的例子来说明自然界发生的过程是不可逆的，这一点我可以接受。因为，我学习过热力学，从热传递角度来看，热量总是从高温物体传到低温物体，不能做相反的传递而不带有其他变化。我知道描述这类系统运动的方程并没有对时间反演的对称性，但是，并不能说明演化的趋势只是进化，也就是所谓的前进的上升的方向。据我所知，19世纪中期德国物理学家克劳修斯在一次科学家集会上首次提出“热寂说”，引入了熵来刻画热力学量，认为宇宙的熵趋向于极大。宇宙越是接近这个熵是极大的极限状态，进一步变化的能力就越小，如果最后完全达到了这个状态，那么任何进一步的变化都不会发生了，这时宇宙就会进入一个死寂的永恒状态。这其实描述的是一条退化之路，在当时，这种观点得到为数不少的学者的支持。比如，控制论创始人维纳就悲观地认为，我们迟早会死去，很有可能当世界走向统一的庞大的热平衡状态，那里不再发生任何真正新的东西，我们周围的一切将由于热寂而死去。

教师：很高兴这位同学能够提到克劳修斯。可以说，最早对不可逆过程进行科学描述的正是克劳修斯，他从热力学第二定律所描述的系统进行外推，最后得到整个宇宙处于热寂的状态，形象一点地说就是一种死气沉沉的状态。这种观点在当时得到很多人的支持，以至影响到他们对未来持悲观的态度。实际上，热力学第二定律描述的是孤立的系统，它所刻画的图景不能简单地进行外推，该定律研究的是处于平衡态的系统，自然界除了这一个变化的方向外，还有诸如远离平衡态的自组织现象。我首先要告诉大家的是，我们要辩证地看待世界，正因为世界的普遍联系才表现出世界的统一性，才显示出发展的永恒性。现实的世界既不像经典力学所描述的决定论所统治的世界，也不是量子力学所描述的非决定论统治的世界，它的真实面目是确定性与非确定性的统一。有的同学或许不知道，热力学定律也称熵定律，因为其中最重要的概念是“熵”，而熵就是用来表示与自发过程趋势相关的一个热力学参量，也就是说它所刻画的是热力学系统的自由随机运动的模型。我们知道，我们这个世界还存在诸多该理论模型没有涉及的物质之间的相互作用力。比如，我们前面提到的“康德-拉普拉斯星云假说”就是引力和斥力这对相互作用的力形成的宇宙模型，而这却和热寂说相反，热寂说描述的走向是无序，“康德-拉普拉斯星云假说”则是从无序走向有序。这样的相互作用力自然界还有很多，除了万有引力，还有电磁力等。其实，恩格斯很早就预言了放射到太空中去的热一定有可能通过某种途径转变为另一种运动形式，在这种运动形式中，它能够重新集结和活动起来，并且恩格斯自信而乐观地预言这一途径，将是之后自然科学的课题，而这一预言现在已经变成现实。普里高津指出，引力应被看作宇宙中基本的组织因素，促成了从平衡到非平衡的通道并使微观事件能以这种方式在整体的标尺上表现自己。其耗散结构理论指出，对于物理的、化学的、生物的以至社会的、经济的、文化的系统，只要是远离平衡态的开放系统都可以用不同的方式与外界进行物质能量和信息的交换重新回到有序状态。

需要说明的是，我在前面提到生物学的进化论，意思只是说物质进化是总趋势，或者说是演化的总体方向或者实质，并没有说进化是唯一的方向，因为从某一过程、某一局部来看退化显然是存在的，并且有的场合，某种局部退化还是进化的必要条件，即只有经过退化才可以发展。也就是说，我们这个世界是多样性的世界，我们这个世界到处存在着相互的、相辅相成的力量，这就是我们即将要探讨的对立统一的力量，正是这种对立统一运动，推动了世界的永恒发展。

(三)对立统一规律是事物发展的基本规律

教师：同学们，在探讨过形而上学和辩证法之后，我们总结一下形而上学与辩证法对立的焦点。我们知道，在形而上学那里是有运动的，只不过最终都归结为机械运动，由此，运动只有量的连续增减的变化，没有质的飞跃。在形而上学那里也是有变化的，只不过形而上学将变化的原因归结为外在因素，而辩证法则认为事物变化的根本原因在于事物之间或者事物内部各要素之间存在着既对立又统一的关系，即矛盾。这就是两者对立的焦点。

对立统一规律是贯穿唯物主义辩证法其他规律和范畴的中心线索，是理解其他规律和范畴的一把“钥匙”。那么辩证法有哪些基本规律呢？我们知道，辩证法的规律在黑格尔那里是被当作单纯的思维规律强加于自然界和历史之上的，故被称为唯心主义的辩证法规律；而唯物主义的辩证法规律则是从自然界、人类社会的历史以及思维本身中概括出来的最一般规律。恩格斯将其总结为三大规律：对立统一规律，质量互变规律，否定之否定规律。要理解好辩证法的规律，必须对矛盾的对立与统一的两种属性有一个清晰的认识。在讲这个问题之前，我想先问一下，在座的哪位同学能说一下你所知道的矛盾有哪些？

学生：老师，您可能以为我首先会提到《韩非子》中所描述的战国时期楚国那个卖矛和盾的人。原本可能如此，不过在这节课之前我已经预习了课本，感觉“自相矛盾”可能不是老师要讲的矛盾。课本中提到了“和实生物”、毛泽东的《矛盾论》等，除此之外我还知道一些矛盾，比如康德的二律背反、罗素悖论、自由落体佯谬、光的粒子性与波动性以及事物的自我肯定与否定等，此时我对这些矛盾还有一些似是而非的困惑。

教师：这位同学真的说对了，我原本确实是这么想的，我很高兴大家能有这样的主动性。刚才这位同学列举了不少事例，并且特意提到有似是而非的困惑，这是很正常的。下面我们就共同开启解惑之旅。

一般来说，矛盾有两种，其一就是逻辑矛盾。通俗地讲，矛盾就是指我们的思想或言行中同时出现“A并且非A”，其实质是一种形式矛盾，即不能够同时“A并且非A”。刚才这位同学所提到的悖论、佯谬其实就是逻辑矛盾。简而言之，对于一个形式系统而言，“如果P，则非P；如果非P，则P”，这种情况被称为悖论，在物理学中也称佯谬。在此，我向大家介绍一个定理，即巴拿赫-塔斯基悖论。这一定理指出在选择公理成立的情况下，将一个三维的实心球分割成有限的部分（对于球来讲，只需要分成5

块就可以了)，然后通过旋转和平移到其他地方重新组合，不过要旋转（不可列）无穷次，就可以组成两个和原来一样的球。巴拿赫和塔斯基提出这一定理原意是想拒绝公理，但该证明很自然，因此，许多数学家认为这仅意味着选择公理可以导致少数令人惊讶和反直觉的结果。

至于康德的二律背反的问题，我们可以这么理解。在古希腊文中，二律背反原意指在两种相互联系的运动力量的运动规律之间存在相互排斥现象。康德在《纯粹理性批判》中曾提出四组二律背反，他所说的二律违反指各自依据普遍承认的原则建立起来的、公认的两个命题之间的矛盾冲突，或者说，同一对象有两种理论都各自成立，但是这两种理论又是互相矛盾的现象。康德的二律背反为唯心辩证法奠定了理论基础，但其还不具备辩证矛盾的性质，因为康德认为如果人们把现象看作是自在之物，要求从现象中依照条件的序列得到完全无条件的东西，那么就陷入了明显的矛盾，并且他认为只有区分现象和自在之物，二律背反才可消除。在这里，很明显康德所说的矛盾还是逻辑矛盾。黑格尔也认为康德的二律背反只处于“消极理性”的层次，并没有上升到“积极理性”的层次，也就是不具备辩证矛盾的性质。

其二是辩证矛盾。我们该如何区分逻辑矛盾和辩证矛盾呢？关键在于要判断对象是否具有对立与统一的两种属性。对此，我想通过一个理科生比较熟知的例子来说明。粒子性与波动性是两种相反的属性。“光同时具有粒子性与波动性”这句话的意思是“光既有粒子性又没有粒子性，既有波动性又没有波动性”，很明显，这是一个逻辑矛盾。而“光是粒子性与波动性的统一”这句话的意思是“光既有粒子性，又具有波动性”，也就是说这两种相反的属性相辅相成，也即相反相成，这就是辩证矛盾。在这里，我们说具有某种属性，不具有某种属性，其中的“具有”与“不具有”就是有所“肯定”与有所“否定”。那么对于相反的、对立的两种属性，逻辑矛盾和辩证矛盾分别是怎么肯定与否定的呢？为什么说在对现存事物的肯定的理解中同时包含着对现存事物的否定的理解，即对现存事物必然灭亡的理解？

逻辑矛盾中的肯定与否定的含义只是指“有”与“无”，而辩证矛盾则是“共有”，即事物内部既有肯定因素又有否定因素。肯定因素就是维持现存事物存在的因素，否定因素则是促使现存事物灭亡的因素，这两种因素构成了事物内部两个相互对立的方面或者两种属性，这两种相反的、对立的属性之间相互作用的过程当然只能是有所肯定与有所否定，即产生事物的自我否定的运动变化，而不会是只有肯定，或者只有否定。这也就是说，自相矛盾的东西，不是消解为零，不是消解为抽象的“无”，而是消解为对它的特定内容的否定，所以说辩证否定的实质只能是“扬弃”，即既有对积极因素的保留，又有对消极因素的克服。请大家看恩格斯的这两段话：

“一切差异都在中间阶段融合，一切对立都经过中间环节而互相转移，对自然观的这样的发展阶段来说，旧的形而上学的思维方法不再够用了。辩证的思维方法同样不承认什么僵硬和固定的界线，不承认什么普遍绝对有效的‘非此即彼!’，它使固定的形而上学的差异互相转移，除了‘非此即彼!’，又在恰当的地方承认‘亦此亦彼!’，并使对立的各方相互联系起来。”①

“正是那些过去被认为是不可调和的和不能化解的两极对立，正是那些强制规定的分界线和纲的区别，使现代的理论自然科学带上狭隘的形而上学的性质。”②

有没有同学谈一下，恩格斯这两段话给我们的启示是什么？

学生：老师，结合您刚才所讲的两种相反属性的“共有”，我想恩格斯这两段话是要告诉我们，辩证法不是“两极化”思维，辩证矛盾谈论的应该是“两极性”，只有如此才可以做到“并行不悖”，并且能够“互补”。

教师：说得很好，看来同学们已经基本搞清楚了这个问题。现在，我想请大家思考一下，前面我们一再提到相反的、对立的属性的共有，课本

① 马克思，恩格斯．马克思恩格斯文集：第9卷[M]．北京：人民出版社，2009：471．

② 马克思，恩格斯．马克思恩格斯选集：第3卷[M]．北京：人民出版社，2012：389．

上也提到矛盾双方，或者对立面之间的对立统一，那么辩证法认为相反的、对立的属性是怎么统一的？对立与统一如何起到动力的作用？或者说对立面之间作用的机制是什么？

对这些问题，我们可以这么剖析。恩格斯曾经把矛盾规律称为“对立的相互渗透的规律”，黑格尔也认为，每一方只有在它与另一方的联系中才能获得它自己的本质规定，此一方只有反映另一方，才能反映自己，并且所谓对立面一般就是自身内即包含此方与彼方，即自身与其反面之物。从中我们可以领会到此规律的精髓正是在于强调对立面之间的相互依赖、相互渗透与相互转化。正是因为对立面之间有渗透才体现出同一性，才有对立面之间的相互包含，也由此取消了对立面之间纯粹的对立。而对立面之间的相互依赖则使得一方以对方为自己存在的前提，这也是同一性的应有之意。因为对立面之间的相互依赖、相互渗透，当达到一定点时，对立面之间就可能发生相互转化。这样一来，对立面之间既相互区别、斗争，又相互联系、同一，矛盾运动就此形成，从而推动事物发展。很显然，矛盾是事物发展的内在动力。

接下来我们学习质量互变规律。质的变化只有通过物质或运动的量的增加或减少才能发生。不少人曾因质疑“量变引起质变”而列举出许多反例来说明量变没有引起质变。我提醒大家注意三点。其一为量的变化，除了有运动的量以及组成的量的变化导致质变，还有空间排列或者说出场顺序的变化导致质的变化。由这样的量变而引起质变的例子很多，如金刚石与石墨、甲醚与乙醇的组成元素完全一样，却因结构不同，双方之间的性能差别极大，因此就出现了“同分异构体”“同素异形体”等概念。其二为量变并非就引起质变，这里要涉及一个重要的“度”的概念。大家学过物理，知道有一些用常数来标记的关节点，在这些关节点上，量的变化会引起物体状态的质的变化。不过，“度”这个概念是指保持事物质的量的限度，很显然“度”不是关节点，它是指一个区间、范围、幅度。因此，在度内，事物保持原有性质，而突破此度，则发生质的变化。这就告诉我们，量的变化对质的改变而言只是一个必要条件，而非充分条件，关键是看量的变化有没有突破原有的度。其三为“适度”问题。我们经常会听到一些让我们引以为戒的，诸如乐极生悲之类的故事，告诫我们要把握适度原则。不过，在这里我要强调的是，对自我发展来说，当条件不具备的时候，理应维持原有的度；当条件具备了，就不能抱残守缺、墨守成规了，要勇于突破原有的框架，这样才能发展。总而言之，凡事要具体问题具体分析。

（四）小结

这一讲我们主要讨论了事物联系和发展的基本环节与基本规律，明确了唯物辩证法的总观点，以及对立统一规律是事物发展的根本规律，这有助于我们提高运用唯物辩证法分析和解决问题的能力。

大家课后可以结合各自的学科专业，搜集整理一下现代科学思维方法中的辩证法，下节课我们可以在课堂上讨论。

三、课外延伸阅读与理解

（一）经典节录理解

1.《自然辩证法》。

背景简介

为捍卫、丰富和发展辩证唯物主义哲学，批判自然科学领域内的唯心主义、经验主义、不可知论以及形而上学，1873年5月底，恩格斯在给马克思的一封信中提出研究自然辩证法的想法和大致轮廓，并开始了从事《自然辩证法》的写作工作。从1873年5月至1876年5月，恩格斯写了两篇论文和近百篇札记。在1876年5月底给马克思的信中，恩格斯说《自然辩证法》这部著作最终的全貌已经开始呈现在自己的面前。不过，1876年6月到1878年6月，为了批评向马克思主义猖狂挑战的杜林，恩格斯中止了《自然辩证法》的写作，写了《反杜林论》。1878年7月至1883年3月，恩格斯继续从事《自然辩证法》的写作，完成了8篇论文和许多札记及2个计划草案。不幸的是，1883年3月14日马克思逝世，恩格斯开始整理马克思的著作，再度中止写作，直至1895年8月5日逝世，也未能完成这部著作。《自然辩证法》虽然是一部没有完成的著作，但是，因其深刻地揭示了自然界生成着并消逝着的辩证本性而意义重大。1925年，《自然辩证法》首次在苏联出版，之后，日、中、英、法、意等译本相继出版，中译本首次于1932年出版。

经典节录

然而，这个时期的特征是形成一种独特的总观点，其核心就是自然界绝对不变的看法。不管自然界本身是怎样产生的，只要它一旦存在，那么它在存在的时候就总是这个样子。行星及其卫星，一旦由于神秘的“第一推动”而运动起来，它们便依照预定的椭圆轨道旋转下去，永不停息，或者一直旋转到万物的末日。恒星永远固定不动地停留在自己的位置上，凭着“万有引力”而互相保持这种位置。地球亘古以来或者从它被创造的那天起（不管是哪一种说法）就一成不变地总是保持原来的样子。现在的“五大洲”早就存在着，它们始终有同样的山岭、山谷和河流，同样的气候，同样的植物区系和动物区系，而这些植物区系和动物区系只有经过人手才发生变化或移植。植物和动物的种，一旦形成便永远固定下来，原来是什么样，所产生的东西仍是什么样，而当林耐承认通过杂交有时可能育出新种的时候，这已经是作出很大的让步了。与在时间上发展着的人类历史不同，自然界的历史被认为只是在空间中扩张着。自然界中的任何变化、任何发展都被否定了。开初那样革命的自然科学，突然面对着一个彻头彻尾保守的自然界，在这个自然界中，今天的一切都和一开始的时候一模一样，而且直到世界末日或万古永世，一切都仍将和一开始的时候一模一样。

18世纪上半叶的自然科学在知识上，甚至在材料的整理上大大超过了希腊古代，但是在以观念形式把握这些材料上，在一般的自然观上却大大低于希腊古代。在希腊哲学家看来，世界在本质上是某种从混沌中产生出来的东西，是某种发展起来的东西、某种生成的东西。在我们所探讨的这个时期的自然科学家看来，世界却是某种僵化的东西、某种不变的东西，而在他们中的大多数人看来，是某种一下子就造成的东西。科学还深深地禁锢在神学之中。它到处寻找，并且找到了一种不能从自然界本身来解释的外来的推动作为最后的原因。如果牛顿所夸张地命名为万有引力的吸引被当做物质的本质特性，那么开初造成行星轨道的未经说明的切线力是从哪里来的呢？植物和动物的无数的种是如何产生的呢？而早已确证并非亘古就存在的人类最初是如何产生的呢？对于这些问题，自然科学往往只能以万物的创造者对此负责来回答。哥白尼在这一时期之初向神学下了挑战书；牛顿却以神的第一推动这一假设结束了这个时期。这时的自然科学所达到的最高的普遍的思想，是关于自然界的安排的合目的性的思想，是浅薄的沃尔弗式的目的论，根据这种理论，猫被创造出来是为了吃老鼠，老鼠被创造出来是为了给猫吃，而整个自然界被创造出来是为了证明造物主的智慧。当时的哲学博得的最高荣誉就是：它没有被同时代的自然知识的狭隘状况引入迷途，它——从斯宾诺莎一直到伟大的法国唯物主义者——坚持从世界本身来说明世界，并把细节的证明留给未来的自然科学。①

经典理解絮语

恩格斯在《自然辩证法》中解决哲学与科学的关系时，首先考察了“古代人的自然观”（恩格斯语），主要是希腊哲学的自然观。这是一种自发的辩证法和朴素的唯物主义的自然观。在这种自然观看来：“整个自然界，从最小的东西到最大的东西，从沙粒到太阳，从原生生物到人，都处于永恒的产生和消逝中，处于不断的流动中，处于不息的运动和变化中。”②这种自然观的形成，是由于当时还没有独立的自然科学，或者说关于自然界的知识尚存在于自然哲学之中，因而它只是“天才的自然哲学的直觉”（恩格斯语）的结果。其次考察了近代形而上学自然观。恩格斯指出：“这个时

① 马克思，恩格斯.马克思恩格斯选集：第3卷[M].北京：人民出版社，2012：849-851.

② 马克思，恩格斯.马克思恩格斯选集：第3卷[M].北京：人民出版社，2012：856.

代的特征是一个特殊的总观点的形成，这个总观点的中心是自然界绝对不变这样一个见解。不管自然界本身是怎样产生的，只要它一旦存在，那末在它存在的时候它始终就是这样。”[①]自然界的历史被认为在时间上没有发展，只能是在空间中扩张，这否定了自然界的任何变化和任何发展。这种形而上学的自然观虽然是对古希腊自然观的否定，但总的来说却低于希腊的自然观。这种自然观的形成是以牛顿的经典力学所取得的伟大成就为科学基础的哲学概括的必然结果。至于黑格尔的自然观，它在总体上属于形而上学自然观，而且是唯心主义的。最后考察了辩证自然观代替形而上学自然观的必然性，创立了辩证自然观。恩格斯在考察中发现给僵化的形而上学自然观“打开第一个缺口”的是1775年康德的《自然通史和天体论》的出版。他指出：“关于第一次推动的问题被取消了；地球和整个太阳系表现为某种在时间的进程中逐渐生成的东西。”[②]“自然界不是存在着，而是生成着并消逝着。”[③]恩格斯更是通过理论自然科学成就的三大发现——细胞学说、能量守恒和转化定律以及达尔文的进化论，揭示出自然界的辩证联系和辩证发展，创立了辩证自然观。他指出在自然界中“一切僵硬的东西溶化了，一切固定的东西消散了，一切被当作永久存在的特殊东西变成了转瞬即逝的东西，整个自然界被证明是在永恒的流动和循环中运动着”[④]。这样从古代天才的直觉的自然观到恩格斯以自然科学为坚实基础所创立的辩证自然观，使自然观的历史演变就同哲学的演变一样经历了一个否定的否定过程[⑤]。

---

① 马克思，恩格斯．马克思恩格斯全集：第20卷[M]．北京：人民出版社，1971：364.

② 马克思，恩格斯．马克思恩格斯全集：第20卷[M]．北京：人民出版社，1971：366.

③ 马克思，恩格斯．马克思恩格斯全集：第20卷[M]．北京：人民出版社，1971：367.

④ 马克思，恩格斯．马克思恩格斯全集：第20卷[M]．北京：人民出版社，1971：370.

⑤ 刘猷桓．恩格斯《自然辩证法》研究导论[J]．吉林师范大学学报（人文社会科学版），2003(5)：4-12，23.

2.《从混沌到有序：人与自然的新对话》。

背景简介

20世纪40年代兴起的，系统论、控制论、信息论是系统科学研究的第一批成果，以“系统”的观点看待自然界，提出了系统与要素、结构与功能等新的范畴，揭示了自然界物质系统的整体性、层次性、动态性和开放性。到了20世纪70年代前后，系统科学出现新进展，相继出现耗散结构理论、协同学、突变论等新理论，其中普里戈金的耗散结构理论，阐明了系统新结构产生的条件与机制，论证了系统进化的可能性①。

经典节录

在非线性热力学的根基上有着某种非常惊人的东西，首次看上去像是一种失败：尽管付出了巨大的努力，对于流不再是力的线性函数的那些系统，最小熵产生原理的一般化几乎是不可能的。在远离平衡态处，系统依然可能进化到某个定态，但一般来说这个态不再以某个适当选择的势(比如对近平衡态而言的熵产生)为特征。

由于缺乏某个势函数，产生了一个新问题：对于系统进化所趋向的那些态的稳定性，我们能够说些什么呢？事实上，只要吸引中心态是用某个势(如熵产生)的最小值来定义的，那末它的稳定性就是有保证的。的确，涨落有可能使系统偏离这个最小值，但是热力学第二定律能强制它回到吸引中心态。因此，系统对于涨落是有“免疫力”的。由此，只要我们确定出一种势，我们便是在描述一种“稳定世界”，在其中，系统的进化将把它们引到一个静止的情形，而这种静止情形一旦建立，便永远继续下去。

然而，当作用于一个系统的热力学力变得超过线性区域时，该定态的稳定性，或它对涨落的独立性，便不再有保证。稳定性不再是物理学一般定律的结果。我们必须考查某个定态对由系统或系统环境所产生的不同类

① 教育部社会科学研究与思想政治工作司.自然辩证法概论[M].北京:高等教育出版社,2004:46.

型涨落的反应方式。在某些情形，这种分析引出如下结论：某个态是“不稳定”的，在这样的态，一定的涨落不是在衰减下去，而是可能被放大，而且影响到整个系统，强迫系统向着某个新的秩序进化，这新的秩序和最小熵产生所对应的定态相比，在性质上可能是完全不同的。

热力学导出了与能够摆脱支配着平衡态的那种类型的秩序的系统有关的最初的一般结论。这些系统一定是“远离平衡态”的。在不稳定可能存在的情形，我们必须确定一个阈值，即与平衡态的距离，在该阈值上涨落可能引出新的状态，不同于那作为平衡态或近平衡态系统之特征的“正常”稳定状态。

为什么这一结论如此令人感兴趣呢?

这种类型的现象在流体动力学及液体流动的领域中是人们熟知的。例如，人们早就懂得，一旦达到某个流速，流体中就会出现湍流。米歇尔·塞利最近回顾道，早期原子论者特别关心湍流，以致看来完全有理由把湍流看成是启发卢克莱修物理学的一个基本源泉。卢克莱修写道，有时候，在一些不确定的时间和地点，永恒而普遍存在的原子的降落被某一个十分轻微的偏差(即“趋向”)干扰，所形成的涡旋便产生了世界，产生了一切自然物。这个自发的和不可预言的偏差(即“趋向”)经常被批判为卢克莱修物理学的主要弱点之一，说它是被特别引入的某种东西。事实上，其对立面是对的——这趋向想要解释如片流不再是稳定的，且自发地变成湍流那样的事件。今天，流体力学的专家们引入了一种微扰来检验流体流动的稳定性，这种微扰表达了分子无序性加到平均流动上去所产生的效果。我们距离卢克莱修的“趋向”不甚遥远了。

在一段很长的时期中，湍流被视为与无序或噪声等同。今天我们知道并非如此。事实上，湍流运动在宏观上看是无规则的或混沌的，但在微观上看则相反是高度有组织的。湍流中所涉及的多重空间和时间尺度对应着亿万分子的相干行为。这样看来，从片流到湍流的过渡是一种自组织的过程。在片流中属于分子热运动的那部分系统能量逐渐被传递给宏观有组织的运动。

所谓“贝纳德不稳定性”是一种产生出自发自组织现象的定态的不稳定性的另一个突出例子。这种不稳定性出自在水平液层中建立的垂直的温度梯度。液层的下表面被加热到高于上表面温度的某一给定温度。作为这些边界条件的结果，建立了从底到顶的持续热流。当所建立的梯度达到某个阈值时，液体的静止状态(即热量只靠传导而不靠对流传输的定态)变为不稳定的。相应于分子系综相干运动的对流产生了，增加了热量传输的速率。因此，对于给定的约束值(温度梯度)，系统的熵产生增加了，这一点和最小熵产生定理是矛盾的。贝纳德不稳定性是一个引人注意的现象。所得到的对流运动实际上来自系统复杂的空间组织。数以百万计的分子协调一致地运动，形成了具有某个特征尺寸的六角形对流格子。①

经典理解絮语

在解决不可逆问题的过程中，化学热力学的最小熵产生原理的应用使伊·普里戈金发现，这个原理只适用于不可逆的线性范围，于是自然提出一个问题：线性范围以外，远离平衡态的稳定状态是什么样子呢？如何能够从平衡态过渡到非平衡态的非线性区呢？在进一步的研究中，他发现线性关系不能应用于化学动力学的研究。例如适用于线性区的昂萨格倒易关系和最小熵产生原理都不再适用了，远离平衡态的非线性区究竟怎么样呢？他和他的同事们在合作中，很快发现，远离平衡态的非线性区的演化与平衡态或近平衡态区演化的最大不同就是并不存在一个适用于非线性范围内体系演化的一般准则……

贝纳德元胞流体中的六角形花样，化学振荡的“B-Z”反应中的生成物浓度随时间振荡和空间周期分布以及扩散波都是有序结构。但是这种有序结构与晶体结晶过程形成的平衡结构有极大的不同。宏观不变的平衡结构是由微观粒子的规则排列构成的，所以结构是死结构；而这种结构是由微观粒子的不停运动构成的，因此结构是活的结构。第二，由微观粒子的不

① 普里戈金，斯唐热.从混沌到有序：人与自然的新对话[M].曾庆宏，沈小峰，译.上海：上海译文出版社，1987：185.

停运动构成的宏观稳定结构需要外界不断供给物质和（或）能量来维持和发展。后来，伊·普里戈金把这个概念准确地称为“耗散结构”[①]。

（二）推荐阅读书目

1.《论持久战》（收录于《毛泽东选集》第2卷，人民出版社1991年版）。

抗战初期，当全民抗战被“亡国论”“速胜论”的疑云所笼罩时，抗战的前途究竟在哪里？一时成为人们普遍关注的问题。显然，不澄清人们思想中存在的种种错误认识，人们便不能同仇敌忾，团结一致，共御外侮，夺取抗日战争的最后胜利。面对这样的形势，1938年5月，毛泽东深感有必要对抗战10个月来的经验进行“总结性解释”。1938年7月1日，《论持久战》在《解放》杂志第43、44期（合刊）上正式发表。这部震惊中外的军事杰作一经问世，便一扫积淤在当时国人心头上的疑云与阴霾，焕发起全国军民争取抗战胜利的信心和决心，在党内外、国内外都产生了巨大反响，并成为指导全国抗战胜利的纲领性文献[②]。

《论持久战》中对抗日战争“根据”的阐述充满着辩证法的光辉。“根据”指的是决定事物存在、发展的内部原因是事物内部固有的根本矛盾，是事物运动的根源。黑格尔在《小逻辑》中认为，由对立而发展为矛盾的直接的结果就是根据，事物的运动是通过其根据而建立起来的。《论持久战》对辩证法的根据理论作出发展：第一，根据是客观的，不是主观想象的；根据是具体的、全面的，不是抽象、片面的；根据是矛盾着双方的基本特点，不是可有可无的。第二，构成事物根据的矛盾不是凝固静止的，而是运动变化的。第三，对根据的把握要将分析与综合辩证地统一。分析是将事物分解为各个方面加以考察，综合是将事物的各个方面联结成整体加以考察。分析是综合的基础，综合是分析的发展，分析和综合是辩证统一的。在《论持久战》中分析中有综合，综合中有分析，两者相得益彰。正是依据对“问题根据”的科学展开，毛泽东对“亡国论”和“速胜论”

① 吴彤.耗散结构理论的自组织方法论研究[J].科学技术与辩证法，1998(6):20.

② 刘炳峰.毛泽东与《论持久战》的发表[J].党史纵横，2005(9):5.

作出了以理服人的驳斥①。

2.《寂静的春天》(蕾切尔·卡逊著，吕瑞兰译，上海译文出版社2007年版)。

1962年6月，《寂静的春天》的主要章节在纽约杂志上首次发表，引起轰动。卡逊的主要观点是防治害虫必须要在保持各种生物互相制约的自然平衡的基础上进行。她告诫人们说，由于不加选择地到处喷洒化学农药，防治者在杀死害虫的同时，也无意伤害了益虫，毒素在食物链中浓集并扩展，将使很多鸟类、鱼类以及其他野生生物死亡，这往往比原来害虫引起的问题更加严重。

卡逊在《寂静的春天》中揭露，由于农药和杀虫剂污染了河流、湖泊、地下水、土壤以至森林和“绿色地表”，经过动植物的“生物浓缩”在食物链中引发中毒和死亡的连锁反应，威胁到人类健康和生命。卡逊的《寂静的春天》对消除公害，保护人类健康，保护生态平衡具有重要的指导意义。因此，她被看作是环境保护运动的先驱，在国际社会获得了极高的评价。

卡逊提出了人与自然共生的观点。她首先强调人类也是“自然界的一部分”。人类是自然界的一部分，这在今天是自然科学的不证自明的真理，也是与唯物主义思想一致的。马克思在《1844年经济学哲学手稿》中强调，人类是“自然的一部分”，因此人与自然的关系也就是自然与自然的关系。卡逊把人类看作“自然的一部分”的思想，明显是唯物论的②。

四、参考文献

[1]林德宏.科学思想史[M].2版.南京:江苏科学技术出版社,2004.

[2]张建军.逻辑悖论研究引论[M].南京:南京大学出版社,2002.

① 余源培.掌握客观规律 提高驾驭能力:学习《论持久战》[J].毛泽东邓小平理论研究,2005(6):21.

② 岩佐茂.环境思想的先驱——蕾切尔·卡逊[J].冯雷,译.马克思主义与现实,2005(2):37-40.

[3]冯·贝塔朗菲.一般系统论:基础、发展和应用[M].林康义,魏宏森,等译.北京:清华大学出版社,1987.

[4]卡尔·波普尔.猜想与反驳:科学知识的增长[M].傅季重,纪树立,周昌忠,等译.杭州:中国美术学院出版社,2003.

[5]D.玻姆.现代物理学中的因果性与机遇[M].秦克诚,洪定国,译.北京:商务印书馆,1965.

[6]达尔文.物种起源[M].余丽涛,译.北京:商务印书馆,2019.

[7]阿维纳什·迪克西特,苏珊·斯克丝,戴维·赖利.策略博弈:教材版[M].蒲勇健,姚东旻,等译.3版.北京:中国人民大学出版社,2014.

[8]蕾切尔·卡逊.寂静的春天[M].吴静怡,译.北京:中国友谊出版社,2019.

[9]康德.纯粹理性批判[M].蓝公武,译.北京:商务印书馆,2017.

[10]拉兹洛.用系统论的观点看世界:科学新发展的自然哲学[M].闵家胤,译.北京:中国社会科学出版社,1985.

五、反思与实践

1.收集相关文献资料，对某种社会现象寻求纳什平衡，进行博弈论情景解读。

2.结合各自专业，收集相关文献资料，谈一谈现代科学思维方法中的辩证法。

六、学生作品展示

对马克思主义唯物辩证法的看法

唯物辩证法是马克思主义的精髓，是马克思主义的本源、活的灵魂和根本理论基础。马克思和恩格斯用唯物主义改造黑格尔的唯心主义辩证法，用辩证法改造以前的唯物主义，并概括了近代的自然科学成就和总结了无产阶级革命的实践经验，创立了辩证唯物主义和历史唯物主义哲学，完成了哲学史上的革命变革，为无产阶级斗争提供了科学世界观和方法论。马克思主义辩证法以自然界、人类社会和思维发展最一般规律为研究对象，它是辩证法思想发展的高级形态，是马克思主义哲学的重要组成部分。马克思主义唯物辩证法认为，物质世界是普遍联系和不断运动变化的统一整体，辩证规律是物质世界自己运动的规律，主观辩证法或辩证的思维是客观辩证法在人类思维中的反映。马克思主义唯物辩证法是最全面、最丰富、最深刻的发展学说。它包括三个基本规律（对立统一规律、质量互变规律、否定之否定规律），以及现象与本质、原因与结果、必然与偶然、可能与现实、形式与内容等一系列基本范畴，而对立统一规律是其核心与实质。

（2018级数学专业学生　吴问吉）

第四讲　认识运动规律与人类艺术实践

一、教学设计

1.教学对象：艺术类相关专业本科生。

2.教学逻辑：认识的基础与本质—认识的过程与规律—艺术实践与人类认识。

3.教学目标：引导学生认识实践在认识活动中的决定作用，知晓认识的本质及其运动规律，理解人类物质生产实践、社会政治实践对于艺术实践的影响，了解艺术鉴赏的特殊性。

二、教学过程

（一）实践在认识活动中的决定作用

教师：各位同学，上节课我们探讨了唯物辩证法的基本原理和具体方法，以及唯物辩证法与现代自然科学方法的关系，这节课我们一起来学习辩证唯物主义认识论的相关知识。

我们首先学习第一个知识点：实践在认识活动中的决定作用。

在马克思之前，人们关于认识的理解主要有两种观点。一种观点认为认识来源于对事物的反映。先有一个事物，认识就像照镜子那样，是事物在头脑中的反映。这种观点强调了认识来源于客观事物。另一种观点认为，认识的前提条件是头脑中必须有某种先于对象存在的观念，否则我们不可能认识事物，即使头脑中有对事物的反映，那也仅仅是一种映像，只有当我们用某种观念对这种映像进行整理的时候，才形成了认识。动物也具有反映能力，但动物的反映不等于人的认识。这种观点认为认识离不开人的先验观念。但前一种观点也会反驳后一种观点，如头脑中的先验观念是从哪里来的呢？在这种争论中，马克思给出了自己的答案，那就是认识来源于实践，在实践中既有对事物的认识反映，也有对事物的加工改造，还会形成发展人的观念，从而不断地推进对事物的认识。

马克思在批判继承前人认识论成果的基础上，把实践观点引入认识论，把辩证法运用于反映论，创立了能动的革命的反映论，科学地解决了认识的产生和发展规律问题，实现了人类认识史上的伟大变革，为我们认识世界、改造世界提供了科学的理论指导。因此，我们要想正确理解认识的基础和来源，就必须首先考察人类的实践活动。下面，我想请一位同学来回答一下，你认为什么是实践活动？它对我们的认识有什么作用？

学生：我觉得实践活动就是人们在现实生活中依靠劳动进行的一种有意识的活动。它需要我们发挥主观能动性，而不是一种盲目的、毫无目的的活动，人们通过实践活动可以达到认识世界和改造世界的目的。

教师：回答得很好，这位同学已经把实践活动基本的意思表达出来了。其实实践活动就是以改造世界为目的，主体与客体之间通过一定的中介发生相互作用的过程。有同学可能要问了，什么是“主体”“客体”“中介”呢？这里的“主体”指的是具有思维能力、从事社会实践和认识活动的人；“客体”是指实践和认识活动所指向的对象；“中介”指的是各种形式的工具、手段，以及运用、操作这些工具、手段的程序和方法。实践的中介系统可以分为两个子系统：一是作为人的肢体延长、放大的工具系统，二是作为人的感官和大脑延伸、智力放大的工具系统。正是依靠这种中介系统，实践的主体和实践的客体才能够相互联系和相互作用。

主体和客体的关系不仅仅是认识和被认识的关系，还是改造和被改造的关系。主体为了满足自己的需要，在实践活动中，不断地打破客体的限制，超越客体，发展自己的能力和需求，同时也使客体得到进一步的改造、发展和完善。这个过程需要主体在自觉意识的支配下，既能动地改造客观世界，也能动地发挥着自身的实践能力。由此，我们可以看到，实践是认识的基础，没有实践，就无法实现认识世界和改造世界的目的。实践活动在认识中发挥决定性的作用，这些作用具体表现在以下几个方面。

第一，实践产生了认识的需要。人们要改造客观世界首先就必须认识世界，人类的认识活动总是为社会实践的特定需要服务的。艺术作品的创作也总是围绕社会实践的需要展开的。中世纪晚期，新兴资产阶级为了反对教会对人们精神世界的控制，掀起了文艺复兴的热潮，由此出现了一系列的代表作品，例如但丁的《神曲》、达·芬奇的《最后的晚餐》、莎士比亚的《罗密欧与朱丽叶》等。

第二，实践为认识提供了可能。人类实践活动提出的问题，归根结底只能依靠和通过实践来解决。实践创造出必要的物质条件和手段，使人的认识能够不断发展。如果我们单方面地看，每一个艺术家进行创作的动机、目的、需要，他在创作中所表现的思想、感情、愿望、理想等，都是由艺术家自己决定的。但是，如果我们承认艺术家不是生活在世界之外的“特殊精灵”，而是生活在现实条件下的人，那我们就会看到他创作的动机、目的、需要、思想感情等都是由他生活的现实世界决定的。

第三，实践使得认识得以产生和发展。人们只有通过实践实际地改造和变革对象，才能使对象的真实状态、属性、关系、本质和规律被充分地认识；也只有通过实践使自己的感觉器官同对象直接地接触，才能使对象的各种实践反映到头脑中来，形成一定的直接经验，进而上升到理性认识。主体创作艺术作品的一切灵感都是从直接经验中来的，而直接经验则是人们亲身实践的产物。从根本上来说，实践是认识的唯一来源。我们进行艺术创造，必须充分重视实践经验，否则艺术创作就会成为无源之水、无本之木，艺术之花也会枯萎、凋零。

第四，实践是衡量认识正确与否的唯一标准。认识不能检验认识本身，就像观念不能检验观念一样。每一个观念都可能从某一个方面反映了对象，因此其不能检验另一个观念的正确与否，同样事物自身也不能检验自身。因此，必须从实践中检验认识是否符合对象，而且这个检验过程显然也不是一次就能完成的。在某一特定时刻，被检验正确的观点，随着时代的发展，实践的推进，也可能被检验是错误的。因此，我们说实践是检验真理的唯一标准，这个检验是一个持续的过程。

总之，人的认识是从实践中产生，为实践服务，随实践发展，并受实践检验的。认识依赖于实践，离开实践的认识是根本不可能的。肯定实践是认识的基础，绝不意味着认识无足轻重。实践和认识是相互作用的，认识特别是反映客观事物本质和规律的理性认识，对实践有着巨大的指导作用。理论是认识的高级形式，随着实践的发展和水平的提高，理论的指导作用愈益明显。它往往走在实践的前面，指导着实践活动。在社会历史运动中，科学理论对实践的指导作用更为显著。

以上我们学习了实践活动在人类认识中起的作用。其实，伴随着互联网信息技术的迅猛发展，人类社会出现了一种特殊的实践方式，那就是虚拟实践。

虚拟实践是指主体使用数字化中介手段在虚拟空间进行的实践，是数字化时代人类实践活动的进一步发展、延伸和升华。虚拟实践使人类实践不再局限于现实生活，而是将主体置身于一个虚拟的现实之中。虚拟实践的崛起，使人类很大一部分的实践活动从过去以物质和能量为基础的活动平台转移到以计算机网络为基础的数字化新平台，从以往的现实空间转移到虚拟空间。

虚拟实践的崛起正在剧烈地改变着人类的存在方式。一方面，虚拟实践极大地提升了人的主体能力和自由度。人们在虚拟空间里能够突破现实的限制，去操纵现实世界原先不可能做到的事。例如，一些网络游戏中进行的虚拟射击、枪战等。另一方面，虚拟实践也使人们面临着新的困境和危机，例如数字化犯罪、计算机病毒等。

虚拟实践也提高了人的认识能力。虚拟实践所依赖的智能工具系统实际上是一个高级的人机系统，它不仅是人的思维器官的延伸，而且极大地提高了主体的认识能力。过去人们普遍认为人类对外部对象的认知只有在现实生活中才能进行，现在却可以通过互联网技术进行虚拟实践，在过去我们认为是不可能被认识的事物，如今在虚拟条件下也可以被认识了。虚拟实践拓宽了认识对象的范围，为我们认识未知事物提供了可能，提高了认识的效率，有利于社会的可持续发展。

（二）认识的本质及其运动规律

教师：前面我们学习了认识和实践的关系，那么认识的本质是什么呢？你们能够从刚才对实践活动与认识关系的理解中，体会到认识的含义吗？

学生：老师，我听了您刚才所说的内容，对实践活动和认识的关系有了基本的了解，我觉得认识应该就是我们人类主体对客观世界的一个印象。我们有了这个印象才能改造世界，艺术家才能创造出精美的艺术品。

教师：这位同学回答得很好，正如他所理解的那样，认识就是主体在实践的基础上对客体的能动反映。这也是辩证唯物主义对认识本质的科学回答。辩证唯物主义认识论认为，认识是主体对客体的能动反映。这种能动反映具有两个方面的特点。一方面，反映具有摹写性，即人的认识作为对客观事物的反映，必然要以客观事物为原型，它总是力图在思维中再现客观事物的状态、属性、关系、本质和规律。反映的摹写性体现了认识的客观性，坚持了唯物论思想。另一方面，反映具有创造性。反映的摹写性绝不是对对象的直观描摹或照镜子似的原物映现。如果把人对于对象的反映过程看作一种信息活动过程，那么，在这个过程中，不仅有对于认识对象信息的接受，而且有对于认识对象信息的分析、选择、运用、重组、整合、建构和虚拟。正因为如此，人不仅能反映世界，而且能创造世界，这体现了认识论的辩证法思想。

了解了认识的本质，下面我们来了解认识的基本规律。列宁指出，从生动的直观到抽象的思维，并从抽象的思维到实践就是认识真理、认识客观实在的辩证途径。认识运动是一个辩证发展过程：从实践到认识，从认识到实践，实践、认识、再实践、再认识，认识运动不断反复和无限发展，这就是认识运动的基本规律。下面我们具体来探讨一下。

第一，从实践到认识。在认识运动的辩证过程中，首先是从实践到认识的过程。在这个过程中，认识采取了感性认识和理性认识两种形式，并经历了由前者到后者的能动飞跃。人们在实践的基础之上，形成了由感觉器官直接感受到的关于事物的现象、事物的外部联系、事物的各个方面的认识，这便是感性认识。感性认识具有感觉、知觉和表象三种形式。在感性认识的基础之上，人们借助抽象思维，在概括整理大量感性材料的基础上，达到关于事物的本质、全体、内部联系和事物自身规律性认识，即理性认识。理性认识具有概念、判断和推理三种形式。

前面我们说过，在认识运动过程中，实践起到决定作用，是认识的基础，主要表现在实践产生了认识的需要，使认识得以产生和发展，也是检验认识真理性的唯一标准。由此可见，认识依赖于实践，离开实践的认识是不可能的。从实践到认识的过程当中，人的主观能动性发挥了重要的作用。主观能动性是指人们在实践基础上能动地认识世界和改造世界的能力和作用。能动地认识世界，是一个透过现象认识事物本质的过程。

充分发挥主观能动性是认识客观规律的必要条件，只有在实践中充分发挥主观能动性的作用，才能正确地认识世界和改造世界。在艺术领域中，艺术反映生活表现在对现实生活进行符合一定艺术表现形式的创造。如画家在绘画人物形象时往往是从生活中找到了原型，但也要让自己创作的形象高于生活原型。在创作的过程中，创作者只有发挥主观能动性才能让作品更加吸引人。但是创造者在艺术创作过程中发挥主观能动性一定要有一个度，如果不顾真实的实际生活，只是从自己主观的角度去完成作品就会陷入自我意识中。在艺术创作中，发挥主观能动性与忠实于生活并不矛盾，只有主观与客观达到统一，才能创造真正的艺术作品。

第二，从认识到实践。从认识到实践，是认识过程的第二次飞跃。认识世界的目的是改造世界，要达到这个目的，就需要科学理论的指导。同时，理论只有回到实践当中去，为群众所掌握，才能变成巨大的物质力量，真正实现对客观世界的改造。从理论向实践飞跃要满足以下几个条件。其一，要从实际出发，把理论与实践相结合，只有这样，理论才能真正发挥指导作用。其二，要经历一定的中介环节，这个中介环节包括制定、实施各种实践方案等。其三，理论要为人民群众所掌握。人民群众是实践的主体，理论只有为群众所掌握才能化为改造社会、改造自然的物质力量。其四，要有正确的实践方法。

第三，认识运动的不断反复和无限发展。“实践、认识、再实践、再认识”作为认识发展的过程，表现了认识过程的反复性和无限性。认识运动从形式上看，表现为认识和实践的反复循环；从内容上看，实践和认识的每一循环，意味着认识发展到了更高级的水平。正是认识运动中实践和认识的这种循环往复和无限发展，体现了认识的过程和发展规律。

从艺术起源的角度上来看，原始人类创造的第一件劳动产品，也就是他们创造出的第一件艺术作品。从劳动创造了人这个角度上来看，人类诞生的时候，也正是艺术真正诞生的时候。艺术的起源和人类的起源是同时同步的。当我们审视人类发展和艺术发展的时候，我们可以看到艺术和劳动分离以后，艺术作为一种精神需要就与人的物质需要共同发展，成了人类生命的一个重要组成部分。

认识过程之所以具有反复性和无限性，一方面是由于人们在认识事物的过程中受到主客观条件的限制，而且客观事物本质的暴露也需要一个过程。另一方面也是由于物质世界及其发展也是无限的，人们的认识活动也是永无止境的。

学生：老师，您刚才说在认识运动的辩证过程中，首先是从实践到认识的过程。在这个过程中，感性认识上升到了理性认识。但是，在生活中，有时我们的认识有可能不是一个从感性认识到理性认识的过程。比如在艺术创作的过程中，人的情感和意志同样发挥重要作用，甚至艺术的认识往往不是理性的，不是由逻辑推理出来的，而更多的是凭借我们的联想、直觉和灵感这些非理性的东西，这是怎么回事呢?

教师：这个问题很有代表性。我们知道，在现实生活中参与认识的因素是多种多样的，非理性因素的确不可忽视。我们通常说的非理性因素也就是刚才那位同学说的灵感、直觉、潜意识、情感、习惯、信念、本能的反应和欲望等，具有激活、驱动和控制的作用。在现实生活中，很多艺术家及在座的各位同学在艺术创作的过程中可能也离不开非理性因素的帮助。非理性因素是怎么在艺术中发挥作用的呢？接下来我们重点了解一下灵感和情感的作用。

首先，我们知道，艺术创作更多的是靠灵感。灵感通常是指在科学或艺术的创造活动中，由于长期紧张的思考，思维高度集中，情绪高涨而表现出来的创造性想象和突发性的想象。在进行艺术创作时我们经常受到某一偶然事物的启发，然后突然有了好的思路，使得所思考的问题有了结果。灵感以形象思维作为基础，并与其他心理活动紧密相连，是人类创造性思维的结果。它具有新颖性、独特性、情绪性，随机性、偶然性和突发性的特点。我们常说灵感是可遇而不可求的，人们至今也没有找到随意控制灵感产生的办法。

其次，不论是从主体的心理状态，还是从艺术作品的内容来看，情感在艺术创作中的作用都是不可忽视的。例如，贝多芬将自己不屈服于命运的思想情感通过音乐表达出来，创作了《第五交响曲》。艺术作品都是人内心的某种思想感情或愿望的表达，因此我们能够体会到情感是艺术创作的重要推动力。休谟曾指出，情感自从世界开辟以来，就是我们所见到的人类一切行为和企图的源泉，这些情感的混合程度虽有不同，却都是遍布于社会中的。卢梭给情感以更高的地位，他甚至认为，良心的活动并非出于判断，而是出于情感。情感在艺术创作的过程中更多地表现为激情，激情能打破思维的惯性，极大地激发人的主动性、创造性。艺术之所以具有吸引力，能够感染和打动人，就是因为它是人情感体验的表达和抒发。激情作为艺术创作的重要激励力量，可以调动人的智力因素，使人的大脑各部分积极活动起来、激发出灵感等创造性思维。

（三）人类物质生产实践、社会政治实践与艺术实践

教师：各位同学，前面我们已经学习了实践在认识中的决定作用，知道了实践是认识的基础，也探究了认识运动的基本规律，接下来我们具体来学习人类物质生产实践、社会政治实践对艺术实践的影响。在开始这个知识点的讲解之前，我想请同学们结合具体的艺术作品说一下，在你看来，人类物质生产实践、政治实践对艺术实践有什么影响？大家可以思考五分钟，然后说说你的理解。

学生：老师，我前些日子偶然读到孙景琛写的《中国舞蹈史》，书中讲到了东汉赵晔撰写的《吴越春秋》中记录了一首诗歌，名叫《弹歌》，诗歌的内容很简单，说的是："断竹，续竹；飞土，逐肉。"大概意思说的是把竹子砍下来，再把它组装成弹弓，把弹弓弹出去，逐杀禽兽。这首诗体现了在生产力不发达的古代，人们希望通过劳动实践来征服自然，表达了他们的一种愿望。后来，随着人类认识的发展，人们的生产工具也越来越先进，这种用弹弓狩猎的现象也逐渐消失，类似的艺术作品也非常少了。

教师：回答得非常好。这个例子很好地体现了生产实践对艺术实践的影响。人类社会的发展归根到底还是由物质生产实践的发展所决定的，艺术创造是一种实践形式，最初来源于对生产实践方式的反映。还有没有其他同学想说一下自己的看法呢？

学生：老师，我们经常可以从中国古代封建社会的绘画作品中看到那种男耕女织、充满诗意和理想化的小农生活的画面。这一点在西方近现代资本主义社会的绘画作品中却很难找到。这是否也能体现人类物质生产实践对艺术实践的影响呢？

教师：是的。文学艺术的内容来源于人们的现实生活。现实生活的物质条件不同、风俗习惯不同，艺术表现的内容就会有所差别。人类的实践活动首先表现在物质生产实践上，物质生产实践的目的是满足人的物质生活的需要。实践活动不仅满足了物质生活的需要，而且还会引起一种和物质需要不同的精神上的需要。中国古代艺术可谓博大精深、历史悠久。艺

术包括绘画、雕塑、建筑、工艺、音乐、歌舞等。中国古代的艺术创作不但体现了统治阶级的意志，表现了文人雅士的情怀，而且反映出普通百姓对美好生活的愿景。艺术与政治、宗教、哲学、文学、风俗、社会、经济也是密不可分的。社会政治实践对艺术实践也具有重要的影响。我们可以从中国历史上不同朝代人们所创作的绘画作品中来更好地理解人类物质生产实践、社会政治实践对艺术实践的影响。不同历史时代的艺术实践到底各有什么特点呢？上节课老师布置了作业，要求同学们查找中国历代绘画发展史的资料，相信同学们对这个问题的答案已经有所了解了，下面哪位同学先来说一说？

学生：老师，我先说一下原始社会的绘画艺术发展吧。在旧石器时代晚期，原始人已具备了较高的智力水平。他们的生产技能和生活水平都有了很大提高，物质生活和精神生活的日渐丰富，为绘画艺术的产生和初步发展提供了必备的条件。在山西省朔州市峙峪旧石器时代晚期遗址中出现了刻有猎人、羚羊、飞鸟等图像的兽骨片。受生产力水平的限制，原始人只能在石头、陶器上作画，绘画技巧虽幼稚，但已掌握了初步的造型能力，对动物、植物等动静形态的刻画亦能抓住主要特征。他们用这样的绘画方式来表达信仰和对美好生活的愿望。

老师：很好，刚才这位同学介绍了原始社会的绘画艺术发展。在原始社会，盛行动物崇拜，所以很多器物都被做成动物的形状，由某一种或者几种动物形状拼合起来成为部落的图腾。哪位同学接着说？

学生：老师，我来说一下夏商周三代的绘画艺术发展。这一时期人类社会已从原始社会发展到奴隶社会。在奴隶社会中，农业和手工业之间的分工更加明显。青铜器和国家的产生都为艺术、文化的繁荣创造了条件。这时期的绘画作品以人物肖像为主，主要画在墙壁和丝帛上。春秋战国时期，建筑装饰极其兴盛，宫殿、庙堂华丽多彩，战国时期是中国绘画艺术从萌芽走向成熟的关键阶段，出现了帛画，代表作有《人物龙凤图》《人物御龙图》等。

教师：回答得不错，战国时期的帛画已经是具有独立意义的绘画作品。

虽然这些作品带有早期绘画艺术的稚拙性，但是它们已经具备了中国绘画艺术的线条造型，对后代绘画艺术的发展产生了重要的影响。殷商时期，人们就开始在漆液里掺杂各种颜料，并且出现了在漆器上粘贴金箔和镶玉的技艺。下面哪位同学来介绍一下秦汉时期绘画艺术的发展？

学生：秦汉时期艺术凸显出深沉雄大的气魄，绘画门类丰富，有壁画、帛画、木刻画、木版画、画像石、画像砖等。秦始皇统一中国后，政治、经济、文化领域的一系列改革使社会发生了巨大的变化，社会日益繁荣，绘画艺术也进一步发展。西汉统治者也同样重视可以为其政治宣传和道德说教服务的绘画艺术。汉武帝、汉昭帝、汉宣帝时期，绘画成了褒奖功臣的有效方式。宫殿壁画还可以美化皇宫、为帝王的生活增添乐趣。东汉的统治者为了巩固天下，控制人心，鼓吹“天人感应”，论及“符瑞”说，祥瑞图像及标榜忠、孝、节、义的历史故事普遍成为画家的创作题材。汉代盛行厚葬，我们可以从已发现的壁画墓、画像石及画像砖墓中见到当时绘画作品的遗迹，这一时期的墓室壁画虽然仍以升天、辟邪、祈福为主要内容，但是加强了绘画的人文因素，表现生活的场景增多。例如墓室壁画《天象图》、汉墓壁画《山水图》等。

教师：回答得很好，我简单补充一下有关这一时期的画像砖的内容。秦汉时期，画像砖主要用作建筑装饰材料，西汉中期以后，更多地用于装饰墓室壁画了，这一时期的画像作品题材很广泛，线条也简约有力。这类作品如同罗马的彩石镶嵌画一样，由于材料特殊，可以长期保存。哪位同学继续给大家介绍一下魏晋时期绘画艺术的发展？

学生：魏晋南北朝时期，真正意义上的中国画出现了。此时，我国处于国家大分裂与大融合时期，社会动荡不安，区域文化的特色极为显著，绘画艺术精彩纷呈。南朝绘画较发达，著名画家有陆探微、顾宝光、宗炳等。魏晋时期，士族兴起，士大夫画家活跃于画坛，中国画逐渐演变成单幅的卷轴画，成为独立的艺术欣赏品，题材亦日益扩大。这一时期的代表作有顾恺之的《女史箴图》《洛神赋图》《庐山图》，戴逵的《吴中溪山邑居图》等。

教师：回答得很好，需要补充一点，其中东晋宗炳的《画山水序》是中国绘画史上第一篇关于山水画的理论著作。他的观点为山水画的创作提供了理论基础。下面是隋唐五代时期的绘画艺术发展，哪位同学愿意说一说？

学生：隋唐五代时期的绘画艺术，是中国绘画艺术的一个高峰。由于经济繁荣、社会开放，隋唐五代的壁画获得了较大发展。隋朝初年，隋文帝在政治、经济上都推行改革，使生产和文化得到恢复和发展。唐代是中国封建社会的全盛时代。唐初开元、天宝年间，封建经济获得空前发展，民殷国富，社会安定，为文化艺术的发展奠定了基础。贞观、开元时期，东西方的交流，为发展中华传统文化输入了新鲜血液。此时崇尚文学艺术蔚然成风，文苑、艺坛群芳竞发。唐代绘画艺术的发展具有划时代的意义，代表作有阎立本的《秦府十八学士图》《历代帝王图》《步辇图》，张萱的《捣练图》和《虢国夫人游春图》。而五代时期虽只有短暂的五十多年的时间，却为宋代山水、花鸟画的大发展奠定了基础。封建统治者在宫廷里设立图画院的制度，也肇始于西蜀、南唐。这说明五代时期在中国绘画史上具有不容忽视的地位。这一时期的代表作有顾闳中的《韩熙载夜宴图》。此外，隋唐也是壁画艺术发展的黄金时代，石窟壁画、寺观壁画、宫殿壁画、墓室壁画等都以多彩多姿的风貌交相辉映于画坛。

教师：回答得很好，两宋时期的绘画艺术又是如何发展的呢？我们请这位同学回答一下。

学生：两宋时期，宫廷画院进入最为活跃的阶段，画学兴起。在一时期内社会保持着相对安定局面，商业手工业迅速发展，城市布局打破坊和市的严格界限，出现空前未有的繁荣。城市文化生活空前活跃，绘画的需求量明显增长，绘画的服务对象也有所扩大，为绘画发展和繁荣提供了物质条件和群众基础。为适应民间需要，绘画成为商品，绘画艺术得以全面发展。各画种全面发展，题材愈加广泛，画派并出，空前繁荣，盛极一时，反映社会生活的代表作有《清明上河图》《七夕夜市图》等。经过了五代的发展，山水画在宋代达到鼎盛，硕果累累，其中代表作品有范宽的《溪山行旅图》、郭熙的《早春图》等。

教师：很好。我们知道《清明上河图》是中国绘画题材的重大突破，它把普通百姓、市井百态放进画中，真实地反映了市民生活的各个方面，在欣赏这幅画的同时我们也能看得出宋代画家驾驭巨大画面的能力有了明显的提高，那请你再继续说一下元明清时期的绘画艺术发展。

学生：元世祖忽必烈为了进一步巩固统治，大力招揽人才，广收“江南遗逸”，重视汉族儒臣，还命令汉族士大夫对皇室成员及蒙古族大臣弟子进行汉文化教育。到了仁宗和文宗朝，统治者进一步“亲儒重道”，礼遇文士，尤其喜好书画艺术。这一阶段，士大夫的文人画成就最为突出，特别是反映文人画风貌的写意画，具有代表性的有赵孟頫的《秋郊饮马图》和《鹊华秋色图》，以及黄公望的《富春山居图》。

教师：很好，从刚才大家的回答中我们了解到中国绘画艺术经历了从原始社会到清朝的不断发展，实现了各具特色的中国绘画艺术的完美绽放。1840年以后的近代中国，受到西方列强的侵略，面临着民族存亡的危险，在这种情况下，中国社会政治、经济、文化、艺术以及生存环境发生了巨大改变。这一时期，艺术家积极投身于民族解放斗争，并成为一支重要的力量。无论是五四运动以后的艺术革命，还是20世纪30年代的左翼美术或是抗战艺术都和人民的命运紧密结合在一起，表现出慷慨激昂的情怀和以天下为己任的责任感。后来，随着中西方文化交流的发展，油画、雕塑、西洋音乐歌舞等外来艺术在中国受到了欢迎，并逐渐中国化，中西结合的绘画艺术不断取得新进展。改革开放后，中外绘画艺术交流不断加深，许多新的艺术风格和艺术技巧被创造出来并迅速传播开来，为中国绘画艺术的发展注入了新鲜的血液。

我们再一起看看西方文艺复兴时期的美术发展。

文艺复兴是14世纪到17世纪初欧洲盛行的一次思想文化运动，这次运动于16世纪达到顶峰。文艺复兴最先在意大利各城市兴起，之后逐渐在欧洲各国展开。为什么文艺复兴最先在意大利兴起呢？这与这一时期意大利的经济、政治、文化是密不可分的。中世纪的欧洲，贸易中心集中在地中海沿岸，意大利最早产生资本主义的萌芽。此时，商业城市的兴起，手工工场的发展，使得经济呈现出繁荣的景象。人们逐渐改变了以往对现世生活的悲观绝望态度，开始追求世俗人生的乐趣，更加充满创新进取、冒险求胜的精神。很多高雅博学之士受到人们的普遍尊重。这为文艺复兴的产生提供了深厚的物质基础和适宜的社会环境。而当时基督教宣传禁欲思想、对人们的精神世界严格控制，受到了新兴的资产阶级强烈的不满，于是他们借助复兴古代希腊、罗马文化的形式来表达自己的文化主张，这就是所谓的文艺复兴。这一时期美术作品的代表作有达·芬奇的《蒙娜丽莎》《最后的晚餐》，米开朗琪罗的《创世纪》《最后的审判》，以及拉斐尔的《西斯廷圣母》等。

以上我们回顾了中国绘画艺术发展的重要阶段以及西方文艺复兴时期的美术发展，从中我们可以看到艺术实践的发展离不开特定时代的政治、经济和文化，离不开特定时代下人们观念的发展。

（四）艺术鉴赏的特殊性

教师：艺术创作是一种艺术语言的创作，创造者把艺术语言凝结在艺术作品中。鉴赏者通过阐释艺术语言，与创作者的审美体验相沟通。艺术作品只有在艺术鉴赏中才能实现它的价值。艺术鉴赏具有一定的特殊性，它不同于一般意义上的欣赏。艺术鉴赏是人们对艺术形象感知、理解和评判的过程。人们在鉴赏中的思维活动和感情活动一般都从艺术形象的具体感受出发，实现由感性阶段到理性阶段的飞跃。艺术的范围十分广泛，我们通常将艺术和科学相区别，但是艺术鉴赏的特殊性要求我们正确看待艺术和科学，下面我们重点探讨一下艺术和科学的关系，有没有哪一位同学谈谈自己对艺术和科学之间关系的理解。

学生：老师，我觉得艺术是一种美的表现，它不需要有逻辑推理和数学推演，艺术创作依赖于个体的灵感、心情、爱好等，艺术家通过艺术作品表达自己的思想感情，也触动欣赏者内心的情感。科学却很客观，科学需要精确的推演和计算，科学家发明一项科学技术的目的在于促进生产力的进步、人类社会的发展，而不是一种美的表现。

教师：确实，科学在于求真，艺术在于求美。科学强调客观规律，主要依靠科学和实验，以抽象思维为主；艺术强调主观感受，重视美感，主要依靠激情、想象、灵感，以形象的思维揭示人的情感。科学能够促进生产技术发展，提高生产力水平，改善生活的质量，而艺术可以丰富人们的精神世界，塑造高尚的人格。但是，艺术和科学之间并不是对立的，它们之间是相辅相成、不可分割的。欧阳中石是著名的书法家、学者，他认为，艺术就是艺术，本身不是科学，但离不开科学。他指出，所谓的巧夺天工、神来之笔、神乎其神之类的说法，并不过分。艺术之所以能够“夺天”，比“神”更“神”，就是因为人类有“艺”之“术”，在实践中摸索出了行之有效、可以夺“天”的方法，而且也有了一套有体系、有序列的理论。这就是艺术的科学性。欧阳中石认为，随着人类对客观世界规律的逐步认识和理解，艺术的灵感才有更多放飞的机会。灵感也要遵循客观的规律，这就是艺术与科学的交融[①]。

嫦娥只是中国古代神话故事里的一个人物，但是人类的科学却可以和这个神话中的人物结合起来，创造了中国首颗人造绕月卫星，这就是科学与艺术巧妙的结合。埃菲尔铁塔是现代巴黎的标志，建筑师们在设计、分解、生产、组装和修整过程中，总结出一套科学、经济而有效的方法，它不仅展现了法国人异想天开式的浪漫情趣和艺术品位，更重要的是它体现了艺术与科学的完美结合。

因此，我们在艺术鉴赏的过程中不能把科学和艺术相割裂。在艺术创作的过程中也不能只用艺术的眼光去看待事物，艺术和科学的关系应该是相互联系、相辅相成、协同发展的。

我们一想到艺术，通常会想到非理性的东西，想到情感的东西，觉得它与真理没有什么关系，但艺术也是表现真理的一种方式。我们平常总会认为，只有人类的理性思考在发现真理，但是马克思却告诉我们生活才是真理的源泉。马克思在《1844年经济学哲学手稿》中写道：“至于说生活有

① 欧阳中石.艺术源于生活 艺术合乎科学[N].光明日报,2009-01-18(4).

它的一种基础，科学有它的另一种基础——这根本就是谎言……感性（见费尔巴哈）必须是一切科学的基础。”[①]这里的“生活”，是指人的感性生活，其中也包含艺术生活。理性的基础是人的感性生活。在理论形式中的真理并不是原始的。海德格尔认为，科学决不是真理的原始发生，科学无非是一个已经敞开的真理领域的扩建。在真理领域的敞开中，艺术始终是最基本的敞开方式之一。海德格尔、里德、朗格以及古德曼等哲学家以一种新的形态和方式提出艺术的认识功能。他们认为，在对真理的发掘上，艺术同样作出了重要的贡献。

大家都知道真理具有普遍性，那么艺术作为真理的原始发生，艺术的审美有没有普遍性呢？审美这种对普遍性的追求可以上溯到亚里士多德。他认为诗歌比历史更具有普遍性。后来，这种普遍性的特征成为审美或者艺术的自觉追求。古典主义要表现人性中最普遍的东西。康德也是持审美普遍性观点的代表人物之一。他认为审美与普遍性紧密相连，只有这样，人才能走向自由的境界。在康德美学中，普遍性存在的原因主要有三点：审美无功利性、审美共通感和美的理想。

艺术的鉴赏不同于一般意义上的欣赏，它是对艺术形象的感知和理解。人们在鉴赏中的思维活动和情感活动一般都是从艺术形象的具体感受出发，从感性认识上升到理性认识。因此，鉴赏本身便是一种审美的再创造。那么，我们如何培养艺术的鉴赏能力呢？有没有同学想谈谈自己的看法？

学生：我认为既然每个人都是独立的个体，每个人的人生经历也是有所不同的，因此，我们需要制定一套艺术鉴赏的标准，用这套标准进行艺术鉴赏。而这套标准的制定应该符合大众化的审美要求。此外，教师应该给学生灌输艺术鉴赏的知识，以此来培养学生的鉴赏能力。

教师：很好。刚才这位同学提出了两点建议：一是制定一套审美标准，二是教师灌输艺术鉴赏知识，培养学生的鉴赏能力。我觉得这两点都有道理，但如何培养鉴赏能力呢？我认为主要有以下三个方面。

第一，加强艺术修养。在进行艺术鉴赏的过程中，主体的修养有着十

① 马克思，恩格斯．马克思恩格斯选集：第42卷［M］．北京：人民出版社，1979：128.

分重要的作用。正如马克思所说的那样："如果你想得到艺术的享受，那你就必须是一个有艺术修养的人。"[①]艺术修养主要包括三点，首先，要具备相关的知识背景。比如看戏，我们需要了解与戏曲相关的背景知识。戏的繁体字为"戲"，是虚中生戈，戏曲就是演员在乐曲中虚拟地表现生活。戏曲表演处处体现了虚拟的原则，如《天仙配》中，演员用细碎的台步和飘舞的水袖表现织女凌空驾云；《大闹天宫》中，演员用连续的筋斗表现孙悟空来去如电。要看懂演员的这些表演，我们首先要懂得戏曲虚拟的手法。除此之外，演员在唱、念、做、打方面都有相当的讲究。如发音有四呼、五音和四声之分，步法和道具的使用也有各种分类。对这些专业手法的进一步了解，可以使我们变成内行的观众，从而从戏曲鉴赏中获得更大的乐趣。其次，要有"虚静"的心怀，艺术鉴赏要进入境界。庄子是中国有代表性的哲学家中的艺术家，他把虚静的精神称为"心斋""坐忘"，意思是超越利害得失的考虑，保持一种清明洞彻的心境。这就启示我们，在进行艺术鉴赏时应暂时摆脱实用的功利考虑，保持空明自由的审美心胸，只有这样才能发现真正的美。最后要与作品形成共鸣。鉴赏者丰富的生活阅历，也会提高其艺术鉴赏水平。例如，我们刚读杜甫的"两边山木合，终日子规啼"时，可能会觉得平淡无奇，但若我们游历山谷，发现山谷里古木夹道，深荫蔽日，只有子规声在古木间此起彼伏，有了这种生活体验，再读杜甫的那两句诗，才能更好地领悟到诗中的意境。

第二，发挥创造性。艺术鉴赏并不是简单的阅读观看，它需要鉴赏者付出创造性的劳动。艺术作品不能像从一个水杯倒进另一个水杯那样直接转移到鉴赏者的头脑中，它要由鉴赏者本人再造和再现，这种再造和再现的依据是艺术作品本身，但是最终结果取决于鉴赏者的精神活动，这种活动就是创造性的劳动。正如接受美学的代表人物伊瑟尔指出，艺术鉴赏不仅要挖掘艺术文本的客观意义，而且要调动鉴赏者的能动性和创造性。

第三，培养"纯正的趣味"。在西方美学史上，趣味理论兴盛于18世纪。法国美学家夏尔·巴德把科学和艺术相比较，指出科学诉诸理智，艺

① 马克思，恩格斯.马克思恩格斯文集：第1卷[M].北京：人民出版社，2009：247.

术诉诸趣味。艺术中的趣味相当于科学中的理智。理智是认清真伪并把它们区分开来的能力；趣味是发现知觉优、中、劣并把它们区分开来的能力。在这方面，朱光潜先生提出了“纯正的趣味”的问题。所谓“纯正的趣味”，就是要在艺术鉴赏中，培养良好的鉴赏习惯和高尚的鉴赏眼光，把握艺术作品的艺术价值。《西斯廷圣母》是拉斐尔的代表作，画面以帷幕初揭形式展开，圣母怀抱婴儿耶稣从云端走向幕前，幕边跪着男女两圣徒。圣母、圣徒组成的三角形庄重均衡，圣母和耶稣的体态健美，充满力量。19世纪一个著名的医生在观看这幅画时却宣称：“婴儿瞳孔放大，他有场虫病，应该给他开药丸。”这显然就不是纯正的趣味。纯正的趣味要求以广博的眼光看待艺术，如果拘泥于一家一派，就很难形成纯正的趣味。纯正的趣味要求区分各门类艺术的个性与共性，了解语言艺术与造型艺术、视觉艺术与听觉艺术之间的差异，从而发现它们独特的艺术魅力。

艺术鉴赏是一门高深的学问，需要同学们平时加强自身的艺术修养，培养自己的鉴赏创造力和对艺术的纯正趣味。相信大家如果能做到以上几点，那么我们的鉴赏就会成为一种鲜活的创造，我们自然就会渐入鉴赏的胜境。

（五）小结

同学们，本节课我们首先学习了实践观点是辩证唯物主义认识论的首要的基本的观点，其次我们了解了认识的本质及其运动规律，再次我们通过梳理中外绘画艺术发展史，探讨了人类物质生产、社会政治实践对于艺术实践的影响，最后我们一起学习了艺术鉴赏的特殊性。我们既需要理解一般认识论的特点，更需要提高我们的艺术修养和鉴赏的创造力，培养我们纯正的艺术趣味。希望大家认真学习马克思主义关于实践、认识的知识，把理论运用到实践中，努力创作出更多优秀的艺术作品。

三、课外延伸阅读与理解

(一)经典节录理解

1.《关于费尔巴哈的提纲》。

背景简介

《关于费尔巴哈的提纲》是马克思1845年春在布鲁塞尔写的笔记，共包含11条提纲，这个笔记表明马克思不仅同唯心主义，而且同旧唯物主义彻底划清了界限。马克思在这个笔记中批判了费尔巴哈和一切旧唯物主义忽视了人的主观能动性、忽视了实践的作用，阐明了马克思主义的实践观，论述了实践是检验真理的标准。它被恩格斯称为“包含着新世界观的天才萌芽的第一个文件”。

经典节录

一

从前的一切唯物主义（包括费尔巴哈的唯物主义）的主要缺点是：对对象、现实、感性，只是从客体的或者直观的形式去理解，而不是把它们当做感性的人的活动，当做实践去理解，不是从主体方面去理解。因此，和唯物主义相反，唯心主义却把能动的方面抽象地发展了，当然，唯心主义是不知道现实的、感性的活动本身的。费尔巴哈想要研究跟思想客体确实不同的感性客体，但是他没有把人的活动本身理解为对象性的［gegenständliche］活动。因此，他在《基督教的本质》中仅仅把理论的活动看做是真正人的活动，而对于实践则只是从它的卑污的犹太人的表现形式去理解和确定。因此，他不了解“革命的”、“实践批判的”活动的意义。

二

人的思维是否具有客观的［gegenständliche］真理性，这不是一个理论的问题，而是一个实践的问题。人应该在实践中证明自己思维的真理性，即自己思维的现实性和力量，自己思维的此岸性。关于思维——离开实践的思维——的现实性或非现实性的争论，是一个纯粹经院哲学的问题。①

经典理解絮语

提纲第一条明确地提出了马克思新唯物主义的出发点，这个出发点就是实践。这个出发点既不同于旧唯物主义从物质出发，也不同于唯心主义从精神出发，而是从人的实践出发，从对象性活动出发。这确立了新唯物主义认识论的根基。实践的观点是马克思首要的和基本的观点。提纲第二条更加明确地指出了，实践是检验人的认识是否符合对象的标准，离开了实践，关于真理问题的讨论就是一个纯粹经院哲学的问题。

2.《实践论》。

背景简介

《实践论》写作于1937年7月，是毛泽东关于马克思主义认识论的代表著作。由于中国共产党内的教条主义和经验主义的错误思想，使中国革命在1931—1934年遭受极大的损失。毛泽东的《实践论》主要是为了揭露党内的教条主义和经验主义的错误。因为这篇文章重点是揭露看轻实践的教条主义这种主观主义，故题为《实践论》。

经典节录

然而人的认识究竟怎样从实践发生，而又服务于实践呢？这只要看一看认识的发展过程就会明了的。

原来人在实践过程中，开始只是看到过程中各个事物的现象方面，看到各个事物的片面，看到各个事物之间的外部联系。例如有些外面的人们到延安来考察，头一二天，他们看到了延安的地形、街道、屋宇，接触了

① 马克思，恩格斯．马克思恩格斯选集：第1卷[M]．北京：人民出版社，2012：133-134.

许多的人，参加了宴会、晚会和群众大会，听到了各种说话，看到了各种文件，这些就是事物的现象，事物的各个片面以及这些事物的外部联系。这叫做认识的感性阶段，就是感觉和印象的阶段。也就是延安这些各别的事物作用于考察团先生们的感官，引起了他们的感觉，在他们的脑子中生起了许多的印象，以及这些印象间的大概的外部的联系，这是认识的第一个阶段。在这个阶段中，人们还不能造成深刻的概念，作出合乎论理（即合乎逻辑）的结论。

社会实践的继续，使人们在实践中引起感觉和印象的东西反复了多次，于是在人们的脑子里生起了一个认识过程中的突变（即飞跃），产生了概念。概念这种东西已经不是事物的现象，不是事物的各个片面，不是它们的外部联系，而是抓着了事物的本质，事物的全体，事物的内部联系了。概念同感觉，不但是数量上的差别，而且有了性质上的差别。循此继进，使用判断和推理的方法，就可产生出合乎论理的结论来。《三国演义》上所谓“眉头一皱计上心来”，我们普通说话所谓“让我想一想”，就是人在脑子中运用概念以作判断和推理的工夫。这是认识的第二个阶段。外来的考察团先生们在他们集合了各种材料，加上他们“想了一想”之后，他们就能够作出“共产党的抗日民族统一战线的政策是彻底的、诚恳的和真实的”这样一个判断了。在他们作出这个判断之后，如果他们对于团结救国也是真实的话，那末他们就能够进一步作出这样的结论：“抗日民族统一战线是能够成功的。”这个概念、判断和推理的阶段，在人们对于一个事物的整个认识过程中是更重要的阶段，也就是理性认识的阶段。认识的真正任务在于经过感觉而到达于思维，到达于逐步了解客观事物的内部矛盾，了解它的规律性，了解这一过程和那一过程间的内部联系，即到达于论理的认识。重复地说，论理的认识所以和感性的认识不同，是因为感性的认识是属于事物之片面的、现象的、外部联系的东西，论理的认识则推进了一大步，到达了事物的全体的、本质的、内部联系的东西，到达了暴露周围世界的内在的矛盾，因而能在周围世界的总体上，在周围世界一切方面的内部联系上去把握周围世界的发展。

这种基于实践的由浅入深的辩证唯物论的关于认识发展过程的理论，在马克思主义以前，是没有一个人这样解决过的。马克思主义的唯物论，第一次正确地解决了这个问题，唯物地而且辩证地指出了认识的深化的运动，指出了社会的人在他们的生产和阶级斗争的复杂的、经常反复的实践中，由感性认识到论理认识的推移的运动。[①]

经典理解絮语

毛泽东在《实践论》中创造性地提出了认识活动的过程和规律，是对马克思主义认识论的进一步丰富和发展。毛泽东提出了认识有感性认识与理性认识两个阶段，论述了两个阶段的联系与区别，指出了认识的过程是一个通过实践发现真理，又通过实践证实真理和发展真理的过程。实践、认识、再实践、再认识，循环往复以至无穷，而实践和认识之间的每一次循环，都进入了更高一级的阶段，这就是辩证唯物论的知行统一观。

3.《〈政治经济学批判〉导言》。

背景简介

《〈政治经济学批判〉导言》是1857年8月底至9月中旬，马克思为计划中的经济学著作《政治经济学批判》写的总的导言。在《〈政治经济学批判〉导言》中，马克思叙述了关于政治经济学的对象和方法，说明了社会的物质基础同意识形态的关系。在关于艺术的讨论中，马克思打算讨论莎士比亚同现代的关系，但未能实现。写完对希腊艺术的评论以后，马克思随即中断了《〈政治经济学批判〉导言》的写作。

经典节录

关于艺术，大家知道，它的一定的繁盛时期决不是同社会的一般发展成比例的，因而也决不是同仿佛是社会组织的骨骼的物质基础的一般发展

① 毛泽东.毛泽东选集:第1卷[M].北京:人民出版社,1991:284-286.

成比例的。例如，拿希腊人或莎士比亚同现代人相比。就某些艺术形式，例如史诗来说，甚至谁都承认：当艺术生产一旦作为艺术生产出现，它们就再不能以那种在世界史上划时代的、古典的形式创造出来；因此，在艺术本身的领域内，某些有重大意义的艺术形式只有在艺术发展的不发达阶段上才是可能的。如果说在艺术本身的领域内部的不同艺术种类的关系中有这种情形，那么，在整个艺术领域同社会一般发展的关系上有这种情形，就不足为奇了。困难只在于对这些矛盾作一般的表述。一旦它们的特殊性被确定了，它们也就被解释明白了。

我们例如先说希腊艺术同现代的关系，再说莎士比亚同现代的关系。大家知道，希腊神话不只是希腊艺术的武库，而且是它的土壤。成为希腊人的幻想的基础、从而成为希腊［艺术］的基础的那种对自然的观点和对社会关系的观点，能够同走锭精纺机、铁道、机车和电报并存吗？在罗伯茨公司面前，武尔坎又在哪里？在避雷针面前，丘必特又在哪里？在动产信用公司面前，海尔梅斯又在哪里？任何神话都是用想象和借助想象以征服自然力，支配自然力，把自然力加以形象化；因而，随着这些自然力实际上被支配，神话也就消失了。在印刷所广场旁边，法玛还成什么？希腊艺术的前提是希腊神话，也就是已经通过人民的幻想用一种不自觉的艺术方式加工过的自然和社会形式本身。这是希腊艺术的素材。不是随便一种神话，就是说，不是对自然（这里指一切对象的东西，包括社会在内）的随便一种不自觉的艺术加工。埃及神话决不能成为希腊艺术的土壤或母胎。但是无论如何总得是一种神话。因此，决不是这样一种社会发展，这种发展排斥一切对自然的神话态度，一切把自然神话化的态度；因而要求艺术家具备一种与神话无关的幻想。

从另一方面看：阿基里斯能够同火药和铅弹并存吗？或者，《伊利亚特》能够同活字盘甚至印刷机并存吗？随着印刷机的出现，歌谣、传说和诗神缪斯岂不是必然要绝迹，因而史诗的必要条件岂不是要消失吗？

但是，困难不在于理解希腊艺术和史诗同一定社会发展形式结合在一起。困难的是，它们何以仍然能够给我们以艺术享受，而且就某方面说还是一种规范和高不可及的范本。

一个成人不能再变成儿童，否则就变得稚气了。但是，儿童的天真不使成人感到愉快吗？他自己不该努力在一个更高的阶梯上把儿童的真实再现出来吗？在每一个时代，它固有的性格不是以其纯真性又活跃在儿童的天性中吗？为什么历史上的人类童年时代，在它发展得最完美的地方，不该作为永不复返的阶段而显示出永久的魅力呢？有粗野的儿童和早熟的儿童。古代民族中有许多是属于这一类的。希腊人是正常的儿童。他们的艺术对我们所产生的魅力，同这种艺术在其中生长的那个不发达的社会阶段并不矛盾。这种艺术倒是这个社会阶段的结果，并且是同这种艺术在其中产生而且只能在其中产生的那些未成熟的社会条件永远不能复返这一点分不开的。①

经典理解絮语

马克思一方面强调艺术生产植根于特定社会的生活土壤，与特定社会的生产方式相关联；另一方面强调艺术的鉴赏具有超历史性，希腊的艺术不但可以被我们理解，而且还可能是“一种高不可及的范本”。而艺术鉴赏的超历史性在马克思看来是真正的难题，需要我们共同思考。

（二）推荐阅读书目

1.《西方美学史》（朱光潜著，商务印书馆2011年版）。

朱光潜（1897—1986），安徽桐城人，我国现代美学的开拓者和奠基者之一，也是第一个在中国广泛介绍西方美学的人，主要著作有《文艺心理学》《谈美》《西方美学史》《悲剧心理学》等。朱光潜先生美学思想的核心是美不在心，也不在物，而在心物的关系上。美是意象，是客体的景和主体的情的融合。朱先生一直致力于中西美学的融合研究，《西方美学史》是中国学者撰写的第一部美学史著作。该著按照时间顺序将西方美学史分为三个阶段：第一阶段从古希腊罗马时期到文艺复兴，第二阶段是十七八世

① 马克思，恩格斯．马克思恩格斯选集：第2卷[M].北京：人民出版社，2012：710–712.

纪和启蒙运动时期，第三阶段从十八世纪末到二十世纪初。结束语部分讨论了美学的四个关键性问题：美的本质，形象思维；典型人物性格；浪漫主义和现实主义。该著作清晰地揭示了西方美学思想不断扬弃、创新的发展过程。

2.《美学散步》（宗白华著，上海人民出版社1981年版）。

宗白华（1897—1986年），江苏常熟人，我国现代美学的先行者和开拓者之一，被誉为“融贯中西艺术理论的一代美学大师。曾任南京大学、北京大学教授，兼中华全国美学学会顾问。《美学散步》几乎汇集了其一生最具代表性的美学篇章。该著作表达了一个核心观点：美是心灵节奏的自由表现。中国美学注重意境，寂静悠远、天人合一，充满禅意，这些与中国哲学的宇宙观、中庸的人生观一脉相通。《美学散步》词句典雅优美、充满诗意，是中国美学经典之作和必读之书。

四、参考文献

[1]马克思恩格斯选集:第1卷[M].北京:人民出版社,2012.

[2]毛泽东选集:第1卷[M].北京:人民出版社,1991.

[3]聂振斌等.艺术哲学与艺术教育[M].北京:北京大学出版社,2015.

[4]孙景琛.中国舞蹈史:先秦部分[M].北京:文化艺术出版社,1983.

[5]王玉樑.从理论价值哲学到实践价值哲学[M].北京:人民出版社,2013.

[6]吾敬东,刘云卿,黄家瑾.对话:哲学与艺术[M].上海:上海三联书店,2012.

[7]杨国荣.人类行动与实践智慧[M].北京:生活·读书·新知三联书店,2013.

[8]宗白华.美学散步[M].上海:上海人民出版社,1981.

[9]丹纳.艺术哲学[M].傅雷,译.北京:商务印书馆,2018.

[10]莎士比亚.罗密欧与朱丽叶[M].朱生豪,译.北京:大众文艺出版

社，2008.

五、反思与实践

1.结合自身专业，谈谈你对“实践是认识的基础”的理解。

2.从艺术创作的角度，谈谈你对认识的反复性和无限性的理解？

六、学生作品展示

从无涯的时空走过

关于时空的追问，古已有之。从《论语》中的“子在川上曰：逝者如斯夫，不舍昼夜”到诗仙月下独酌吟唱的“青天有月来几时，我今停杯一问之”，从《千字文》中的“天地玄黄，宇宙洪荒”再到苏东坡的“问汝平生功业，黄州惠州儋州”，沧海桑田，斗转星移之间，时间与空间的流转宛如一台不知疲倦的唱片机，千百年来唱着不变的歌，久处其中未解其味，偶尔定神细思才觉意味深长。

其实，在我们的世界里，时间并不是虚幻的、来去无踪的神秘涡流，而是可触可感、充满四季轮回与冷暖变化的生命体。它有呼吸，也有心跳。它的呼吸和心跳是钟表的滴答声，是百里杜鹃开放的声音。它曾经化作腊月的雪花飘过，也曾经与三伏的麦浪一齐欢呼……一点一滴，都让我们感受着它的温柔与多情。当然，时间也并非一直是心平气和的，它也有脾气。倘若有人对它毫不在乎、置之不理，它也会不动声色地显露其不友好的一面。“莫等闲，白了少年头，空悲切”，《满江红》的激扬文字犹在耳边回响，趁着这青春韶华，向未知的星辰和大海进发，与这段最温情的时光坦诚相待！

比之于时间的浩渺，空间似乎存在得更加具体生动些。它是杏花春雨的江南，是长河落日的大漠，是风浪翻腾的好望角，是静如处子的日月潭……地球的每一个角落，宇宙的任何一粒尘埃，甚至是我们心中的每一个记忆抽屉，林中路抑或是桃花源，都是一个或大或小的空间。它们与时间互为经纬，共同编织了这个无限可能的斑斓世界。

“寄蜉蝣于天地，渺沧海之一粟”，时间在天涯海角间流转，空间也在白驹过隙中变迁。来来去去，动静结合之间，那曾经的风骚遗响、魏晋风流，那曾经的汉宫秋月、唐音宋调都化作历史尘埃下泛黄的纸片。吾生也有涯，而时空无涯。一蓑烟雨，我从这无涯中策马而过，留下一串哒哒的马蹄声！

（2017级汉语言文学非师范专业学生　张磊）

第五讲　社会意识与政治法律思想

一、教学设计

1.教学对象：文科类相关专业本科生。

2.教学逻辑：社会存在与社会意识—社会意识的特点—政治法律思想的地位与作用—依法治国与依宪执政。

3.教学目标：帮助学生把握社会意识的基本内涵、社会意识的特点、政治法律思想的地位与作用，让学生树立坚持依法治国和依宪执政的理念。

二、教学过程

(一)社会意识的基本内涵

教师：同学们，我们这一讲要探讨的是与大家所学专业有关的基本理论，即政治法律思想的相关内容，具体而言主要包括：社会意识的基本内涵，社会意识的特点，政治法律思想的地位和作用，依法治国和依宪执政的原因。

学生：老师，我们要探讨政治法律思想，为什么还要探讨社会意识呢？

教师：这位同学问得非常好，勤于思考正是我们学好马克思主义理论和各门学科的前提。学习政治法律思想需要先了解社会意识是因为政治法律思想属于社会意识。其实，要知道社会意识是什么，就要知道什么是社会存在。因此，我们今天要探讨的第一个问题，就是社会存在与社会意识的基本内涵。我想请同学们说说，日常生活中我们见到的哪些事物属于社会存在？你能说说你对社会存在这个概念的理解吗？

学生：老师，我认为我们的衣食住行——我们吃的食物、穿的衣服、住的房子、乘坐的交通工具，都是社会存在。我们呼吸的空气、我们看到的蓝天白天，也属于社会存在。在我看来，社会存在应该是我们生活、生存所依赖和创造的那些条件。

教师：请坐，你说得非常好。我们的衣食住行属于我们的生活方式和生产方式，它们被统称为物质生产方式。但社会存在不仅仅包括物质生产方式，还包括自然地理环境和人口因素等其他物质方面的内容。因此，社会存在又称作社会物质生活条件，指的是社会生活的物质方面，主要包括自然地理环境、人口因素和物质生产方式。

大河流域是人类文明摇篮，譬如埃及文明发源于尼罗河流域，古巴比伦文明发源于两河流域，古印度文明发源于印度河、恒河流域，而中国文明起源于黄河流域和长江流域。这是因为大江大河的中下游大都是冲积平原，有利于农业生产，在生产力低下的古代，良好的自然环境有利于人的生存和发展。今天，自然环境对我们的社会生活和生产依然有重要的影响，是我们各种生活和生产资料的来源。自然环境好，我们的生活就更方便；自然环境恶劣，我们的生活就更艰难，需要克服的困难就更多。

同学们，请想一想生态平衡会对自然环境及社会发展有影响？

学生：老师，生态平衡应该是指自然环境处在良性发展过程之中。生态不平衡，会破坏自然环境的运行规律，也会影响人类社会发展。

教师：这位同学说得很对。生态平衡指的是在一定时间内生态系统中的生物和环境之间、生物各个种群之间，通过能量流动、物质循环和信息传递，使它们相互之间达到高度适应、协调和统一的状态。生态平衡为人类提供适宜的环境条件和稳定的物质资源。它包括生态系统内两个方面的稳定：一方面是生物种类和数量相对稳定；另一方面是非生物环境的相对稳定。生态平衡是一种动态的平衡。生态系统具有一定的内部调节能力，当生态严重不平衡时，生态系统内部调节能力就会变微弱甚至丧失，从而出现生态危机，引发一系列连锁反应。影响生态平衡的因素包括自然因素和人为因素，自然因素如水灾、旱灾、地震、台风、山崩、海啸等；人为因素，如人类的生产和生活活动产生大量的废气、废水、垃圾等。其中，人为因素是造成生态平衡失调的主要原因。

在社会存在中，人口因素对社会的发展起着制约作用。古代社会，人口生产决定着社会发展水平的高低；现代社会，人口生产仍然是社会物质生活条件的重要内容。人口的数量和质量对生产发展和社会进步起加速或延缓的作用。

无论是自然环境还是人口因素，都不能脱离社会生产而发生作用。社会存在中最基础、最重要的是物质生产方式。大家想一想，什么是物质生产方式？它有怎样的作用呢？

学生：老师，牛耕田就是物质生产方式，机器播种也是物质生产方式。物质生产方式决定着人们生活水平的高低。

教师：请坐。刚才这位同学说的有一定道理，牛耕田、机器播种是物质生产方式的表现，体现的是生产力方面的内容，物质生产方式还包括生产关系方面，即人与人之间的关系。生产方式指的是人们为获取物质生活资料而进行的生产活动的方式，它是生产力和生产关系的统一体。

物质生产方式是社会存在和发展的基础，也是社会历史发展的决定力量。这主要体现在三个方面：第一，物质生产方式是人类社会赖以存在和发展的基础，是其他一切活动的前提；第二，物质生产活动和生产方式决定着社会的结构和性质，制约着人们的经济、政治和精神生活；第三，物质生产方式是社会变迁的决定性因素。

了解了社会存在，我们再来看社会意识。什么是社会意识？简而言之，它是社会存在的精神方面，是社会存在的反映。同学们可以说一说，你知道哪些社会意识？

学生：法律意识，作为公民，要遵纪守法，不做违法乱纪的事情。文学意识，我喜欢诗歌、小说、文学，能从中感受到愉悦和美感。

教师：请坐。这位同学说出了自己的见解，非常好。这位同学所说的社会意识属于意识形态方面的社会意识。按照不同的分类标准，可以将意识形态分为不同的种类。按照社会意识主体的不同，可以将社会意识分为个体意识和群体意识。个体意识是个人的生活经历和社会地位等在自己头脑中的反映，是个体实践的产物。群体意识是群体成员共同的意识，是群体实践的共同产物。

按照层次高低不同，社会意识可以分为社会心理和社会意识形式。社会心理是低层次的社会意识，通常是人们不定型地处于自发状态的社会意识，表现为人们的感知、情绪、情感、心态、习俗等，它以感性认识为主。社会意识形式，则是高层次的社会意识，是自觉的、系统的、定型的社会意识，包括政治法律思想、道德、宗教、艺术、哲学、科学等，它以理性认识为主。

从与经济基础的关系角度可以将社会意识形式又分为意识形态和非意识形态。其中，意识形态是指反映社会的经济关系、阶级关系的社会意识，主要包括政治法律思想、道德、艺术、宗教、哲学、文学等。不反映特定社会集团的利益和要求，不服务于特定经济政治制度和特定阶级的社会意识形式，如自然科学、语言学、形式逻辑等，都属于非意识形态。

学生：老师，本来我以为学习法律，就是运用各种法律法规来帮人打官司，想不到法律与意识形态密切相关。

教师：是的，法律专业是意识形态色彩浓郁的专业，它不仅必然维护我国广大人民群众的根本利益，而且必然维护中国共产党的领导。

(二)社会意识的基本特点

教师：了解了社会存在和社会意识，接下来，我们要探讨第二个问题，社会意识的特点。

第一，社会存在是社会意识内容的客观来源。社会意识根源于社会存在，是对以实践为基础的不断发展变化的现实世界的反映。譬如道德，它是调整人们之间以及个人与社会之间的行为规范的总和，是依靠社会舆论和人们的信念、习惯、传统和教育起作用的精神力量。在不同的社会，不同的时代，不同的生产方式下，人们所遵循的道德也会有不同。如在我国封建社会，女人不裹小脚是“大逆不道”的事情，而寡妇再嫁更是不符合女子从一而终的道德标准。而今天，“裹脚”恶习早已被破除，离婚、再婚、寡妇再嫁，都是生活中的正常现象。这表明，道德以及其他所有的社会意识形式，如哲学、艺术、宗教等都只是对社会存在的反映，社会存在内容变化了，社会意识也会相应地发生变动。

第二，社会意识是人们进行社会物质交往的产物。社会意识同语言一样，是在人们的生产交往活动中产生的。人们在物质生产和物质交往过程中，不断改变自身，同时也改变自己的思维和思维的产物。“白马非马，指亦非指”，这类争论只有在人类社会发展到一定阶段，在人们的思维有一定基础性的发展上才会出现。物质生产和社会文明发展到今天，人类思维不断发展，人们已经明白形式逻辑、辩证逻辑、数理逻辑等内容，就不会还出现中国先秦时期“白马非马”之争和欧洲中世纪的“名实之辩”了。正如马克思所言：“不是意识决定生活，而是生活决定意识。”①

第三，社会意识是具体的、历史的。每一个时代的社会意识都有其独特的内容和特点，如原始社会只有族群观念，而没有私有意识。随着生产资料私人占有制的出现，私有观念才产生和出现。而在中国特色社会主义新时代，以人民为中心、人民当家作主等观念也深入人心。

第四，社会意识具有相对独立性，可能超前或落后于社会存在，社会意识根本上是受社会存在支配的，但是它具有自己的相对独立性，具体表现在三个方面。一是社会意识与社会存在的发展的不同步性和不平衡性，即社会意识可能超前于社会存在或者落后于社会存在。比如：我国明朝中后期就出现了资本主义萌芽，但那时我国的社会意识还是以封建的儒家文化为主，所以在当时社会意识落后于社会存在。二是社会意识自身以及社

① 马克思，恩格斯.马克思恩格斯选集：第1卷[M].北京：人民出版社，2012：152.

会意识形式之间具有历史继承性。譬如，哲学、宗教、文学等的内容由社会生活决定，但也会沿着自身的发展而不断前进。例如中国哲学的发展历经七个阶段，即先秦子学、两汉经学、魏晋玄学、隋唐佛学、宋明理学、明清实学、乾嘉朴学，有自己独特的发展历程。三是社会意识对社会存在具有能动的反作用，推动或阻碍社会历史发展。当社会意识适应社会生产发展的要求，在一定条件下转化为物质力量，就能推动社会历史的发展；反之，就会阻碍社会历史的发展。

学生：老师，您所讲的社会意识的特点归根到底就是社会意识由社会存在决定，同时它又反作用于社会存在，是这个意思吗？

教师：这位同学的领悟力很强，的确如此。总之，社会存在决定社会意识，社会意识是对社会存在的反映，它具有相对独立性，对社会存在具有能动的反作用。社会意识对社会发展的作用是通过人们的社会实践活动将精神的力量转化为物质的力量，从而影响社会历史的发展。

（三）政治法律思想的地位和作用

教师：同学们，前面我们在讲社会意识形式时，说到政治法律思想是社会意识形式之一，就我们大家所学的法律专业而言，政治法律思想与之息息相关，那么它是怎样的社会意识形式，又有什么作用呢？

学生：老师，政治法律思想是意识形态，是维护国家安全和稳定的重要思想。

教师：这位同学说得很好，政治法律思想是社会意识，是意识形态。意识形态是维护统治阶级统治的思想观念体系，它包括政治法律思想、道德、艺术、宗教、哲学、文学等。政治思想是人们关于社会政治制度、政治生活、国家、阶级或社会集团及其相互关系等的观点的总和。法律思想是关于法的关系、法律规范和设施的观点的总和。法的关系实质上也是政治关系。广义的政治思想包括法律思想。政治思想、法律思想直接反映社会的经济基础，是一定阶级关系和阶级利益在思想上的集中表现，具有鲜明的阶级性。所以，我们今天要探讨的第三个问题就是政治法律思想的地位和作用。

首先，政治法律思想直接反映社会的经济基础，是一定阶级关系和阶级利益在思想上的集中表现。它维护一定阶级的阶级利益，具有鲜明的阶级性。

政治法律思想最早萌芽于由原始公有制向奴隶制过渡的时期。中国在夏、商、西周时期，已形成奴隶主贵族“受命于天”“恭行天罚”的神权思想和维护“亲亲”“尊尊”的法律思想。在古代希腊，政治法律思想是伴随着城邦国家和法律制度的确立而逐步形成和发展起来的。政治法律思想只能是占统治地位的统治阶级的政治法律思想；被统治阶级虽然也有自己本阶级在政治和法律上的利益要求，但是很难通过政权制度和意识形态反映出来。

其次，政治法律思想是观念上层建筑。政治法律思想属于上层建筑中的意识形态，也就是说它是观念上层建筑。

学生：老师，您能说说“观念上层建筑”的含义吗?

教师：好的。生产力和生产关系、经济基础和上层建筑是马克思主义历史哲学里的基本范畴。经济基础指的是由社会一定发展阶段的生产力所决定的生产关系的总和，而上层建筑是建立在一定经济基础之上的意识形态以及与之相应的制度、组织和设施。上层建筑分为两部分。一部分是政治上层建筑，包括政治法律制度和设施以及组织，包括国家政治制度、立法司法制度和行政制度，以及国家政权机构、政党、军队、警察、法庭、监狱等政治组织形态和设施；另一部分是观念上层建筑，它是意识形态，包括政治法律思想、道德、艺术、宗教、哲学等思想观点。其中政治上层建筑是在一定的意识形态指导下建立的，是统治阶级意志的集中体现，政治上层建筑一旦形成，就成为一种现实的力量，影响和制约着人们的思想理论观点。总体而言，政治上层建筑居主导地位，观念上层建筑从思想观点上维护政治上层建筑，并受政治上层建筑的制约和影响。

学生：老师，像我们这样的社会主义国家，政治法律思想是不是也是阶级意识的集中体现，是不是也属于观念上层建筑，是不是起着和资产阶级的政治法律思想一样的作用呢？我国2016年3月通过的《中华人民共和国慈善法》里指出，社会捐款只能是社会公益组织实施，个人不能进行社会慈善募捐，但个人可以以求助方式获得社会捐款，这难道也体现了阶级意识？

教师：这几个问题问得很好。政治法律思想作为观念上层建筑，它以思想理论体系的形态维护一定的经济基础。人们在一定的政治法律思想指导下建立起与经济基础相适应的政治法律制度，这些政治法律制度反过来又推动政治法律思想的发展。各种政治法律思想，因其性质的不同，对政治上层建筑所起的作用也不相同，促进或是阻碍政治、法律制度的变革。政治法律思想与政治法律制度同属社会的上层建筑，归根结底是由社会经济基础决定的。在阶级社会中，政治法律思想是社会意识形态的核心，制约着社会意识形态的其他形式，同时受其他社会意识形式的影响。社会经济形态和政治制度的更迭，直接引起政治法律思想的变迁，因此不存在永恒不变的政治法律思想。在资本主义国家，资产阶级的政治法律思想居于统治地位；在无产阶级已经取得政治统治地位的社会主义国家，无产阶级的政治法律思想成为人民群众进行社会主义建设的重要思想武器。

大家想一想，在我们中国，政治法律思想是不是广大劳动人民群众意志的集中体现，是不是维护社会主义国家存在和发展的重要保障呢？没错，我们国家的法律和各种条例，维护的是广大人民群众的根本利益，劳动人民的个人利益和广大人民群众的群体利益是一致的。但是，当劳动人民中的个别人的私利与广大人民群众的群体利益发生冲突时，法律维护的是更广大的人民群众的群体利益，而不是维护个别人的不符合社会进步和历史发展的私人利益。这位同学说到的《中华人民共和国慈善法》指出，社会公共组织有权进行社会募捐，但这些组织受国家相关部门和组织监管和制约。因此，个人需要社会募捐，只能通过慈善机构验证和由慈善机构进行募捐，并对捐款的使用进行监管。如果个人不符合慈善机构救助的条件，但因为困难向社会求助，社会中的他人也愿意进行救助，就属于个人与个人帮扶问题。《中华人民共和国慈善法》反映了慈善机构、有困难的个人以及愿意帮助他人的人的真实诉求，维护了大家的共同利益和公民个人的个体利益，体现了社会主义法律的本质，即维护最广大人民群众的利益。

学生：老师，您说的我理解了。我们国家实行的《中华人民共和国民法典》也是为了维护我国社会主义经济基础，维护我国广大人民群众的利益。

教师：对！2020年5月28日，十三届全国人大三次会议审议通过了《中华人民共和国民法典》。它共7编、1260条，各编依次为总则、物权、合同、人格权、婚姻家庭、继承、侵权责任，以及附则，于2021年1月1日起施行。这部民法典被称为“社会生活的百科全书”，是中华人民共和国第一部以法典命名的法律，在法律体系中居于基础性地位，也是市场经济的基本法，更是维护新时代中国特色社会主义建设发展和人民群众美好生活的法典。

当然，要想更有效地维护广大人民群众的利益，则要求国家坚持依法治国、依宪执政的基本方略。

（四）坚持依法治国和依宪执政

教师：同学们，接下来我们来探讨第四个问题，即依法治国和依宪执政。

依法治国就是依照体现人民意志和社会发展规律的法律治理国家，而不是依照个人意志、主张治理国家；要求国家的政治、经济运作、社会各方面的活动均依照法律进行，而不受任何个人意志的干预、阻碍或破坏。

奴隶社会有法律，譬如商周的“炮烙之刑”，对不守规矩的奴隶或贵族个人进行惩罚；封建时代，也有法律，譬如明朝张居正推行的“一条鞭法”。古希腊时期的雅典，就有明确的法律条文，国家制度均以法律形式加以确定，公民可以通过各种法律来捍卫民主制度。雅典在伯里克利时代的“民主政治制度”就被恩格斯评价是一种“高度发展的国家形态”。进入资本主义社会之后，西方国家的法律条文也愈加明确和完备。

2014年10月20日至23日，中国共产党第十八届中央委员会第四次全体会议召开，首次专题讨论依法治国问题。同年10月28日，《中共中央关于全面推进依法治国若干重大问题的决定》发布。那么，我国在奴隶社会和封建社会是不是依法治国的呢？为什么我们现在要坚持依法治国的基本方略呢？

学生：老师，虽然我国历史上有法律，也在一定程度和范围内用法律来治理国家，但不是依法治国，而是“以人治国”。典型表现就是如果统治者比较贤明，老百姓的日子就好过些，而如果统治者昏庸无道，就会出现民不聊生的局面。我们为什么要坚持依法治国的基本方略，我还不太清楚，可能是因为法律这么规定的吧。

教师：这位同学请坐。大家听了这位同学的回答，对于我国历史上是否是依法治国的看法，是不是与他一致呢？他回答得很正确，虽然我国奴隶社会和封建社会都有一定的法律条文，但是国家的统治建立在宗法制度基础上，是以扩大的血亲理论为基础的，是以人治为主的，尽管在某些时候也提倡遵循法律，甚至提出了王子犯法与庶民同罪，但不能说明这就是依法治国。那么我们在当代为什么要坚持依法治国的基本方略呢？

总体而言，依法治国是发展社会主义市场经济的客观需要，是国家民主法治进步的重要标志，是建设中国特色社会主义文化的重要条件，是国家长治久安的重要保障。党领导人民制定宪法和法律，并在宪法和法律范围内活动。依法治国把坚持党的领导、发扬社会主义民主和严格依法办事统一起来，从制度和法律上保证党的基本路线和基本方针的贯彻实施，保证中国共产党始终发挥总揽全局、协调各方的领导核心作用。

实行依法治国，必须扩大社会主义民主，坚持和完善中国特色社会主义法治体系，牢固树立社会主义法治在国家和社会生活中的权威，坚持依法行政和公正司法，实现国家政治、经济、文化和社会生活等各个方面的民主化与法治化。

依法治国的具体内容包括三点。第一，依法治国的主体是中国共产党领导下的人民群众。依法治国的本质是崇尚宪法和法律在国家政治、经济和社会生活中的权威，彻底否定人治，确立法大于人、法高于权的原则，使社会主义民主制度和法律不受个人意志的影响。依法治国的根本目的是保证人民群众充分行使当家作主的权利，维护人民当家作主的地位。因此，依法治国是一切国家机关必须遵循的基本原则。第二，依法治国需要坚持的方针是“科学立法、严格执法、公正司法、全民守法”。立法机关要严格按照立法法制定法律，逐步建立起完备的法律体系，使国家各项事业有法可依。有法可依是实现依法治国的前提条件。行政机关要严格依法行政。依法行政就是要求各级政府及其工作人员严格依法行使其权力，依法处理国家各种事务。它是依法治国的重要环节。司法机关要公正司法、严格执法。总之，依法治国要求各级国家机关切实做到有法必依、执法必严、违法必究。第三，依法治国与以法治国有区别。依法治国是依据法律治理国家，法律是治理国家的尺度。以法治国，则是指用法律治理国家，法律是一部真理，有时可以作为依据，有时可以采用其他可依据的内容来治理国家。

学生：老师，和依法治国联系最紧密、同时出现最频繁的一个词就是依宪执政，您能给我们说说吗？

教师：这位同学请坐。你说得对，依法治国与依宪执政是紧密联系的。坚持依法治国，岂能不坚持依宪执政？在这里，我们要探讨三个问题：什么是“宪政”？依宪执政的内涵是怎样的？如何坚持依宪执政？

什么是“宪政”？西方学者理解它的含义主要有两个：一是指君主立宪，一是指宪制政府。西方学者认为，“宪政”包括五个基本要素：第一，依宪法而治的政府；第二，实行分权制；第三，人民通过代议机构来统治国家，有一个议会制或总统制的政府，有选举中获多数党决定的一院或两院制的立法机关；第四，独立的司法；第五，民控的军队。由此可见，“宪政”有着鲜明的指向，包括三权分立、多党制、普选制、司法独立、军队国家化等基本内容，是资产阶级的国家理念、政治模式和制度设计，实质上就是资产阶级民主政治。这与我们党提出的中国特色社会主义政治发展道路、中国特色社会主义法治道路是截然不同的。

有人认为，任何国家都可以实行“宪政”，既然资本主义有“宪政”，社会主义也可以有“宪政”。实际上“宪政”这一概念，经过西方学者的反复阐释和演绎，已经成为具有特定内涵、意识形态色彩十分鲜明的概念，容易使人们自觉或不自觉地跟着西方资产阶级的主张和观点走，落入西方的意识形态话语陷阱。我们国家在多年的实践和理论探索中已经积累和形成了许多能够准确体现我国政治法律制度本质和特色的概念。改革开放以来，我们党团结带领人民成功开辟和坚持了中国特色社会主义政治发展道路。

我们讲的依宪执政中的“宪”，与西方“宪政”中的“宪”有着本质不同。我们依宪执政所依据的是中华人民共和国宪法。我国宪法以法律的形式确立了国家的根本制度、国家的领导核心和指导思想，确立了人民民主专政的国体和人民代表大会制度的政体，确立了中国共产党领导的多党合作和政治协商制度、民族区域自治制度以及基层群众自治制度等基本政治制度，确立了爱国统一战线、社会主义法制、民主集中制、尊重和保障人权等原则。这些制度和原则，反映了我国各族人民的共同意志和根本利益，体现了社会主义民主的本质和内在要求。我国宪法明确提出要坚持中国共产党的领导，坚持人民民主专政。而一些人主张取消党的领导，取消人民民主专政，这违反了宪法，是违宪行为。

那同学们还知道生活中有哪些违宪行为吗?

学生：譬如宪法第一条规定了中华人民共和国是工人阶级领导的、以工农联盟为基础的人民民主专政的社会主义国家。社会主义制度是中华人民共和国的根本制度。禁止任何组织或者个人破坏社会主义制度。因此，那些损害党的领导、损害人民民主专政的言论和行为，都是违宪的。宪法第四十六条规定，中华人民共和国公民有受教育的权利和义务。国家培养青年、少年、儿童在品德、智力、体质等方面全面发展。因此，适龄、健康的儿童没有去上学，家长和相关人员的不作为也都是违宪行为。还有一些别有用心的人公然污损国旗、国徽等，也是违宪行为。一切违反宪法的行为都必须予以追究和纠正。

教师：请坐，说得很好，谢谢你的分享。在我国，任何组织或个人都不得有超越宪法和法律的特权。一切违反宪法和法律的行为，都必须予以追究。

依法治国，依据的是社会主义宪法和法律；依宪执政，依据的是中华人民共和国宪法。依法治国首先是依宪治国，依法执政关键是依宪执政。

“全面贯彻实施宪法，是建设社会主义法治国家的首要任务和基础性工作。宪法是国家的根本法，是治国安邦的总章程，具有最高的法律地位、法律权威、法律效力，具有根本性、全局性、稳定性、长期性。全国各族人民、一切国家机关和武装力量、各政党和各社会团体、各企业事业组织，都必须以宪法为根本的活动准则，并且负有维护宪法尊严、保证宪法实施的职责。”[①]宪法的生命在于实施，宪法的权威也在于实施。我国要坚持不懈地依宪执政，把宪法实施提高到新的水平。这要求我国一是要坚持正确政治方向，坚定不移走中国特色社会主义政治发展道路，坚持国家的一切权力属于人民的宪法理念。二是要落实依法治国基本方略，加快建设社会主义法治国家，以宪法为最高法律规范，维护社会主义法制的统一和尊严，全面推进科学立法、严格执法、公正司法、全民守法进程，维护社会公平正义。三是要坚持人民主体地位。宪法的根基在于人民发自内心的拥护，宪法的伟力在于人民出自真诚的信仰，只有保证公民在法律面前一律平等，尊重和保障人权，保证人民依法享有广泛的权利和自由，宪法才能深入人心，走入人民群众，宪法实施才能真正成为全体人民的自觉行动，依宪执政才能更好地开展。四是要坚持党的领导，更加注重改进党的领导方式和执政方式。依法治国首先是依宪治国，依法执政的关键是依宪执政，党领导人民制定宪法和法律，党自身必须在宪法和法律范围内活动，真正做到党领导立法、保证执法、带头守法。要健全权力运行制约和监督体系，有权必有责，用权受监督，失职要问责，违法要追究，保证人民赋予的权力始终用来为人民谋利益。

---

① 十八大以来重要文献选编：上[M].北京：中央文献出版社，2014：88.

(五)小结

在社会意识与政治法律思想这一讲，我们主要讨论了社会意识的内涵和特点，认识了作为意识形态主要内容的政治法律思想的地位和作用，明确了我国坚持依法治国、依宪执政的基本理念，从社会主义意识形态层面更加坚定了道路自信、理论自信、制度自信、文化自信。

三、课外延伸阅读与理解

(一)经典节录理解

《黑格尔法哲学批判》

背景简介

《黑格尔法哲学批判》是马克思的一本早期著作，也是马克思批判黑格尔哲学的第一部著作。因是马克思1843年夏天在莱茵省的克罗茨纳赫写成，故又称《克罗茨纳赫手稿》。原稿共39张，没有标题，现在的标题是1927年苏联共产党（布尔什维克）中央马克思列宁主义研究院发表这一手稿时加的。中译本收入人民出版社1956年出版的《马克思恩格斯全集》第1卷。这部著作是对黑格尔《法哲学原理》第261—313节阐述国家问题的内容进行的分析和批判。

经典节录

可见黑格尔都降到这样一种地步：在他的描述中，“政治国家”不是社会存在的最高的自在自为的现实，而是和他物有关并依存于他物的从属的现实。在黑格尔的描述中，政治国家对其他领域说来不是真正的存在，相反地，它本身还必须在其他领域中寻求自己的真正的存在。黑格尔的政治国家到处都需要它意外的各领域的保障。它不是被实现了的力量。它是由各种支柱支撑着的无力量的东西，它代表的不是统治这些支柱的权力，而是这些支柱本身的权力，这些支柱集中了国家的全部大权。

至高无上的存在本身的实存既需要外部的保障，又必须是这种外部保障的普遍存在，因而又必须是这种保障的真正保障，这样一种至高无上的存在究竟是什么呢？黑格尔在考察立法权的时候总是从哲学观点降低到另一种观点，即不从对象和自身的关系来考察对象的观点。

既然各等级的存在需要保障，那末它们所具有的国家存在就不是真实的，而只是虚假的。在立宪国家中，法律就是各等级存在的保障。因此，各等级的存在是经法律确认的存在，这种存在依赖于国家的普遍本质，而不管个别同业公众、社会团体有力还是无力，所以它是国家的社会团体的现实。（按照黑格尔的推论，同业公会等等这些市民社会的特殊领域本来只是在这里才能获得自己的普遍存在；但是黑格尔却早就把这种普遍存在看做特权，看做这些特殊物的存在了。）

作为同业公会等等的权利的政治权利同作为政治权利、作为国家权利、公民权利的政治权利有着尖锐的矛盾，因为这种权利不应当是作为特殊存在的这种存在的权利，不应当是作为这种特殊存在的权利。

在谈到使市民社会成为政治委员会的政治活动即选举这一范畴以前，我们再把这一节附释中的几句话拿来考察一下。

“有人说，一切人都应当单独参与一般国家事务的讨论和决定，因为一切人都是国家的成员，国家的事务就是一切人的事务，一切人都有权以自己的知识和意志去影响这些事务。这一看法是想给国家机体灌输没有任何合理形式（可是只有这种形式才能使国家成为机体）的民主因素，它之所以这样引诱人，是因为它死抱住每一个人都是国家成员这种抽象的规定；而肤浅的思维就正是抓住抽象概念不放的。”

首先，最突出的一点就是黑格尔把“每一个人都是国家成员”这一规定叫做“抽象的规定”，尽管按照黑格尔的理念本身，按照他本身的意图，这种规定却是法律人格即国家成员的至高无上的最具体的社会规定。死抱住“每一个国家成员这种规定”并根据这种规定来看待个人，这还不算是

“抓住抽象概念不放的肤浅的思维”。应在“每一个人都是国家成员这种规定”是“抽象的”规定这方面负咎的决不是这种思维，而是黑格尔的体系和实际的现存状况，因为它们以显示生活脱离国家生活为前提，把政治特质变成了国家真正成员的“抽象规定”。

在黑格尔看来，一切人都直接参与一般国家事务的讨论和决定，这是给“国家机体”灌输“没有任何合理形式（可是只有这种形式才能使国家成为机体）的民主因素”，这就是说，黑格尔认为民主因素只有作为形式上的因素才能灌输到国家机体中去，因为国家机体无非是国家的形式主义而已。其实恰巧相反，民主因素应当成为在整个国家机体中创立自己的合理形式的现实因素。如果这一因素作为“特殊的”因素列入国家机体或国家形式主义，那末它的存在的“合理形式”就应理解为驯顺和迁就，理解为使这种因素不能显示其本质所具有的特征的那种形式，换句话说，在这种情况下，民主因素只是作为形式上的原则列入国家机体。

我们已经指出，黑格尔只是发展了国家形式主义。在黑格尔看来，本来的物质原则是理念，是被看做主体的国家所具有的抽象的逻辑形式，是本身不包含任何消极因素、任何物质因素的绝对理念。对于这种理念的抽象说来，现实的经验的国家形式主义的一切规定就是内容，而现实的内容倒因此成了无定形的物质（现实的人、现实的社会等等就是这样）。①

经典理解絮语

1842年初，马克思就着手为批判黑格尔法哲学中有关国家与法的观点制订计划，当时他就明确指出，黑格尔法哲学的要害是对君主立宪制的赞扬。同年3月，马克思在给卢格的信中说他想写一篇文章来批判黑格尔关于法的概念和政治的概念，文章的主旨就是批判君主立宪制。

黑格尔的法哲学以客观唯心主义哲学为理论基础，认为法律就是自由意志的体现。在黑格尔看来，法学与哲学密不可分，法学只是哲学的一个部分，因此，法学就是法哲学。黑格尔的法哲学体系由抽象法、道德和伦

① 马克思，恩格斯．马克思恩格斯全集：第1卷[M].北京：人民出版社，1956：388-390.

理三个阶段依次向前发展而构成。抽象法是一种客观法，包括关于对物的占有和所有权的法律、关于契约即转移所有权的自由或权利的法律，关于制裁犯罪即侵犯他人财产所有权行为的法律。道德是一种主观法，它主要解决故意和责任、意图和福利、善和良心等问题，是具有特殊规定的内心的法律。伦理是主观与客观相统一的法，主要解决家庭、市民社会和国家方面的问题。不论是抽象法，还是伦理和道德，都是法律或权利的表现。

1843年，马克思不断突破黑格尔的国家观。第一，反思国家是伦理、道德共同体的观点，开始关注到国家本身的“缺陷”。第二，指出国家及其管理原则不是由个人意志决定的，而是由客观关系决定的。在研究国家现象时，不应用当事人的意志解释一切、而应看到人的活动背后的“客观关系”或“本质的关系”。在《黑格尔法哲学批判》中，马克思对黑格尔关于国家的观点进行了批判。

首先，马克思批判了黑格尔在市民社会、国家和法的关系问题上的唯心主义观点，提出市民社会决定法的论断。在黑格尔那里，国家是从家庭和市民社会中无意识地偶然地产生出来的，决定家庭和市民社会的是国家。实际上，家庭和市民社会是国家的前提，它们才是真正的活动者，黑格尔的思辨思维把这一切头足倒置了。马克思将这种头足倒置的观点称为“逻辑的泛神论的神秘主义”①。马克思还指出，家庭和市民社会是国家的真正构成部分，是意志所具有的现实的精神实在性，是国家存在的方式。

其次，马克思揭示了财产关系对法的决定作用。法和财产关系的联系可以表述为法是财产关系的外在表现形式，财产关系则是法的内容。在马克思看来，不是政治国家和长子继承制决定着私有财产，而是私有财产决定着国家和长子继承制。黑格尔“倒因为果，倒果为因”，把被决定性因素变成了决定性因素。

再次，马克思批驳了黑格尔关于国家与个人关系的原则，科学地回答了国家与个人之间的统一性问题。黑格尔认为个人的“具体自由”通过国家来实现，个人的特殊利益只有在国家中才能得到完全的发展，而且个人

① 马克思，恩格斯．马克思恩格斯全集：第1卷[M]．北京：人民出版社，1956：250.

的特殊利益还要以政治国家为代表的普遍利益为目的。个人不仅仅是为了自己的私利而生活，也是为普遍利益而生活。这样，国家与个人才是真正的结合。马克思认为黑格尔的这个观点实际就是个人对国家的无条件服从。马克思从唯物主义的基本原则出发，提出重视个人权利，突出个人对国家的能动作用。

最后，马克思反对黑格尔对君主权力的崇拜，指出人民主权和建立真正的民主制国家。黑格尔根据理念是普遍性、特殊性和单一性的有机统一和国家是理念的体现的思想，认为立法权相当于概念的普遍性环节、行政权（包括司法权）相当于特殊性环节，王权相当于立法与行政权的统一。马克思肯定了黑格尔的国家权力统一性的观点，看到了黑格尔推崇立宪的君主（不同于专制君主），但却崇拜君主制，抬高君主王权，贬低人民主权。马克思认为，要么君主主权，要么人民主权，二者必择其一，他坚持人民主权。

《黑格尔法哲学批评》的节录部分内容集中反映了马克思对黑格尔的国家的至高无上性、国家高于市民社会的观点的批判。在黑格尔那里，市民社会以个人利益为基本原则，国家以普遍利益为基本原则，国家在伦理道德上高于市民社会，市民社会要时刻以服从国家的普通利益为最高目标和努力方向，它最终过渡到国家。马克思指出，黑格尔将国家看作家庭和市民社会的“外在必然性”和“内在目的”，这两者是“二律背反”的，“外在必然性”表明国家和市民社会在本质上是对立的，市民社会以特殊东西而非普遍东西为自身本质，即以特殊利益和私人需求为本质，它根本上不是以国家为内在目的。所以说，国家是市民社会的内在目的，因此国家高于市民社会的观点是不能成立的。马克思从经验事实出发，指出个体通过各种方式组成家庭乃至市民社会，家庭和市民社会又在历史进程中形成国家。家庭和市民社会不是从国家观念中派生出来的，历史经验的事实是无论从逻辑上还是时间上，市民社会都是先于国家的，是国家产生的前提条件。

（二）推荐阅读书目

1.《新中国宪法发展70年》（韩大元主编，广东人民出版社2020年版）。

《新中国宪法发展70年》是根据近10年来中国宪法发展的新变化，特别是党的十八大以来中国宪法学研究新成果对《新中国宪法发展60年》一书进行修订而成的。该书以宪法制定、宪法修改、宪法实施为主线，通过对新中国宪法发展70年历史的描述，介绍社会变迁中宪法发展的客观进程，为读者介绍了中华人民共和国制宪与修宪的历史背景与相关知识，便于人们从历史、社会与文化发展中了解新中国宪法发展的内在逻辑与历史脉络。

全书包括引言、五章主体内容、两则附录以及后记。引言主要讨论的是新中国社会变迁与宪法发展的历史，总结新中国宪法发展的基本经验，展望新中国宪法的未来发展，强调研究新中国宪法史的重要意义。第一章为临时宪法：《共同纲领》；第二章为新中国宪法体制的奠基：1954年宪法；第三章为宪法与现实冲突：1975年宪法；第四章为曲折中的发展：1978年宪法的全面修改；第五章为改革开放与1982年宪法。这五章分别分析了当时宪法制定的背景或历史条件，阐述了宪法制定和运行的过程，介绍了宪法的主要内容，讨论了不同时期的宪法的历史意义或重要影响。第五章还探讨了新时代的宪法发展，尤其是党的十八大以来中国宪法学研究的新成果。面对“百年未有之大局”和中国改革开放进入关键阶段的党和国家所处的国际形势、未来一百年的国际政治发展以及中国在国际政治发展的新定位，社会主义宪法立足于中国，放眼世界，发挥其凝聚社会共识的作用，担负起文明创造和发展的历史责任。

2.《中华人民共和国民法典》（中国法制出版社2020年版）。

《中华人民共和国民法典》共7编、1260条，各编依次为总则、物权、合同、人格权、婚姻家庭、继承、侵权责任，以及附则，自2021年1月1日起施行，现行婚姻法、继承法、民法通则、收养法、担保法、合同法、物权法、侵权责任法、民法总则同时废止。《中华人民共和国民法典》被称为

“社会生活的百科全书”，是中华人民共和国第一部以法典命名的法律，在法律体系中居于基础性地位，也是市场经济的基本法。

《中华人民共和国民法典》是党在革命、建设、改革各个历史时期，高度重视民事法律制定实施取得的成果。在革命战争年代，党制定实施了涉及土地、婚姻、劳动、财经等方面的法律，积累了重要经验。中华人民共和国成立后，民事立法工作与党和人民事业发展历程相适应，我国制定实施了婚姻法、土地改革法等重要法律和法令。1954年、1962年、1979年、2001年，我国先后4次启动民法制定工作。改革开放以来，我国民事商事法制建设步伐不断加快。1986年，六届全国人大四次会议通过民法通则（新中国第一部正式颁行的民事基本法律），后陆续制定担保法、合同法、物权法、侵权责任法等一系列民事商事法律。

《中华人民共和国民法典》是新时代我国社会主义法治建设的重大成果。党的十八大以来，制定民法典的条件日渐成熟。2014年党的十八届四中全会通过《中共中央关于全面推进依法治国若干重大问题的决定》明确提出“编纂民法典”，确定分“两步走”，即制定民法总则和编纂民法典各分编。2015年，第5次民法典编纂工作正式启动，2017年，十二届全国人大五次会议审议通过《中华人民共和国民法典总则》，自当年10月1日起施行。2016年、2018年、2019年，习近平总书记主持了3次中央政治局常委会会议，分别审议民法总则、民法典各分编、民法典3个草案。2020年5月28日，十三届全国人大三次会议审议通过《中华人民共和国民法典》，自2021年1月1日起施行。

《中华人民共和国民法典》的颁布实施，是坚持以人民为中心、保障人民权益实现和发展的必然要求，是发展社会主义市场经济、巩固社会主义基本经济制度的必然要求，是提高我们党治国理政水平的必然要求。它具有鲜明的中国特色、实践特色和时代特色。习近平总书记指出，要实施好民法典，要更好地推进全面依法治国，推进法治国家建设，更好地保障人民权益，从而让《中华人民共和国民法典》在全社会落地生根。

四、参考文献

[1]马克思恩格斯文集:第1卷[M].北京:人民出版社,2009.

[2]范进学.法律与道德:社会秩序的规制[M].上海:上海交通大学出版社,2011.

[3]姜起民.中国社会转型期法律意识变迁研究[M].北京:中国人民公安大学出版社,2013.

[4]魏小萍.当代主要社会思潮的动态研究与批判:上集[M].北京:中国社会科学出版社,2018.

[5]中国法制出版社.中华人民共和国民法典[M].北京:中国法制出版社,2020.

[6]中国民主法制出版社.中华人民共和国宪法[M].北京:中国法制出版社,2018.

[7]中国宪法学研究会.中国宪法学三十年(1985—2015)[M].北京:法律出版社,2015.

[8]马尔库塞.单向度的人:发达工业社会意识形态研究[M].刘继,译.11版.上海:上海译文出版社,2014.

[9]萨利·安格尔·梅丽.诉讼的话语:生活在美国社会底层人的法律意识[M].郭星华,王晓蓓,王平,译.北京:北京大学出版社,2007.

[10]伊·亚·伊林.法律意识的实质[M].徐晓晴,译.北京:清华大学出版社,2005.

五、反思与实践

1.请结合自身专业，运用社会存在与社会意识关系原理，谈谈你对社会道德问题的看法。

2.“道德是社会意识形式，法律不是社会意识，而是物质手段。”这句话对不对？谈谈你的理解。

3.请运用社会存在与社会意识关系原理，谈谈中国能否照搬西方民主制度。

六、学生作品展示

中国不能照搬西方宪政民主

西方宪政，是西方政治学和法学中的一个概念，它主要有两层含义：第一，指导宪法制定或推动宪法实施的实践；第二，建立并推动特定类型政治制度的实践。在第二层含义里，包括了有限政府、权力分立、代议民主、司法独立等内容。

西方资本主义对宪政的具体理解和实施各不相同，但是他们都坚持三权分立，多主张多党制、普选制、司法独立、军队国家化等。

西方宪政民主不适合中国。首先，西方宪政不适合社会主义国家。全盘西化的错误在苏联和东欧已经有了惨痛的教训。苏联、东欧等原社会主义国家偏离社会主义，按照西方宪政民主的标准开启了政治转型历程，结果导致社会主义解体，社会动荡不安。这说明照抄照搬西方宪政是行不通的。前车之鉴，后事之师。我们决不能重蹈历史的覆辙。

其次，西方宪政民主移植“南橘北枳”，多党民主引发社会动荡。菲律宾号称亚洲民主典范，在移植美式民主的过程中始终伴随着政治舞弊，权钱腐败，内外交困，成为亚洲最腐败的国家之一。经历了“阿拉伯之春”的一些国家本意借此走西方宪政民主道路，摆脱贫困，却事与愿违，战火不断，百姓流离失所，生活在战争的恐惧之中。他们在中国特色社会主义发展的影响下，正在寻找适合自已成长和发展的道路。

最后，中国坚持社会主义民主和法治，硕果累累。其一，民为主体，法治观念深入人心。党的十八大强调，依法治国是党领导人民治理国家的基本方略，法治是治国理政的基本方式，要更加注重发挥法治在国家治理和社会管理中的重要作用，全面推进依法治国，加快建设社会主义法治国家。而人民是依法治国的主体。我国法治建设的步伐不断前进，让公平正义可见可感，法治观念深入人心。其二，立法为民，夯实中国法治基础。科学立法、严格执法、公正司法、全民守法标志着我国法治建设站在了新的历史起点。《中华人民共和国民法典》是我国法律体系成熟的重要标志，具有里程碑意义，自颁布和实施以来，得到民众的高度评价和支持拥护。其三，司法体制改革向着公正高效权威的目标扎实迈进。司法体制改革从顶层设计到基层试点，再到全国推广，一系列举措让人民群众感受到公平正义。以良法促善治，以改革破藩篱，全面推进依法治国，使“一切为了人民”的执政理念融入法治建设的全过程，公平正义的阳光得以普照。

（2020级法学专业学生　卢晗）

第六讲　社会基本矛盾运动与历史发展规律

一、教学设计

1.教学对象：文科类相关专业本科生。

2.教学逻辑：历史观—历史观基本问题—历史规律性。

3.教学目标：帮助学生掌握两种对立的历史观、唯物史观的本质、社会基本矛盾与历史发展规律，学会运用历史规律分析当今世界发展趋势。

二、教学过程

（一）马克思与“历史之谜”

教师：通过对唯物辩证法的学习，相信大家已经明确，自然界有其自身存在的规律，那么，人类社会呢？社会历史的发展是否有规律可循？历史发展的动力是什么？历史是谁创造的？上帝还是人类？这些问题是长期困扰思想家的“历史之谜”。在马克思之前是否有人对这些问题作出回答？如果有，他们是如何回答这些问题的呢？

学生：有，比如中国古代就有人提出“君权神授”，即君主的权力来源于神。中国在西周时，就有君王“受命于天”的观念，这种观念认为一切

“礼乐征伐自天子出”，王权是神授予的，神圣不可侵犯。

教师：是的，在中国古代有君权神授的观念，在这种观念看来，帝王的权力不是来自人民而是来自神，因为神是世界的主宰者，决定着历史的变化和朝代的更替。中国历代封建帝王也都自命为“天子”。古埃及的法老也自称为“太阳的儿子”，巴比伦的汉穆拉比王自称为“月神的后裔”。罗马的奴隶主为了镇压奴隶起义，篡改了原始基督教的内容，重新解释教义。基督教神学家奥古斯丁最先用“理论”论证了上帝的存在，并进而论证君权神授，为罗马帝国的对内专制和对外侵略政策提供了理论根据。直到17世纪英国国王詹姆斯一世还宣称他的权力来自上帝，以反对资产阶级革命，维护其专制制度。总之，这些都是将人类命运归结为神的表现。

学生：在我的印象里，中国传统社会比较崇拜英雄，梁启超就认为“历史者英雄之舞台也，舍英雄几无历史”。无论是神话故事还是历史典籍之中，都更多地记录了英雄人物的故事，似乎历史的发展是由英雄人物的意志、品格、才能和观念决定的。

教师：这也是唯心史观的具体表现。这种历史观与前者不同，它把历史发展的动力归结为少数英雄人物，认为历史是由少数历史人物创造的，认为个别英雄人物的一句话、一种偏好、一个不经意的决策都可能改变历史的命运，所谓“一言可以兴邦，一言可以误国”便是这种历史观的表现。从根本上讲，英雄史观更符合统治阶级的需求，因为统治阶级往往将自身塑造为超越普通百姓之上的英雄，这样才能让普通百姓服从他，以便更好地维持自己的统治。

学生：老师，那我们是否就应该反对英雄崇拜？那为什么现在我们还要开展评选劳模、改革开放的风云人物等活动呢？

老师：你提的问题非常好。我们需要批判英雄史观，但不能抹杀英雄人物在历史上的伟大贡献。对英雄人物我们需要辩证分析，历史人物在历史发展进程中的确发挥着重要的作用。例如，如果没有毛泽东，中国将可能在黑暗中摸索更长的时间；没有邓小平，我们的改革开放的决策可能需要更长时间才能落实。劳模、改革开放的风云人物等都是我们这个时代的英雄，为我们社会主义建设和改革发展作出了卓越的贡献，我们同样不能抹杀他们的历史功绩。我们承认英雄人物的历史功绩的同时还得把握历史之大势。“时势造英雄”，英雄之所以是英雄，是因为他们能顺应历史潮流而在历史发展的进程中打下个人的鲜明烙印。英雄人物不能左右历史的必然趋势，历史潮流有其自身的规律，是不以历史人物的意志为转移的。过去人们缺乏对历史自身发展规律性的认识，从而只看到个别人物的历史贡献。其实历史有自身的规律，它的存在与发展有着不以个别人意志为转移的必然趋势，英雄人物也不能逆历史潮流。

英雄史观夸大了英雄人物在历史中的作用，是一种唯心史观，这种唯心史观具有很强的迷惑性。18世纪的唯物主义者爱尔维修就提出“人是环境的产物”，他所说的环境不是自然环境，而是社会环境。他认为环境和教育决定着人的思想观念、性格、美德和幸福等。不同的环境、不同的教育产生出人的不同意见。但是，由于爱尔维修认为环境并不包含社会物质方面的，而是观念、法律、道德等，其中最根本的东西是政治形式，而在政治形式中最重要的是法律，因此他认为“人的善良乃是法律的产物”，良好的立法就会迫使人们遵守道德。那么，这种高明的法律是从何而来的呢？在爱尔维修看来，高明的法律来自天才人物。因此他认为，要改变环境，只有靠少数具有理性和勇气的天才人物制定出良好法律来改革政治，并且将他们的正确意见推广给大众，使之成为社会共识。这样一来，爱尔维修把历史进步的希望寄托在少数天才人物身上，从而陷入了历史唯心主义。那么，同学们，唯物史观给你们什么启示？

学生：唯物史观给我一个重大的启示就是科学地评价历史人物，也就是从历史发展的趋势中去看待伟大人物的贡献，既不能夸大历史人物的功绩，也不能否认历史人物的贡献。

教师：说得很好，习近平总书记在纪念毛泽东诞辰120周年座谈会上的讲话中指出：“不能把历史顺境中的成功简单归功于个人，也不能把历史逆境中的挫折简单归咎于个人。不能用今天的时代条件、发展水平、认识水平去衡量和要求前人，不能苛求前人干出只有后人才能干出的业绩来。”①我们需要历史地看待历史人物，不能割裂历史而分析历史人物。一方面我们不能否认历史人物的功绩，另一方面我们也不能对历史人物顶礼膜拜。习近平指出：“不能因为他们伟大就把他们像神那样顶礼膜拜，不容许提出并纠正他们的失误和错误；也不能因为他们有失误和错误就全盘否定，抹杀他们的历史功绩，陷入虚无主义的泥潭。”②

学生：难道马克思以前的唯物主义者包括费尔巴哈在历史观上也陷入了唯心主义吗？

教师：这个问题提得非常好。的确，费尔巴哈不同于以往哲学家的是，他认为唯心主义把人看成是理性的动物，忽视了人作为肉体的存在，因而人是抽象的精神存在不是现实的感性的人，而以往的唯物主义“唯”的是冰冷的僵硬的实体，把物质世界搞的一点生气都没有，所以他认为以往的旧唯物主义是冷酷无情的唯物主义。因此他要建立一门新哲学，这门新哲学的基础就是感性，这个感性究竟是什么呢？他认为最核心的就是爱，也就是人与人之间应该互相有爱，这样世界就充满了生机与活力。

学生：那么，马克思如何超越费尔巴哈创立唯物史观的？

教师：马克思超越费尔巴哈的地方在于，他发现人是通过劳动这种方式来满足自己的衣食住行等需求，所以社会历史发展的前提就是满足人的物质需求，在物质需求得到满足的基础上，人方可理性思考，理性、爱也都需要建立在物质生产的基础之上。这样马克思就解开了“历史之谜”，即社会存在决定社会意识。既然物质资料生产构成人类社会发展的基础，那么从事物质资料生产的主体即劳动人民在历史中的地位理应得到认可，我们自然可以得出结论：人类社会的历史是人民群众创造的历史。这样，马克思创立的历史唯物主义克服了以往社会历史理论的根本缺陷，使唯心主

① 习近平．在纪念毛泽东同志诞辰120周年座谈会上的讲话[M]．北京：人民出版社，2013:11.

② 习近平．在纪念毛泽东同志诞辰120周年座谈会上的讲话[M]．北京：人民出版社，2013:12.

义从其最后一个避难所——历史观中被驱逐出来。

学生：唯物史观与唯心史观的本质区别在哪里？马克思创立唯物史观的意义在哪里？

教师：简而言之，唯物史观与唯心史观的不同之处在于唯物史观从物质的角度去思考许多深刻的问题，如认为物质生产是人类社会赖以存在的基础，物质生产方式制约着社会历史的发展进程，也是社会历史变革的决定力量。从物质生产活动出发去考察人类社会历史的变革，标志着马克思主义唯物史观的创立。马克思之前的思想家在社会历史问题上都因为忽视了物质生产活动而陷入了唯心主义。那么，唯物史观创立的意义在哪里？一言以蔽之，是唯物史观使对神和少数英雄人物的崇拜转向了对人民群众的关注。

（二）唯物史观的基本问题

教师：唯物史观的创立标志着马克思揭开了“历史之谜”。那么，为了真正掌握唯物史观，在思想观念中真正与各种唯心史观划开界限，我们需要澄清唯物史观的基本问题，即明确社会存在与社会意识的辩证关系问题。那么，什么是社会存在？什么是社会意识？在马克思看来社会存在是社会生活的物质方面，主要是指物质资料生产及其生产方式，也包括地理环境和人口因素。有没有哪位同学能解释下这句话呢？

学生：老师，地理环境我觉得应该包括气候、土地、资源等方面吧，因为这些自然界的资源正是我们人类生存的基础，对社会存在有非常重要的作用。

教师：这位同学回答得很好。地理环境对社会存在及其发展有非常重要的作用，主要体现在以下几个方面：其一，地理环境提供了社会生产和生活资料的来源；其二，地理环境通过对社会生产的不同影响，对社会的发展起加速或延缓的作用；其三，地理环境能够影响生产部门的布局、产业结构的调整及其发展方向；其四，地理环境的生态环境平衡系统也是制约社会发展的重要因素。那同学们知道人口因素在社会存在和发展中的作用吗？

学生：老师，我觉得因为人是社会活动和社会生产的主体。首先要有人才可以生产，所以人口的数量对社会存在和其发展有重要作用。人口的素质也对社会存在和其发展也有重要影响，如果人口的素质普遍低下，那么社会生产必然相对落后。人口的密度、数量等对社会存在及其发展也有重要作用。

教师：这位同学回答得很对，那么物质资料的生产方式又对社会存在及其发展有什么作用呢？有哪位同学可以说一下呢？

学生：老师，我觉得物质资料的生产是人类所有一切的基础，如果没有物质资料的生产，人类将走向灭亡。按照马克思的生产力决定生产关系的理论，生产方式对社会的结构也有许多影响。

教师：这位同学回答得很好。物质资料在人类社会发展过程中起着重要的作用。物质资料生产方式的发展促进了社会的发展。刚才我们了解到了社会存在的许多方面，下面我们来讨论下社会意识的问题，有哪位同学能说一下什么是社会意识吗？

学生：老师，我觉得社会意识就是我们所有人的意识的体现，正是社会生活所体现出来的精神方面。如我们对运动的态度、对生活的理解等。

教师：这位同学的回答基本正确。社会意识按照反映层次的高低分为社会心理和社会意识形式。社会心理很容易理解，社会意识形式则是与社会意识形态不同的，不属于社会上层建筑，反之则是社会意识形态。我们现在对社会意识形态也有了许多了解，之前也将社会存在的内容作了一些介绍。下面我们来讲社会存在与社会意识的辩证关系。

首先，社会存在决定社会意识，社会意识是社会存在的来源。为什么这么说呢？因为社会存在是社会意识内容的客观来源，社会意识是在社会存在的基础上发展而来的，如果没有社会存在，也就不会有社会意识。社会意识是社会物质生活过程及其条件的主观反映，是社会物质交往的产物。随着社会存在的发展，社会意识也相应地发生变化和发展。总之，社会意识以多种的形式反映着社会存在，或是理论，或是观念，或是心理等，社会意识对社会存在的依赖正体现于此处，这正是社会意识的本质。哪位同学能就我说的这些举个例子呢?

学生：老师，我认为可以用我们身边的许多例子来说明社会意识是社会物质生活过程和其条件的主观反映，比如，人们对于网络的重视正是因为现代信息技术的发展这种社会存在而反映出来的。社会意识是人们社会物质交往的产物可以理解为，正是人们的社会物质的交往使得社会不断发展，社会意识由此产生。

教师：这位同学说得很好，下面我们来分析一下社会意识的相对独立性。社会意识的相对独立性表现在以下四个方面。

首先，社会意识的发展变化与社会存在发展变化的不完全同步性。这就是说，社会意识既可能超前于社会存在，也可能落后于社会存在，有时候人们的思想观念先发生变革进而提出变革社会存在的现实要求，有时是社会形态或社会结构发生变革进而推动人们的思想观念发生变革。所以，社会意识与社会存在发展不完全同步。

其次，社会意识的发展同社会经济发展水平的不平衡性。比如，19世纪中叶，德国在经济上远远落后于周边的英国和法国，但德国的哲学却走在时代的前列。这也告诉我们经济落后的国家和民族，在文化上未必也是落后的，因此在全球化的发展过程中，不同国家和民族的文明成果都应该受到尊重。

再次，社会意识的发展具有历史继承性。社会意识的发展不是纯粹从当下的社会存在基础上滋生出来的，它是在前人积累的思想文化观念的基础上形成的，离开前人的思想文化成果，新的思想也就是无源之水、无本之木。所以说，社会意识有一个代际传承的发展过程，因而具有历史继承性。

最后，社会意识的各种形式之间存在相互作用、相互影响的关系。在一定的历史时期总是存在多种社会意识，如宗教、艺术、道德、哲学等，这些社会意识之间不可能是孤立存在的，而是相互交融、相互贯通的，比如哲学观念可能影响那个时代的艺术和道德规范等，社会的艺术和道德也可能上升为哲学理念。社会的特定道德风尚也可能通过文学艺术的方式展现出来，文学艺术的发展也可能推动哲学观念的发展。

学生：老师，请问既然社会意识具有相对独立性，那么它对社会存在的反作用是怎样体现出来的呢？

老师：这位同学的问题很好。社会意识对社会存在具有能动的反作用，这种反作用体现在以下几个方面。首先是不同性质的社会意识对社会存在的发展的作用是不同的。先进的社会意识对社会存在的发展起积极的作用，相反，落后的社会意识对社会存在的发展起消极甚至阻碍的作用。其次是社会意识形态对社会的发展起的究竟是阻碍还是发展促进的作用，是有一个衡量的标准的，这个标准正是看社会意识形态服务的经济基础的性质，即这种社会意识所反映的是社会先进势力的要求还是落后势力的要求，同学们可以从历史发展的角度来思考这个问题。

学生：老师，我觉得这可以用我国近代的许多例子来说明，如袁世凯称帝、张勋复辟，虽然维持封建统治的经济基础已经瓦解，但维护这种统治的思想观念并不可能马上烟消云散，他们的复辟行为是逆历史的潮流，对当时中国的经济发展会产生极大的消极影响。

老师：这位同学讲的例子很好，这表明了落后的社会意识对社会存在具有反作用。下面我们来简单总结一下社会存在与社会意识的辩证关系原理的重要意义。第一，社会存在和社会意识的辩证关系第一次正确解决了社会历史观的基本问题，是社会历史观革命性的变革的基础；第二，正确认识了社会存在与社会意识辩证关系的原理，对于我们正确而充分地发挥社会意识的能动作用，对于推动以先进文化为代表的社会文化的发展有重要意义；第三，正确认识了社会存在与社会意识辩证关系的原理，对于我们坚持社会主义意识形态，充分认识当前意识形态领域的斗争，具有重要意义。

(三)社会基本矛盾与历史发展的基本规律

教师：马克思对“历史之谜”的解答不仅给我们提供了分析社会历史

问题的基本方法，更重要的是揭开了社会历史的基本规律。在马克思看来，历史不是各种历史资料的堆砌，而是有规律可循的，这种规律是不以人的意志为转移的，表现为生产关系要适应生产力的发展、上层建筑要适应经济基础。所以，生产力与生产关系、经济基础与上层建筑这两对矛盾运动的规律是人类社会发展的基本规律。

学生：老师，我们在高中阶段曾学习过这方面的知识。生产力和生产关系的矛盾运动可以分为两个方面：第一是生产力对生产关系的决定作用，第二是生产关系对生产力的反作用。

教师：是的，我们大家已经熟知这一关系原理，但我们还需要知道，生产力是人类在生产实践中形成的改造和影响自然以使其适合社会需要的物质力量。构成生产力的要素主要有两个方面：一是实体性要素，有劳动资料、劳动对象和劳动者；二是渗透性要素，包括科学技术、科学管理两个方面。下面我们来了解一下这些具体的要素。

劳动资料又被称为劳动手段，是在劳动过程中用于改变劳动对象的物质资料或者物质条件，这是人和劳动对象之间的介体，如我们使用卡车运输物品。劳动对象则是人们在生产过程中进行加工的东西，如我们炼铁炼钢，那么劳动对象就是铁和钢。劳动对象可以分为两类，一类是用于生产的自然物，一类是加工的原料，前者是自然社会中一直存在的，后者则是经过了一定加工程序的原料。

接下来我们来了解一下生产关系。生产关系是人们在物质生产过程中形成的不以人的意志为转移的经济关系，马克思说："为了进行生产，人们相互之间便发生一定的联系和关系；只有在这些社会联系和社会关系的范围内，才会有他们对自然界的影响，才会有生产。"[①]生产关系有狭义和广义的区分。狭义的生产关系是指人们在直接的、现实的生产过程中所形成的关系；而广义的生产关系则是包括生产、分配、交换和消费等诸多关系在内的生产关系体系。同学们知道生产力与生产关系的辩证关系的具体表现吗？

① 马克思，恩格斯．马克思恩格斯选集：第1卷[M]．北京：人民出版社，2012：340.

学生：生产力对生产关系的决定体现在两个方面，其一是生产力的状况决定着生产关系的性质，其二是生产力的发展决定生产关系的变革；生产关系对生产力的反作用又体现在两方面，一是当生产关系适合生产力发展的客观要求时，生产关系对生产力的发展起推动的作用，二是当生产关系不适合生产力发展的客观要求时，生产关系就会对生产力的发展起阻碍的作用。

教师：这位同学总结得非常准确。下面我们来分析经济基础与上层建筑的关系。首先我们了解一下经济基础与上层建筑的内涵。

经济基础是指社会一定发展阶段生产力所决定的生产关系的总和。经济基础实质是社会在一定发展阶段上的基本经济制度，是一种支配地位的物质社会关系的制度化的体现。它与经济制度有内在的联系，经济制度是具体的，而经济基础是建立在这种具体之上的总的概括。

上层建筑是指建立在一定经济基础之上的意识形态以及相应的制度、组织和设施。上层建筑分为意识形态和政治法律制度及设施、政治组织两个方面，前者是观念上的上层建筑，后者是政治上的上层建筑，前者和后者是有关系的，后者是在前者的指导之下建立的，而后者一旦建立，将一直影响着前者。

我们在高中阶段学习过经济基础与上层建筑的矛盾运动关系，有哪位同学可以说一下呢？

学生：老师，经济基础与上层建筑的矛盾运动与生产力与生产关系的矛盾运动很相似，经济基础决定上层建筑，上层建筑对经济基础有反作用。

教师：这位同学的回答很正确，经济基础对上层建筑具有决定作用，这主要体现在三个方面：首先，经济基础的需要决定上层建筑的产生，所以经济基础是上层建筑的物质根源；其次，经济基础的性质决定上层建筑的性质，所以说有什么样的经济基础就有什么样的上层建筑；最后，经济基础的变动必然会带来上层建筑的变动。上层建筑对经济基础的反作用则体现在上层建筑为自己的经济基础的巩固和服务上。经济基础与上层建筑的矛盾运动在实际的过程中是非常复杂的。

(四)历史发展规律与当今世界发展趋势

教师：我们通过对唯物史观的学习知道了人类历史发展是有规律的，那么，接下来我们就运用马克思主义的唯物史观来分析当今世界的发展趋势。哪位同学能谈谈你对当今世界的发展趋势有什么困惑的地方？

学生：老师，我感到最大的困惑就是资本主义为什么没有像马克思所说的那样走向了灭亡，却仍然具有旺盛的生命力？为什么有些社会主义国家发展相对缓慢甚至落后，没有像中国这样保持良好的发展态势？

教师：我想这个问题可能代表了绝大多数同学的困惑，值得我们大家认真探究。解答这个问题，我们需要结合历史规律的特点来分析。马克思只是告诉了我们历史发展的一般规律，即生产力与生产关系、经济基础与上层建筑之间的矛盾运动决定了人类社会是一个不断发展的过程。马克思预见了未来社会的发展趋势，但对具体的细节没有加以阐述，唯物史观为我们理解当今世界发展趋势提供的是思维方法。那么，哪位同学能够结合对社会矛盾及其运动规律的认识谈谈你对刚刚那位同学提出的问题的看法？

学生：老师，历史发展有其内在逻辑，这种逻辑决定了社会历史发展的趋势是不以人的意志为转移的。所以资本主义的灭亡同样是不可避免的。

教师：这位同学回答得很好。他强调了历史规律的客观性，规律是客观的，不可违背。从这个角度看，我们应该有自信：资本主义的灭亡和社会主义的胜利是不可避免的。“资本主义必然灭亡、社会主义必然胜利”是马克思、恩格斯在《共产党宣言》中作出的科学预言。马克思主义创立以来，社会主义运动经历了从理论到实践、从一国胜利到多国胜利的辉煌，也陷入过苏东剧变的低潮；西方资本主义经历了多次重大危机，但在经济、科技等领域仍然保持着强势地位。今天，我们应如何看待“两个必然”？这不仅关系着马克思主义的真理性，而且关系着我们能否坚定道路自信、理论自信、制度自信和文化自信，是新的时代条件下必须解答好的重大理论问题和现实问题。同学们的困惑在于现实的资本主义并没有灭亡，但马克思所揭示的资本主义的基本矛盾，表现为资本主义的社会发展过程中的社会问题或者危机从来没有得到根本的解决。

学生：老师，您的分析让我想到了2008年的金融危机。2008年席卷全球的金融危机让我们看到了资本主义经济发展模式并不能解决发展中遇到的各种问题。

教师：经济危机有时并不可怕，可怕的是国家经济发展的战略规划完全被经济所绑架，透过美国经济危机我们还能看到其政治民主上的致命缺陷：掌握大量金钱的财团垄断了后台政治，使得本来就有局限性的资产阶级民主陷入更深的困境。2008年从美国起源而后席卷全球的国际金融危机，就是金融资本全面垄断的结果，这是自20世纪30年代大萧条以来西方资本主义社会遭遇的最为严重的经济灾难，它再次暴露了资本主义制度不可克服的矛盾，宣告了以推行私有化、市场化、自由化为核心内容的新自由主义神话的破灭，加速了资本主义的衰落。

哪位同学能就世界经济危机和中国特色社会主义道路取得的成就谈谈你的看法？

学生：中国已经成为世界第二大经济体，中国特色社会主义道路的成功也是历史的必然，更重要的是，中国在经济发展中超越美国也是历史的必然。这些说明资本主义世界在走向衰落，尤其是美国霸权主义的衰落是不可改变的历史趋势。

教师：分析得非常好，是的，历史发展是一个过程，而不是简单的当下的事实，我们是透过当下的一些历史事实看到未来的发展趋势。当然，历史发展的过程不是一帆风顺的，前途是光明的，但道路是曲折的，中国特色社会主义道路上仍然有重重艰难险阻。我们必须清楚地认识到，中国特色社会主义，体现了社会主义在曲折中向前发展的旺盛生命力。我国仍处于并将长期处于社会主义初级阶段，发展中国特色社会主义是一项长期艰巨的历史任务，还必须进行许多具有新的历史特点的伟大斗争。进一步推动经济社会科学发展、保持和扩大对资本主义的比较优势，对我们来说是一个新的巨大挑战。

（五）小结

本节课我们学习了马克思主义的唯物史观，了解了历史唯物主义是马克思的两个伟大发现之一。马克思唯物史观剖解了“历史之谜”，因为它科学回答了历史发展的动力及其规律。在马克思主义看来，社会历史的基本问题是社会存在与社会意识的关系问题，生产力与生产关系、经济基础与上层建筑之间的矛盾运动规律构成了社会历史发展的基本规律。根据这一规律，人类历史呈现出五种社会形态的更替。马克思主义的历史观告诉我们，资本主义的灭亡和社会主义的胜利都是历史的必然。今天，我们既要看到当今资本主义发展仍然没有化解其内在的固有矛盾，又要看到社会主义代替资本主义有一个曲折的过程，认识到中国特色社会主义已经取得了辉煌成就，但中国特色社会主义仍然处于社会主义的初级阶段，我们只有认清自己的国情和发展阶段，才能正确认识中国取得的成就与面对的问题，既要坚定信心又要积极面对各种问题。

三、课外延伸阅读与理解

（一）经典节录理解

1.《德意志意识形态》。

背景简介

《德意志意识形态》是马克思和恩格斯从1845年秋到1846年夏在布鲁塞尔合作完成的一部伟大的著作。写作的直接动因有三个：一是1844年施蒂纳出版的《唯一者及其所有物》，宣扬绝对的个人主义，诋毁共产主义事业；二是1845年10月《维干德季刊》发表了鲍威尔、施蒂纳等青年黑格尔派的文章，公开指责马克思、恩格斯和费尔巴哈；三是1845年夏，一些所谓的“真正的社会主义者”的作品的出版，宣扬博爱和友谊，要求人们放弃政治斗争。基于论战的需要和对欧洲革命形式的判断，马克思与恩格斯认识到有必要彻底清算自己哲学的信仰以科学地论证自己的观点，同时对当时德国的各种错误思潮进行总体性的批判以建构科学的唯物史观。

《德意志意识形态》手稿分两卷，马克思、恩格斯生前，在1847年8月和9月份的《威斯特伐里亚汽船》杂志上发表了第二卷第四章批判格律恩的部分。第一卷的二、三章已经遗失，唯有第一章保留了下来，但第一章并没有完成。直到1932年苏联共产党（布尔什维克）中央马克思列宁主义研究院发表了该书的德文全文。1938年上海言行出版社曾出版郭沫若的部分译文，全书的中译文载于人民出版社1960年出版的《马克思恩格斯全集》第三卷。

《德意志意识形态》是马克思主义发展史上里程碑式的重要著作，该著作在《神圣家族》和《关于费尔巴哈的提纲》基础上，第一次系统地阐述了唯物史观的基本原理。马克思、恩格斯深入揭示了以往历史理论的两个主要缺点：一是只停留在思想动机上而没能从物质生活方面去考察历史发展，二是没有说明人民群众的活动的重要性。马克思、恩格斯从历史发展的出发点、历史的现实基础、社会生活的本质、社会生存和发展的决定因素、社会革命的物质因素等方面出发，运用彻底的唯物主义揭示了产生人们历史活动的思想动机的物质原因，指出了社会关系体系发展的客观规律性和物质根源，说明了人民群众在推动历史发展、进行社会革命中的决定作用，首次揭示了分工与交往方式对人类历史的意义。正是这些成果推动了马克思、恩格斯告别了唯心主义走向辩证唯物主义和历史唯物主义。

经典节录

这种历史观就在于：从直接生活的物质生产出发阐述现实的生产过程，把同这种生产方式相联系的、它所产生的交往形式即各个不同阶段上的市民社会理解为整个历史的基础，从市民社会作为国家的活动描述市民社会，同时从市民社会出发阐明意识的所有各种不同的理论产物和形式，如宗教、哲学、道德等等，而且追溯它们产生的过程。这样做当然就能够完整地描述事物了（因而也能够描述事物的这些不同方面之间的相互作用）。这种历史观和唯心主义历史观不同，它不是在每个时代中寻找某种范畴，而是始终站在现实历史的基础上，不是从观念出发来解释实践，而是从物质实践出发来解释各种观念形态，由此也就得出下述结论：意识的一切形式和产物不是可以通过精神的批判来消灭的，不是可以通过把它们消融在“自我意识”中或化为“怪影”、“幽灵”、“怪想”等等来消灭的，而只有通过实际地推翻这一切唯心主义谬论所由产生的现实的社会关系，才能把它们消灭；历史的动力以及宗教、哲学和任何其他理论的动力是革命，而不是批判。这种观点表明：历史不是作为“源于精神的精神”消融在“自我意识”中而告终的，历史的每一阶段都遇到一定的物质结果，一定的生产力总和，人对自然以及个人之间历史地形成的关系，都遇到前一代传给后一代的大量生产力、资金和环境，尽管一方面这些生产力、资金和环境为新的一代所改变，但另一方面，它们也预先规定新的一代本身的生活条件，使它得到一定的发展和具有特殊的性质。由此可见，这种观点表明：人创造环境，同样，环境也创造人。每个个人和每一代所遇到的现成的东西：生产力、资金和社会交往形式的总和，是哲学家们想象为“实体”和“人的本质”的东西的现实基础，是他们加以神化并与之斗争的东西的现实基础，这种基础尽管遭到以“自我意识”和“唯一者”的身份出现的哲学家们的反抗，但它对人们的发展所起的作用和影响却丝毫也不因此而受到干扰。各代所遇到的这些生活条件还决定着这样的情况：历史上周期性地重演的革命动荡是否强大到足以摧毁现存一切的基础；如果还没有具备这些实行全面变革的物质因素，就是说，一方面还没有一定的生产力，另一方面还没有形成不仅反抗旧社会的个别条件，而且反抗旧的“生活生产”本身、反抗旧社会所依据的“总和活动”的革命群众，那么，正如共产主义的历史所证明的，尽管这种变革的观念已经表述过千百次，但这对于实际发展没有任何意义。

迄今为止的一切历史观不是完全忽视了历史的这一现实基础，就是把它仅仅看成与历史进程没有任何联系的附带因素。因此，历史总是遵照在它之外的某种尺度来编写的；现实的生活生产被看成是某种非历史的东西，而历史的东西则被看成是某种脱离日常生活的东西，某种处于世界之外和超乎世界之上的东西。这样，就把人对自然界的关系从历史中排除出去了，因而造成了自然界和历史之间的对立。因此，这种历史观只能在历史上看到重大政治历史事件，看到宗教的和一般理论的斗争，而且在每次描述某一历史时代的时候，它都不得不赞同这一时代的幻想。例如，某一时代想象自己是由纯粹“政治的”或“宗教的”动因所决定的——尽管“宗教”和“政治”只是时代的现实动因的形式——，那么它的历史编纂学家就会接受这个意见。这些特定的人关于自己的真正实践的“想象”、“观念”变成了一种支配和决定这些人的实践的唯一起决定作用的和积极的力量。印度人和埃及人借以实现分工的粗陋形式在这些民族的国家和宗教中产生了种姓制度，于是历史学家就以为种姓制度是产生这种粗陋的社会形式的力量。法国人和英国人至少抱着一种毕竟是同现实最接近的政治幻想，而德国人却在“纯粹精神”的领域中兜圈子，把宗教幻想推崇为历史的动力。黑格尔的历史哲学是整个这种德国历史编纂学的最终的、达到自己“最纯粹的表现”的成果。对于德国历史编纂学来说，问题完全不在于现实的利益，甚至不在于政治的利益，而在于纯粹的思想。这种历史哲学后来在圣布鲁诺看来也一定是一连串的“思想”，其中一个吞噬一个，最终消失于“自我意识”中。圣麦克斯·施蒂纳更加彻底，他对全部现实的历史一窍不通，他认为历史进程必定只是“骑士”、强盗和幽灵的历史，他当然只有借助于“不信神”才能摆脱这种历史的幻觉而得救。这种观点实际上是宗教的观点：它把宗教的人假设为全部历史起点的原人，它在自己的想象中用宗教的幻想生产代替生活资料和生活本身的现实生产。整个这样的历史观及其解体和由此产生的怀疑和顾虑，仅仅是德国人本民族的事情，而且对德国来说也只有地域性的意义。例如，近来不断讨论着如何能够“从神的王国进入人的王国”这样一个重要问题，似乎这个“神的王国”不是存在于想象之中，而是存在于其他什么地方；似乎那些学识渊博的先生们不是一直生活在——他们自己并不知道——他们目前正在寻找途径以求到达的那个“人的王国”之中；似乎这种科学的娱乐——这确实只是一种娱乐——就在于去说明这个理论上的空中楼阁多么奇妙，而不是相反，去证明这种空中楼阁是从现实的尘世关系中产生的。通常这些德国人总是只关心把既有的一切无意义的论调变为某种别的胡说八道，就是说，他们假定，所有这些无意义的论调都具有某种需要揭示的特殊意义，其实全部问题只在于从现存的现实关系出发来说明这些理论词句。如前所说，要真正地、实际地消灭这些词句，从人们意识中消除这些观念，就要靠改变了的环境而不是靠理论上的演绎来实现。对于人民大众即无产阶级来说，这些理论观念并不存在，因而也不用去消灭它们。如果这些群众曾经有过某些理论观念，如宗教，那么现在这些观念也早已被环境消灭了。[①]

经典理解絮语

马克思恩格斯在《德意志意识形态》中所创建的历史唯物主义哲学或科学历史观具有重大意义。

第一，对唯物史观和唯心史观这两种历史观在哲学立场、思想认识方法、研究方法、研究对象、理论宗旨和一系列基本理论原则方面存在根本对立与分歧的思考，使马克思、恩格斯从批判唯心史观并从唯物史观和唯心史观一系列对立和分歧中，发现了唯物史观创立的原则和根本思想。他们认为哲学应成为现实的历史科学，应是伴随人类实践的发展与时俱进、而且是可以经验实证、科学实证的科学真理，一切应从现实的生活实际出发，立足实践，利用历史的科学抽象法透过生活的表象和现象把握历史的本质和必然性联系，按照从个别到一般、从具体到抽象、从感性认识到理性认识的思维路线和认识秩序来认识把握历史结构建构的各种关系以及历史的本质和规律，并以由此而形成的理性认识来反思批判和指导人们的生活实践，在实践的基础上进一步丰富完善和发展人们的认识。马克思主义唯物史观绝不甘于为各种生存现状和现存社会秩序进行辩护，不是跟在实践后面随声附和创建所谓“实践哲学”，更不是不承认意识能动性与科学革

① 马克思，恩格斯．马克思恩格斯选集：第1卷[M]．北京：人民出版社，2012：171-175.

命理论对实践具有巨大指导作用的机械唯物论和庸俗唯物论，而是一种将科学理论批判和革命现实批判、理论反思和实践批判、理想和现实、革命和建设紧密结合在一起的社会历史理论及科学的世界观理论，是工人阶级及其政党认识和改造世界的锐利思想武器，是工人阶级及其政党思想和行动的理论指南。

第二，通过对物质生活资料的生产和再生产的考察研究，发现人类社会历史的发源地、诞生地或生存发展基础，使马克思恩格斯牢牢立足于人类现实生活大地和历史的前提条件来思考与研究人类社会历史，这便为构建唯物史观哲学大厦奠定了坚实可靠的科学地基。

第三，对历史主体——“现实的个人”所做的经验实证的考察，使马克思恩格斯有了科学明确的历史唯物主义哲学出发点、历史原点、逻辑原点，为在社会历史观领域驱逐唯心主义形而上学确立了科学而明确的基本立场和主体意识，并为唯物史观一系列科学理论的确立提供了科学路径和方法。

第四，对历史原初关系即历史诞生地、历史基础、历史主客体关系及人们最基本的历史关系(或主体间关系)所做的历史本体论的分析考察，使马克思恩格斯立足生产生活实践来认识主客对立统一的实践认知关系和历史关系，从而为确证主客对立统一关系是伴随实践而生成发展的历史动态演变关系奠定了思想基础，这不仅使唯物史观与主客二元分离对立的近代认识论、历史唯心论和“唯生产力论”“单纯经济观点”的机械论历史观划清了界限，而且也与抹杀主客差异对立的西方现代“实践哲学”划清了界限。

第五，对历史发展动力、社会矛盾、阶级矛盾、社会历史的本质和规律、社会形态的演变和社会历史发展阶段以及社会历史发展趋势与最终发展目标的考察研究，使马克思恩格斯所创立的历史唯物主义不仅对社会历史有了动态历史的全方位的整体性科学认识，而且也对各种历史动力和历史规律有了可经验实证的科学理解，为马克思恩格斯科学完整地勾画世界历史图景奠定了科学理论基础，同时也与死板僵硬的形而上学教条式图解世界历史划清了界限。

第六，为了弥补唯物史观在《德意志意识形态》中尚不够经验实证、科学实证的缺陷，马克思后来在《资本论》中结合资本主义生产特殊详尽地研究了资本主义生产方式和生产关系，开辟了从马克思主义政治经济学视角运用历史唯物主义理论联系实际地具体分析认识现实生活中的具体理论和实践问题之应用路径，使马克思主义唯物史观经验实证性、科学实证性和实践现实性不断增强和发展。马克思在《资本论》中以资本主义历史地形成的生产方式、生产关系为研究说明对象，在深刻解析说明资本主义生产方式生产关系本质的基础上，对资本主义社会现实的个人历史性、总体性和阶级性的各种关系以及感性和理性的现实关系进行了深入而详尽的解析说明，对马克思主义科学历史观结合资本主义历史实际作了科学系统的研究论证，为科学社会主义奠定了坚实的理论基础，为马克思主义唯物史观应用于具体理论研究和实践开辟了宽广道路。①

2.《〈政治经济学批判〉序言》。

背景简介

《〈政治经济学批判〉序言》（以下简称《序言》）写于1859年1月，最早载于1859年在柏林出版的《政治经济学批判》（即《政治经济学批判》第1分册）一书，是马克思为他在1858年11月至1859年1月写成的《政治经济学批判》第1分册所写的序言。马克思在这篇序言中，一方面回顾了自己从事政治经济学研究的动因，另一方面对自己之前的思想发展的历程作了简要的总结。《序言》篇幅不是太长，但层次结构非常清晰，思想内涵也极其深刻，特别是对唯物主义历史观作了经典的表述，是唯物史观基本原理全面阐发的标志。列宁评价《序言》是马克思对运用到人类社会和人类社会史的唯物主义的基本理论的“周密说明”。习近平总书记曾于1997年发表了题为“论《〈政治经济学批判〉序言》的时代意义”一文，直接阐发了他对《序言》的独到见解。

---

① 杨思基.历史唯物主义的初创与《德意志意识形态》[J].黑龙江社会科学，2019(1)：34-35.

经典节录

为了解决使我苦恼的疑问，我写的第一部著作是对黑格尔法哲学的批判性的分析，这部著作的导言曾发表在1844年巴黎出版的《德法年鉴》上。我的研究得出这样一个结果：法的关系正像国家的形式一样，既不能从它们本身来理解，也不能从所谓人类精神的一般发展来理解，相反，它们根源于物质的生活关系，这种物质的生活关系的总和，黑格尔按照18世纪的英国人和法国人的先例，概括为“市民社会”，而对市民社会的解剖应该到政治经济学中去寻求。我在巴黎开始研究政治经济学，后来因基佐先生下令驱逐而移居布鲁塞尔，在那里继续进行研究。我所得到的，并且一经得到就用于指导我的研究工作的总的结果，可以简要地表述如下：人们在自己生活的社会生产中发生一定的、必然的、不以他们的意志为转移的关系，即同他们的物质生产力的一定发展阶段相适合的生产关系。这些生产关系的总和构成社会的经济结构，即有法律的和政治的上层建筑竖立其上并有一定的社会意识形式与之相适应的现实基础。物质生活的生产方式制约着整个社会生活、政治生活和精神生活的过程。不是人们的意识决定人们的存在，相反，是人们的社会存在决定人们的意识。社会的物质生产力发展到一定阶段，便同它们一直在其中运动的现存生产关系或财产关系（这只是生产关系的法律用语）发生矛盾。于是这些关系便由生产力的发展形式变成生产力的桎梏。那时社会革命的时代就到来了。随着经济基础的变更，全部庞大的上层建筑也或慢或快地发生变革。在考察这些变革时，必须时刻把下面两者区别开来：一种是生产的经济条件方面所发生的物质的、可以用自然科学的精确性指明的变革，一种是人们借以意识到这个冲突并力求把它克服的那些法律的、政治的、宗教的、艺术的或哲学的，简言之，意识形态的形式。我们判断一个人不能以他对自己的看法为根据，同样，我们判断这样一个变革时代也不能以它的意识为根据；相反，这个意识必须从物质生活的矛盾中，从社会生产力和生产关系之间的现存冲突中去解释。无论哪一个社会形态，在它所能容纳的全部生产力发挥出来以前，是决不会灭亡的；而新的更高的生产关系，在它的物质存在条件在旧社会的胎胞里成熟以前，是决不会出现的。所以人类始终只提出自己能够解决的任务，因为只要仔细考察就可以发现，任务本身，只有在解决它的物质条件已经存在或者至少是在生成过程中的时候，才会产生。大体说来，亚细亚的、古希腊罗马的、封建的和现代资产阶级的生产方式可以看做是经济的社会形态演进的几个时代。资产阶级的生产关系是社会生产过程的最后一个对抗形式，这里所说的对抗，不是指个人的对抗，而是指从个人的社会生活条件中生长出来的对抗；但是，在资产阶级社会的胎胞里发展的生产力，同时又创造着解决这种对抗的物质条件。因此，人类社会的史前时期就以这种社会形态而告终。①

经典理解絮语

《序言》阐述的唯物史观是马克思哲学革命成果的集中展现。马克思的哲学革命是在继承和变革“从前的哲学信仰”基础上完成的，在把握时代方式层面的革命也是如此。从《序言》有关论述来看，在如何把握时代的问题上，马克思继承了以往哲学的两个重要原则。

一是客观历史地把握时代。众所周知，德国古典哲学特别是黑格尔哲学尽管总体上属于唯心主义，但却在很大程度上翻转了以往哲学对时代的主观性、非历史性的把握方式。费希特就明确指出，把握时代必须搁置主观感觉的有效性，“谁做不到这一点，谁就无法描述现时代或理解对现时代的描述。”②令人遗憾的是，在黑格尔之后，主观性、非历史性的思维方式重新复活了。马克思在《序言》中明确反对主观地、非历史地把握时代：“我们判断一个人不能以他对自己的看法为根据，同样，我们判断这样一个变革时代也不能以它的意识为根据。”③展现在人们面前的时代是客观的、历史发展着的，但黑格尔之后的德国意识形态拘泥于抽象的纯粹思想领域，以为通过主观思辨就可以提供适用于各个历史时代的药方或公式，同样的

① 马克思，恩格斯．马克思恩格斯选集：第2卷[M].北京：人民出版社，2012：2-3.

② 费希特．现时代的根本特点[M].沈真，梁志学，译．北京：商务印书馆，2018：25.

③ 马克思，恩格斯．马克思恩格斯选集：第2卷[M].北京：人民出版社，2012：3.

情况还发生在试图构建一套政治经济学形而上学以一劳永逸地解释和解决一切时代问题的蒲鲁东身上。马克思在《序言》中回顾自己的经济学研究过程时，重点提到正是通过批判黑格尔以后的哲学形式以及反对蒲鲁东，"自己弄清问题"，对"我们见解中有决定意义的论点……第一次作了科学的、虽然只是论战性的概述"[①]。这表明唯物史观反对主观地、非历史地把握时代。

二是重点厘清时代的内在原则。时代的内在原则不同于时代的外在表象。把握时代的内在原则需要分析、加工时代的外在表象，但仅把握时代的外在表象是无法深入认识这个时代的。维柯的历史哲学就强调探寻时代内在原则的重要性，并将宗教信仰、结婚仪式、埋葬死者这三种普遍习俗当作三个头等重要的原则。黑格尔也认为时代发展有其内在原则，"发展的原则包含一个更广阔的原则，就是有一个内在的决定，一个在本身存在的、自己实现自己的假定作为一切发展的基础。"[②]诚然，马克思是不同意维柯和黑格尔上述观点的本体论基础的，但这并不代表他否认把握时代内在原则的重要性。马克思在《序言》中指出，对于法的关系、国家的形式，不能从它们本身的表现形式来理解，"它们根源于物质的生活关系"。可见，唯物史观认为，把握时代依赖于分析时代表象，但重点在于分析之后要穿透时代表象，达及时代的内在机理，厘准时代的内在原则。

……

《序言》阐述的唯物史观把握时代的方式，对于当前超越教条的马克思主义对时代的抽象把握以及后现代主义对时代的虚无把握来说，具有无可代替的意义和价值。更为重要的是，基于此，在世界处于百年未有之大变局的背景下，我们可以对现时代做出具有历史深度的理解和把握。

首先，"百年变局"的历史坐标。从宏观历史方位来看，当前全球发展依然处在资本逻辑主导的现代性世界历史阶段。尽管当前世界范围内的生产方式表现出一些新变化，但总体上依然在执行资本的职能，资本的本性

① 马克思，恩格斯.马克思恩格斯选集：第2卷[M].北京：人民出版社，2012：4.

② 黑格尔.历史哲学[M].王造时，译.上海：上海书店出版社，2006：50。

并没有根本改变。但正如前文所述，仅基于资本一般原则将当前全球发展界定在宏观的现代性世界历史阶段是不够的，还需要以资本运行发展的阶段性变化为线索，厘定现代性世界历史发展至当前所内含的性质及其呈现的状况。……我们可以将该阶段界定为新全球化阶段，“百年变局”的历史坐标也就立基于这一阶段。

其次，“百年变局”的历史趋势。准确厘定了一个时代的历史坐标，也就把握了该时代的发展趋势，进而也就明确了该时代的历史任务。尽管当今时代依然处在以资本为原则的现代性世界历史阶段，尽管资本通过不断创新克服了许多发展难题，但在此过程中，资本却发展和创造了更多束缚和对抗自身的力量。在某种意义上说，在“地理全球化——商品全球化——资本全球化（狭义）——新全球化”过程中，资本增值方式的变化——从野蛮到文明、从单一到多元、从强制性输出到内涵式辐射——不代表资本生命力的正比例增强，而代表资本生命力的抛物线式的上升和衰落。……因此可以说，“百年变局”的总体趋势是从资本全球化的世界历史迈向人类命运共同体的世界历史。

最后，“百年变局”的历史表征。《序言》强调在考察时代变革时，必须时刻把生产的经济条件方面的变革和意识形态形式的变革区分开来。虽然意识形态形式在任何时代都是生产的经济条件的反映和表征，但其一旦被理论化、体系化，人们很容易“把它们当做历史上占统治地位的东西”。只有坚持唯物史观把握时代的基本方式，才能摆脱相关错误时代表征的扰乱，避免时代认识的颠倒性。

当今时代，纷繁多样的理论和杂乱丛生的意识形态，在立场和观点上存在激烈争论。尽管它们在形式和内容上存在不同，但按其内在逻辑依然可以划归为两种：现代主义和后现代主义。实质上不过是资本主体性强制输出的增殖方式在遇到危机后向多元化、差异化增殖方式转变的意识形态反映。从时代表征与时代坐标、时代趋势的关系来看，现代主义、后现代主义都没有把握现时代本质的一面。[①]

(二)推荐阅读书目

1.《西方的衰落》(尼尔·弗格森著、米拉译，中信出版社2013年版)。

《西方的衰落》是基于尼尔·弗格森在英国广播公司电台四台里斯讲座系列创作整理而成，该系列播出时题为“法治与其敌人”。有人早就预言过西方社会的衰落。如今，这些衰落的迹象看似无处不在：经济增长放缓、债台高筑、人口老龄化问题、反社会行为等。但是西方文明究竟欠缺在何处？尼尔·弗格森认为制度的衰落难辞其咎。

代议制政府、自由市场、法治和文明社会，原本是西欧和北美社会的四大支柱，正是因为这些制度优势，而非地理或气候上的原因，使得西方社会在公元16世纪前后在世界上独领风骚。然而，如今这些制度的衰退令人扼腕。

西方的民主制度打破了代际契约，将高额的债务转嫁到后代身上。市场被过于繁杂的监管政策日益扭曲，而后者其实就是市场本意想要治愈的顽疾。法治也日益沦为律师之治。公民社会日益变得不再文明，人们只是出于惰性把问题一味地推给政府去解决。

《西方的衰落》一书振聋发聩，它是对这个自鸣得意和对问题视而不见的时代的迎头一击。当阿拉伯世界正在为民主而奋斗时，当中国努力从经济自由化迈向法治社会时，欧美社会却在挥霍几百年来制度优势的积淀。弗格森提出这样的警告，若要遏制西方社会一度称雄世界的文明日益衰落的势头，只能寄希望于强大的领导力，并要大刀阔斧地进行改革。

2.《万历十五年》(黄仁宇著，生活·读书·新知三联书店1997年版)。

《万历十五年》是黄仁宇的成名之作，也是他的代表作之一。这本书结合了他数十年的人生经历与治学体会，首次以“大历史观”分析明代社会之症结，观察现代中国之来路，给人启发良多。英文原本推出后，被美国

① 桑明旭.唯物史观把握时代的基本方式:纪念《〈政治经济学批判〉序言》发表160周年[J].学术研究,2019(12):16-20.

多所大学作为教科书使用，并两次获得美国书卷奖历史类好书的提名。

《万历十五年》主要介绍了万历十五年（1587年），中国历史上发生的若干为历史学家所忽视的事件。在历史学家黄仁宇的眼中，其间的关系因果恰为历史的重点，而我们的大历史之旅也自此开始。

《万历十五年》的历史叙述风格和方法是我们理解历史唯物主义的个性化案例。该书通过对具体历史事件的把握和解读，呈现出一幅整体性的历史画卷，为我们充分理解历史唯物主义提供了一种微观视角，也让我们深切地体悟到，历史不是一部抽象的逻辑发展史，而是充满着鲜活生命的成败和转折等，是鲜活的生命发展历程。今天阅读此书，我们也能体悟到现代化之路从不是单一的、绝对的，也不等同于西方化，同样也能体悟到中国的现代化之路充满着传统文化与现代化的碰撞。

四、参考文献

[1]黄仁宇.万历十五年[M].北京:生活·读书·新知三联书店,1997.

[2]刘知几.史通[M].长春:时代文艺出版社,2008.

[3]钱穆.中国历代政治得失[M].北京:生活·读书·新知三联书店,2001.

[4]秦晖.传统十论:本土社会的制度、文化及其变革[M].上海:复旦大学出版社,2004.

[5]吴晓明.形而上学的没落:马克思与费尔巴哈关系的当代解读[M].北京:人民出版社,2006.

[6]布罗代尔.文明史纲[M].肖昶,冯棠,张文英,等译.桂林:广西师范大学出版社,2003.

[7]尼尔·弗格森.西方的衰落[M].米拉,译.北京:中信出版社,2013.

[8]亨利·基辛格.论中国[M].胡利平,林华,杨韵琴,等译.北京:中信出版社,2012.

[9]路易斯·亨利·摩尔根.古代社会[M].杨东莼,马雍,马巨,译.北京:商务印书馆,1977.

[10]望月清司.马克思历史理论的研究[M].韩立新,译.北京:北京师范大学出版社,2009.

五、反思与实践

1.如何理解社会存在与社会意识的辩证关系?

2.结合资本主义世界的经济危机谈谈你对马克思所说的“两个必然”的认识。

3.用历史唯物主义的观点,谈谈自己对当今时代的发展的认识。

4.请谈谈你对习近平总书记在纪念红军长征80周年大会上的讲话的理解。

六、学生作品展示

传承长征精神,抵制历史虚无主义

——学习习近平总书记在纪念红军长征80周年大会上的讲话

在今天宣传长征精神对教育国民抵制历史虚无主义具有深远的意义。随着改革开放取得伟大成就,人民的社会生活方式已经发生了根本性的变革。随着这种变革,一些人开始怀疑历史、否认历史,用戏谑、恶搞、调侃的方式诋毁英雄、解构传统,把历史人物的伟大壮举解读为“作秀”,把党内领导政策上的失误上升为政治上的阴谋斗争,甚至诋毁党的领导人,歪曲历史事实,扭曲人的思想观念,这些做法都是极其错误的

虽然历史事实已经成为过去,但我们不能抹去历史的真实记忆,更不能把历史事实放在西方自由主义的平台上任意拆解,用经济原则、利益原则、竞争规律、斗争理论等现代社会特有的东西肢解过去。回味历史,铭记历史,在于不断重构一个国家和民族精神上的铜墙铁壁,抵御西方自由主义的侵蚀,从而为民族振兴、国家富强提供强大的精神动力。如果历史虚无主义泛滥,将瓦解一个国家得以创造未来的民族精神,摧毁一个国家

赖以生存的文化基因。

面对历史虚无主义的攻击，我们要以习近平新时代中国特色社会主义思想为指导，始终坚持和发展中国特色社会主义。在中国实现民族伟大复兴的进程中，我们要时刻警惕历史虚无主义的陷阱，坚持弘扬长征精神，坚持以史铸魂，坚决抵制历史虚无主义。

（2020级行政管理专业学生　冷静）

第七讲　科学技术革命与当代科学发展

一、教学设计

1.教学对象：理科类相关专业本科生。

2.教学逻辑：科学技术如何推动社会发展—科学技术社会作用的两重性—科学技术发展与生态文明建设。

3.教学目标：帮助学生理解科学技术作为第一生产力对社会发展具有巨大的推动作用，以及科学技术的社会作用的两面性，引导学生学会发挥科学技术的正面作用，理解、克服科学技术的负面效应，以实际行动参与生态文明建设。

二、教学过程

（一）科学技术对社会发展的巨大推动作用

教师：我们在之前的学习中了解到社会发展的动力是一个系统，其中社会基本矛盾是社会发展的根本动力，阶级斗争、社会革命、改革都发挥着重要的作用，今天我们讨论科学技术与社会发展的关系，以及科学技术与人自身的关系问题。首先我们来了解科学技术对社会发展的巨大推动作用。

马克思主义经典作家都极其重视科学技术的伟大历史作用。马克思“把科学首先看成是历史的有力杠杆，看成是最高意义上的革命力量”[①]。邓小平指出：“马克思说过，科学技术是生产力，事实证明这话讲得很对。依我看，科学技术是第一生产力。”[②]习近平指出：“进入21世纪以来，全球科技创新进入空前密集活跃的时期，新一轮科技革命和产业变革正在重构全球创新版图、重塑全球经济结构。”[③]那么，我们要想理解科学技术为何是第一生产力，首先就需要搞清楚科学技术，尤其是现代科学技术有什么特征。我想请几位同学尝试着描述一下对现代科学技术的主要感受。

学生：现代科学技术全面发展，已经渗透到我们生活的方方面面。

学生：现代科学技术以信息技术为核心，我们进入互联网、数字化的5G时代。

学生：现代科学技术日新月异，革新化速度非常快，就拿手机来说，这学期开学我刚买的新品手机，学期还没结束就已经落伍了。

教师：好，同学们总结得不错。现代科学技术革命与机器工业革命、电力工业革命不同，它是以原子能的利用，以及电子计算机、空间技术的发展为主要标志，包括信息技术、新材料、新能源、生物工程、海洋工程、航天工程等方面的技术革命，它使人类由工业经济形态向信息社会和知识社会过渡。因此，它具有以下特点：一是高科技全面发展，在数学、物理学、化学、天文学、地学、生物学等六大领域同时出现了科学技术的新突破；二是科技成果转化周期逐渐缩短，科学的发现很快转化为技术的发明，技术成果迅速转化为生产力；三是科学技术高度综合化，不同行业需要协作研究和集中攻关；四是信息化程度愈来愈高，互联网渗透到人们生活的方方面面。

那么，科学技术是通过改变什么来推动社会与人的巨大进步的呢？有没有同学愿意谈一谈？

---

① 马克思，恩格斯．马克思恩格斯全集：第19卷［M］．北京：人民出版社，1963：372.

② 邓小平．邓小平文选：第3卷［M］．北京：人民出版社，1993：274.

③ 习近平．习近平谈治国理政：第3卷［M］．北京：外文出版社，2020：245.

学生：自从科技诞生以来，它在方方面面影响着我们的生活。科学技术是第一生产力，是经济增长的内在力量和满足人类物质需求的重要手段，推动着生产方式的不断变革，使科技进步与经济增长成为各国最为关注的基本问题。现代科技还推动着人们生活方式、交往方式、思维方式以及社会组织管理方式的变革。

首先，科学技术推动物质生产的进步。物质文明的发展以社会生产力的发展为基础，而科学技术的进步则是推动生产力发展的关键因素，人类文明发展史充分证明了这一点。正是近、现代科学技术的巨大发展才缔造了今天的文明世界。

其次，科学技术带动社会精神文明的发展。愚昧长久以来禁锢着人类的智慧，早期的人类缺乏对自然力量和自身的了解，当他们面对电闪雷鸣、洪水泛滥、火山爆发等自然景象时便惊恐万分，最终科学战胜封建、愚昧，把人们从愚昧中解放出来。科学是人类文化的组成部分。作为一种文化，可在认识、思想、智力和审美等方面提供文化价值，为人类提供智慧与思辨的享受。

最后，科学技术引起人类生活方式的变革。科学技术发展水平是决定人们如何生存、生活的决定性因素之一。科学技术的发展水平决定着生活资料的总量、品种、性质和质量。现代科学技术的进步，极大地推动着人类生活方式的变革。科技的发展也带来的社会生活方式的改变。第一，人们的物质生活条件大大改善，文化娱乐生活丰富多彩。第二，人们的活动视野大大拓宽，人与人之间的联系日益紧密。第三，科学技术的迅猛发展和社会的急剧变革，使人类面临有史以来最为瞬息万变的时代，新观念，新思想层出不穷，极大增强了人类的进取精神、时间观念和竞争意识。第四，人们的劳动环境得以改善，劳动强度得以减轻。科学技术在人类历史发展过程中，尤其在近代社会的建构过程中，起着极为重要的推动作用，它渗透到社会的方方面面，使人们的生活方式和思维方式发生了翻天覆地的变化。

教师：好，谢谢！这位同学描述得很不错。

科学技术对社会和人的作用主要表现在对生产方式、生活方式和思维方式的改变和塑造上。

就生产方式而言，科学技术带来了机器的革新，智能机器愈来愈多地参与到生产中，生产自动化程度越来越高；劳动力结构也随之发生重大变化，体力劳动的比例越来越低；生产管理也得到优化，走向大数据和大系统管理时代；产业结构发生变革，第三产业在国民经济中所占的比例日益提高。

就生活方式而言，现代化的交通、通信等，为人们的交往提供了便利，劳动生产率的提高，使得人们有了更多的闲暇时间。未来美好的共产主义社会之所以令我们向往，其一便是因为人们将获得更多自由支配的闲暇时光。科学技术把人们带到信息时代，要求人们不断追求知识，不断学习，以适应时代发展的需要。

就思维方式而言，科学的发展总带给人类崭新的思维方式。比如，在大数据背景下，人类的许多行为都是可以被预测的。从这个角度看，人类的行为并不是互不相关的独立事件，而是相互关联的数据网络中的一个片段。在这张数据大网之中，许多事件的相关性与其发展的规律变得有迹可循。再比如，日常生活中，我们只能感知和意识到三维世界，而超弦理论却把我们带进一个十维的宇宙世界，带来新的科学思维与方法，开拓出一个新颖刺激而富有美感的新领域。

可以说，科学技术塑造和引领着我们的时代，改变着人自身。然而，科学技术的作用具有双重性，科学技术对人与社会的影响还有不可忽视的负面效应。

(二)科学技术的负面效应

教师：有同学能说说科学技术的负面效应在我们生活中的表现吗？

学生：我首先想到的是核安全问题。化学的发展使得我们获得了前所未有的改造自然的能力，但是火药和炸药也伤害了无数的人。

学生：我想到的是环境污染问题，比如，农药的大量使用、工业“三废”的胡乱排放、大量电子产品造成的污染等，都是科技带给我们的负面效应。

教师：同学们描述得都很好。相信每位同学对这个问题都有自己的认识。

有许多灾难影片，如《后天》《龙卷风》《哥斯拉》等，它们虽然是虚幻的，但也反映出人类对所面临的困境的深深忧思。还有一些现实的事件，如20世纪著名的“十大环境污染事件”，也反映了科技给人类自然环境带来的负面效应。对此感兴趣的同学可以在课后查阅相关资料。

同时，科学技术的发展还对我们的个人生活方式产生了负面效应。科学技术在某种程度上成为人全面而自由发展的阻碍，甚至成为奴役人的工具。例如，青少年对网络游戏的沉迷、人们对手机等电子产品的过度依赖等，在很大程度上对人们的生活造成负面影响。

显然，科学技术的负面效应不容小视，亟待我们认真思考并加以解决。那么我们应如何正确认识科学技术的负面效应，如何克服现代技术带给我们的困扰呢？下面我们继续深化对这个问题的探讨。

（三）调适科学技术的负面效应

教师：要深化对这个问题的探讨，首先需要弄清楚一个前提问题——我们能否因科学技术的负面效应而否定它？

否定科学技术，是科学技术悲观主义者的核心要义。科技悲观主义自始至终都存在于人类文明的历史进程之中，只不过由于人们的观察角度、生活体验、价值追求等不同，因而对科学技术的恐惧心理、批判程度表现不同。科技悲观主义的极端表现便是彻底否定技术的作用，主张放弃技术，远离现代文明，退回到原始的自然状态。

历史发展到今天，人根本无法从技术中剥离出来。我从生存论的角度选取一则古希腊寓言故事，希望能给大家带来一些启示。

古希腊有个盗天火的神叫普罗米修斯，普罗米修斯被称为先知者。他还有一个弟弟叫埃庇米修斯，被称为后知者。上帝在创造动物和人类的时候，让埃庇米修斯负责赋予每种动物以良好的本能。于是，他就把勇敢赐给狮子，把快跑的能力给了兔子，把敏锐的眼力给了老鹰……他把所有的生存技能一一分配给了动物。由于缺乏先见之明，等到人类走上他跟前的时候，却没有任何东西留给人类来作为生存的依靠了。所以人类既不是最勇敢的，又不是最快的，也不是最强最凶猛的。普罗米修斯看人类很可怜，就偷偷上了奥林匹斯山把十二位诸神的圣火拿回来给人类。后来普罗米修斯背着诸神教会了人类技术，也是要弥补他的弟弟埃庇米修斯的疏忽。

听完这则寓言，同学们有什么感想呢？

学生：相对于其他动物而言，人没有一技之长，人是脆弱的，火是人类进步的武器。

学生：相对于其他动物而言，人如果脱离技术，就会面临严重困境。

教师：两位同学说得都不错。从这则寓言中，我们领略到：火就代表了技术。不管人们有没有意识到，科学技术已经深深地影响着我们的日常生活，在经济社会发展中起着十分重要的作用。21世纪以来，科学技术，尤其是计算机网络技术、电子信息技术的飞速发展，使得手机、电脑这些曾经昂贵的奢侈品步入寻常百姓家，成为人们生活的必需品。同学们可以想象一下，如果没有手机，我们如何随时与远方的亲朋好友保持联系？如果没有电视技术的发展，我们如何享受高清晰度的电视节目？总之，科技对于人们的生活实在是太重要了。不仅我们经常使用的电视机、电脑、汽车、手机等与科学技术密切相关，而且我们吃的米、喝的水、穿的衣服、用的电，还有看病治病用的设备、药品，凡此种种，每一样都与科技有关。人类生存离不开科学技术，发展也离不开科学技术。

在我们理解了不能简单否定科学技术这个问题之后，我们来讨论一下科学技术的负面效应是如何产生的，以及产生原因有哪些？有同学能说说吗？

学生：老师，我觉得科学技术之所以产生如此可怕的负面效应，是因为我们对科学技术发展的基本规律还没有认识到位，导致无法预知它的发展并进而控制它。比如，很多人沉迷于网络游戏无法自拔，而网络游戏成瘾对人的危害，尤其是对青少年的危害很大。青少年花费大量时间上网，影响学习成绩，容易产生孤独症，整天沉溺于幻想中脱离现实，不敢正常与人沟通。

教师：这位同学说得不错。我们对科学技术的负面效应的确还缺乏全面而深刻的认识。对于一项新技术到底有什么负面效应，这些负面效应在什么条件下会出现，如何克服这些负面效应等问题，我们还需要认真研究。这是一个长期的过程，因为矛盾的解决往往要等矛盾基本暴露出来才能得以进行。除此之外，一些人利用科学技术犯罪，利用科学技术来破坏社会，还有一些人却利用互联网做违法乱纪的事情，这也是科学技术生产负面效应的重要原因。

但是就目前而言，这些原因可能还不是最首要、最根本的原因。我认为最根本的原因是科学技术的资本主义利用。

著名科学家霍金，非常担忧机器人的发展，但与机器人相比，他更担心资本主义。他曾指出，如果机器创造的财富可以共享，那么人人都可以享受舒适悠闲的生活，但如果机器的所有者游说成功，反对财富再分配，多数人最终都可能陷入贫穷①。

我们应该如何理解霍金的观点呢？霍金为什么认为值得担忧的是资本主义？

因为资本主义社会发展科学技术的目的，是为个人或少数人谋利益。如此，技术创造和运用使技术沦为资本家发家致富的工具，为了达到这一目的，资本家不按照自然的规律来进行生产，不顾及自然，不顾及多数人的生存和发展，于是导致人与自然、人与人之间的关系走向对立，对生态环境造成了巨大破坏。

(四)马克思的生态思想与生态文明建设

教师：在理解科学技术的本质及其作用的问题上，我们需要认识马克

① 布莱恩·雷斯尼克.为什么霍金更担心资本主义而不是机器人[J].马克思主义文摘，2016(3):103.

思的生态思想。因为它给我们带来深刻的启发，有助于我们今天坚持绿色发展。

在马克思看来，人与自然相互联系，相互作用，有机统一。一方面，自然界是人生存和发展的前提，人的身体、精神都是自然界长期演化的产物。马克思认为，自然界是“人的无机的身体”。另一方面，人与自然相互作用，人通过实践认识自然，改造自然，人是主观与客观，能动与被动，合规律性与合目的性的有机统一。

从马克思的基本思想中我们可以看到，技术困境、生态危机就是人与自然之间的矛盾达到了尖锐对立的程度，而这又根源于人与人的关系达到了尖锐对立的程度。

现代生产力的发展，极大地增强了人改造自然的能力，而怎样去改造自然，则受制于生产什么与如何进行生产。在资本主义的生产方式中，生产受制于资本逻辑的运作。资本逻辑，简单地说，就是资本要想“不死去”，就要不停地增值，丝毫不能停下来。在这样的过程中，资本家根本不顾及自然界，不顾及人的价值，不顾及人的精神家园，这就造成了人对自然的进一步破坏，人与自然的矛盾日益尖锐。而资本是通过物与物反映的人与人的关系。在资本主义生产方式中，人与人的关系是少数人对绝大多数人的统治，少数人与绝大多数人的根本利益存在不可调和的矛盾。

因此，在马克思看来，技术困境、生态危机的解决根本上就是人与人关系的转变，以及生产方式的转变。

综上所述，要克服技术困境、生态危机，需要做到以下几点：一是加深对科学技术的认识，加强科学技术发展与社会、与人自身关系的研究；二是严厉打击利用科技来犯罪的行为；三是按照自然的规律来进行生产生活，坚持绿色发展，建设生态文明，使生产真正为人的自由和全面发展服务。

结合上面的分析，我们就能更深层地理解绿色发展。绿色发展是人的自由全面发展的必然选择。绿色发展，既是一种发展理念，也是一种生产方式、发展模式。它按照自然的规律，为了绝大多数人的利益，以认识自然、尊重自然和保护自然为前提条件，以人与人、人与自然、人与社会和谐共生为宗旨，建立可持续的生产方式、消费方式、生活方式，达到人的自由全面的发展。

（五）科技发展与中国特色社会主义建设

教师：我们前面谈到科技的双重作用，着重分析了科技的负面效应产生的原因，也简单梳理了马克思的生态思想与发展理念，因此我们更应了解科技发展对中国特色社会主义建设的重要作用。

历史经验表明，科技革命总是能够深刻改变世界发展的格局。对社会主义建设而言，科技发展至关重要。伟大的革命导师列宁说过，要进行社会主义建设，必须充分利用科学、技术。按照马克思主义基本原理，社会主义应该拥有比资本主义更高级的生产力和生产关系，但是目前的社会主义国家的生产力水平总体上要落后于资本主义国家，这对社会主义建设是一个极大的挑战。对社会主义国家来说，必须大力发展科技，否则难以与资本主义国家竞争。

我国历来重视科技的发展，也取得了巨大的成就。

1956年，毛泽东同志等党和国家领导人在中南海听取中国科学院4位学部主任关于国内外科技发展的报告，党中央向全党全国发出“向科学进军”的号召。其后10年，在各方共同努力下，我国建立了学科齐全的科学研究体系、工业技术体系、国防科技体系、地方科技体系，取得了以“两弹一星”为标志的一批重大科技成果。1978年，党中央召开全国科学大会，邓小平同志在大会上作出科学技术是生产力的重要论断，我国迎来“科学的春天”。1995年，党中央、国务院召开全国科学技术大会，江泽民同志发表重要讲话，号召大力实施科教兴国战略，形成实施科教兴国战略热潮。2006年，党中央、国务院再次召开全国科学技术大会，胡锦涛同志发表重要讲话，部署实施《国家中长期科学和技术发展规划纲要（2006—2020年）》，动员全党全社会为建设创新型国家而努力奋斗。2012年，党中央、国务院召开全国科技创新大会，号召我国科技界奋力创新、为全面建成小康社会提供有力科技支撑。2016年，党中央、国务院召开全国科技创新大会、两院院士大会、中国科协第九次全国代表大会，习近平总书记指出，这次大会的目的就是要在我国发展新的历史起点上，把科技创新摆在更加重要位置，吹响建设世界科技强国的号角，到2020年时使我国进入创新型国家行列，到2030年时使我国进入创新型国家前列，到新中国成立100年时使我国成为世界科技强国。

众所周知，中华民族曾经创造了以四大发明为代表的闻名于世的发明创造。但是，近代以后，由于国内外各种原因，我国屡次与科技革命失之交臂，从世界强国变为任人欺凌的半殖民地半封建国家，人民流离失所、苦难深重，多少怀抱科学救国、教育救国理想的人报国无门，留下了深深的遗憾。

经过新中国成立以来特别是改革开放以来的不懈努力，我国科技发展取得举世瞩目的伟大成就，科技整体能力持续提升，一些重要领域方向跻身世界先进行列，某些前沿方向开始进入并行、领跑阶段，正处于从量的积累向质的飞跃、点的突破向系统能力提升的重要时期。

习近平总书记强调："科技是国之利器，国家赖之以强，企业赖之以赢，人民生活赖之以好。中国要强，中国人民生活要好，必须有强大科技。新时期、新形势、新任务，要求我们在科技创新方面有新理念、新设计、新战略。"[①]科技兴则民族兴，科技强则国家强。科学技术的发展对于实现中华民族伟大复兴的中国梦具有巨大的推动作用。

（六）小结

总之，我们要看到科学技术是社会发展的重要动力，一个国家、一个民族只有在科学技术上不断进取，才有可能实现社会经济的跨越式发展。同时，我们还要坚持正确认识和运用科学技术，坚持用先进的社会制度保障科学技术的正确运用，坚持使科学技术为人类社会的健康发展服务，始终让科技为人类造福。

① 习近平.习近平谈治国理政：第2卷[M].北京：人民出版社，2017：267.

三、课外延伸阅读与理解

（一）经典节录理解

《自然辩证法》

背景简介

《自然辩证法》是恩格斯研究自然界和自然科学中的辩证法问题的重要著作，它开辟了马克思主义哲学的一个新领域，为自然辩证法这一学科的建立奠定了理论基础。在《自然辩证法》中，恩格斯对劳动在人类起源中的决定性作用作了系统阐述和科学论证，阐明了人和动物在同自然界的关系上的根本区别在于人能够按照自己的目的利用自然界，能够认识和运用自然规律，同时强调必须正确处理人与自然的关系。

经典节录

相互作用是我们从现今自然科学的观点出发在整体上考察运动着的物质时首先遇到的东西。我们看到一系列的运动形式，机械运动、热、光、电、磁、化合和分解、聚集状态的转化、有机的生命，如果我们暂且把有机的生命排除在外，这一切都是互相转化、互相制约的，在这里是原因，在那里就是结果，运动尽管有种种不断变换的形式，但是运动的总和始终不变。机械运动转化为热、电、磁、光等等，反之亦然。因此，自然科学证实了黑格尔曾经说过的话（在什么地方？）：相互作用是事物的真正的终极原因。我们不能比对这种相互作用的认识追溯得更远了，因为在这之后没有什么要认识的东西了。我们认识了物质的运动形式（由于自然科学存在的时间并不长，我们在这方面的认识的确还有很多缺陷），也就认识了物质本身，因而我们的认识就完备了。……只有从这种普遍的相互作用出发，我们才能认识现实的因果关系。为了了解单个的现象，我们必须把它们从普遍的联系中抽出来，孤立地考察它们，而在这里出现的就是不断变换的运动，一个表现为原因，另一个表现为结果。

……

只要自然科学运用思维，它的发展形式就是假说。一个新的事实一旦被观察到，先前对同一类事实采用的说明方式便不能再用了。从这一刻起，需要使用新的说明方式——最初仅仅以有限数量的事实和观察为基础。进一步的观察材料会使这些假说纯化，排除一些，修正一些，直到最后以纯粹的形态形成定律。如果要等待材料纯化到足以形成定律为止，那就等于要在此以前中止运用思维的研究，而那样一来，就永远都不会形成什么定律了。

……

一句话，动物仅仅利用外部自然界，简单地通过自身的存在在自然界中引起变化；而人则通过他所作出的改变来使自然界为自己的目的服务，来支配自然界。这便是人同其他动物的最终的本质的差别，而造成这一差别的又是劳动。

但是我们不要过分陶醉于我们人类对自然界的胜利。对于每一次这样的胜利，自然界都对我们进行报复。每一次胜利，起初确实取得了我们预期的结果，但是往后和再往后却发生完全不同的、出乎预料的影响，常常把最初的结果又消除了。美索不达米亚、希腊、小亚细亚以及其他各地的居民，为了得到耕地，毁灭了森林，但是他们做梦也想不到，这些地方今天竟因此而成为不毛之地，因为他们使这些地方失去了森林，也就失去了水分的积聚中心和贮藏库。阿尔卑斯山的意大利人，当他们在山南坡把那些在山北坡得到精心保护的枞树林砍光用尽时，没有预料到，这样一来，他们就把本地区的高山畜牧业的根基毁掉了；他们更没有预料到，他们这样做，竟使山泉在一年中的大部分时间内枯竭了，同时在雨季又使更加凶猛的洪水倾泻到平原上。在欧洲推广马铃薯的人，并不知道他们在推广这种含粉块茎的同时也使瘰疬症传播开来了。因此我们每走一步都要记住：我们决不像征服者统治异族人那样支配自然界，决不像站在自然界之外的人似的去支配自然界——相反，我们连同我们的肉、血和头脑都是属于自然界和存在于自然界之中的；我们对自然界的整个支配作用，就在于我们比其他一切生物强，能够认识和正确运用自然规律。①

经典理解絮语

“我们不要过分陶醉于我们人类对自然界的胜利。对于每一次这样的胜利，自然界都对我们进行报复。”②早在人与自然关系还不是那么紧张的时候，马克思主义经典作家已经作出了要按自然规律来生产、生活的要求，这充分证明了他们的天才预见性和马克思主义的真理性。这就要求我们时刻牢记：自然是我们的母亲和家园，我们必须按照自然的规律来进行生产和生活。

当然，这并不是说，人在客观的自然规律面前无能为力。人发挥主观能动性并与自然和谐相处，更是自然的发展要求。从终极意义上来说，自然的进化和人的发展是一致的，人的发展包含在自然的整体进化之中。

(二)推荐阅读书目

《技术哲学概论》(姜振寰著，人民出版社2009年版)。

该书主要内容分为九个部分：关于技术哲学、技术认识论、技术发展的一般规律、技术的历史分期、技术与艺术、技术文明、技术实践、技术与政治、技术约束。其中最后一部分是全书的落脚点，强调要约束技术，建立安全的社会发展观，尤其是要从“道可道，非常道”“天之道利而不害”等中国智慧中汲取前进的力量。

在内容安排方面，该书更倾向于哲学与实际的联系，即哲学研究的实践性。对人类基本实践活动的技术的哲学研究，离开生产实际很容易陷入学究式的臆想之中，而当代社会发展更需要的是富于实践性的技术哲学。在人与技术的关系方面，虽然有技术自主发展论之说，但是无论多么复杂，

① 马克思，恩格斯.马克思恩格斯选集：第3卷[M].北京：人民出版社，2012：920-998.

② 马克思，恩格斯.马克思恩格斯选集：第3卷[M].北京：人民出版社，2012：998.

多么智能化的技术，都是由人所设计，由人去操控的；在人与自然的关系方面，虽然有人类中心论与非人类中心论之争，但人凭借其智能始终是第一位的，占据主宰性的地位。该书研究的基本出发点是人如何科学而理智地去进行技术实践，如何放弃短期利益放眼长远利益，放弃局部利益放眼全局利益去发展技术。

四、参考文献

[1]马克思恩格斯选集：第1卷[M].北京：人民出版社，2012.

[2]韩连庆.逆流而思：科技哲学史话[M].长沙：湖南科技出版社，2010.

[3]王国豫，刘则渊.高科技的哲学与伦理学问题[M].北京：科学出版社，2012.

[4]王鸿生.科学技术史[M].北京:中国人民大学出版社，2011.

[5]王雨辰.生态学马克思主义与生态文明研究[M].北京：人民出版社，2015.

[6]阿格尔.西方马克思主义概论[M].慎之，等译.北京：中国人民大学出版社，1991.

[7]詹姆斯·奥康纳.自然的理由：生态学马克思主义研究[M].唐正东，臧佩洪，译.南京：南京大学出版社，2003.

[8]约翰·贝拉米·福斯特.马克思的生态学：唯物主义与自然[M].刘仁胜，肖峰，译.北京：高等教育出版社，2006.

[9]海德格尔.演讲与论文集[M].孙周兴，译.北京：生活·读书·新知三联书店，2005.

[10]斯蒂格勒.技术与时间1：爱比米修斯的过失[M].裴程，译.南京：译林出版社，2012.

五、反思与实践

1.请结合中国的实践，谈谈你对“科学技术是第一生产力”的理解。

2.建立创新型国家，走自主创新之路，是我国的发展战略之一。请结合中国的实践，谈谈如何处理自主创新和技术引进之间的关系。

3.请你谈谈对科技的双重作用的认识。

六、学生作品展示

科学技术是一把“双刃剑”

科学技术既存在满足人类需求，为人类造福的正面价值，同时也会给人类带来一定的负面影响。

科学技术的发展推动了人类社会的发展进程，使人类过上了美好的生活。科学技术是人类改造自然的武器，是推动社会生产力发展的重要力量。科技的每一次发展都是人类文明史上的飞跃。在原始社会和奴隶社会初期，正是由于青铜器的铸造和铁器的使用，才使得社会财富成倍增长，引起社会形态的变化；在18世纪的工业革命中，正是由于蒸汽机技术的广泛应用，才使工业革命进入了一个崭新的阶段，从而使资本主义世界的财富得以增加；20世纪四五十年代以来，人类在原子能、电子计算机、航天技术、生物工程等领域取得重大突破，极大地促使了资本主义国家的经济复苏和社会主义国家经济的大幅度增长，促使了社会财富的迅速增加和人民生活的改善。

当然，人们在享受科技发展带来的便利的同时，也不能忽略了科技在发展过程中，给人类带来的种种负面影响。

原子物理理论的发展使得人类掌握了核能技术，但是也带来了核灾难；化学合成技术使我们得以创造出许多自然界原本不存在的东西，可现在我们也被白色垃圾所困扰，被化学污染所毒害；石油勘探技术的发展使得人类前进的步伐大大加快，可是也带来了战争的烦恼；等等。

总之，科技的发展总是伴随着相应的弊端，今天我们必须正视这些负面影响。否则，人类可能最终会毁灭于我们自己的手中。作为当代大学生，我们不仅应该认识到科技的重要性，努力学习科学技术，用科学理论来武装我们的头脑，同时还应该对科技进行理性而全面的思考。我们反思科技给人类带来的负面作用，也是为了更合理的发挥科技的作用以造福人类。

（2014级化材学院学生　华生）

第八讲 《资本论》与当代资本主义发展

一、教学设计

1.教学对象：文科类相关专业本科生。

2.教学逻辑：《资本论》的当代价值—当代资本主义发展的新特点—如何看待劳动价值论。

3.教学目标：一是帮助学生认清当今资本主义的新变化并未超出马克思所指认的资本逻辑；二是帮助学生把握《资本论》的深层逻辑与当代意义；三是引导大学生把握当代西方资本主义新变化的内容、原因与实质。

二、教学过程

教师：同学们在之前的学习中了解了科学技术对于人类社会发展的影响。科技革命推动了资本主义的新变化，许多人认为，二战后发达国家科学技术飞速发展，已经改变了资本主义的阶级结构与社会结构，资本主义已经不再是马克思生活时代的资本主义。然而，二战之后资本主义的发展并非风平浪静，2008年，由次贷危机引起的金融危机席卷全世界，一本一百多年前的著作重新引起了人们的关注，人们重新思考那本著作提出的核心问题：资本到底给世界带来了什么？资本主义之后的未来，人类将走向何方？这本著作就是马克思的《资本论》。当我们重温《资本论》的时候，我们会清醒地看到，资本主义体系仍然在全球化的过程中居于主导地位，资本主义的本质并未发生根本的改变。

习近平总书记在2016年5月17日的哲学社会科学工作座谈会上强调："人类社会每一次重大跃进，人类文明每一次重大发展，都离不开哲学社会科学的知识变革和思想先导。"毫不夸张地说，《资本论》虽然已经出版了100多年，依然值得人们反复阅读并从中汲取养分。

（一）《资本论》的时代价值

教师：我记得在我上大学的时候，我们的专业课就有一门"《资本论》研究"，但现在我发现很少有高校开设这门课。有专家指出，《资本论》在西方经济学课程的冲击下，已经被边缘化，结果很多经济学及相关专业的学生不了解《资本论》。

学生：老师，我不理解为什么现在我们还要讨论并研究马克思的《资本论》?

教师：因为《资本论》与我们这个时代的发展紧密相关。如人们对于2008年西方国家金融危机的成因有着多种多样的解释，实际上这些解释都没有超出《资本论》中所阐述的基本原理。无论资本主义学者提起多少"全球化""信息化"或者"后工业社会""后现代"等新鲜词汇，《资本论》中所揭示的资本主义基本矛盾演化和冲突的必然结果都不会消失。实践表明，《资本论》仍然可以为我们这个时代的发展提供重要参考。

同学们，《资本论》并非仅仅是一本经济学著作。《资本论》凝聚着马克思的思想精华。马克思对资本主义运行规律的揭示以及对未来共产主义的展望，其最终的价值追求在于人的解放和全面发展。在马克思看来，只有超越资本逻辑，我们才能看到一个"大写的人"、一个自由而全面发展的人，一个有更多闲暇时间的人，正如马克思在《德意志意识形态》中说道："任何人都没有特殊的活动范围，而是都可以在任何部门内发展，社会调节着整个生产，因而使我有可能随自己的兴趣今天干这事，明天干那事，上午打猎，下午捕鱼，傍晚从事畜牧，晚饭后从事批判，这样就不会使我老是一个猎人、渔夫、牧人或批判者。”①

《资本论》是人类思想史上的“一座宏伟大厦”，它不仅敲钟了资本主义的丧钟，而且处处闪烁着思想的光芒、逻辑的力量和艺术的美感。这是一部19世纪资本主义的百科全书，涉及经济学、社会学、历史学、人类学等诸多学科。阿基米德曾说过：给我一个支点，我能撬动地球。同样，马克思正是以《资本论》作为“撬动地球”的支点，透视出当代资本主义历史发展的脉络。虽然从《资本论》的发表至今已经过去了100多年，但其理论内核与哲学逻辑依然是值得人们发掘的宝贵的思想金矿。

（二）当代资本主义的新发展

教师：同学们，资本主义从原始积累时期到现在，一直处在不断地变化之中，特别是第二次世界大战结束之后，在新科技革命、全球化浪潮和世界社会主义运动的影响下，资本主义在生产力和生产关系、经济基础和上层建筑各方面都发生了一系列的新变化。这些变化不仅改变了东西方政治力量的对比和世界格局的走向，而且对社会主义的发展进程产生了广泛而深远的影响。那么，你们怎么看待当代资本主义的新变化？

学生：老师，尽管中国崛起是不争的事实，但资本主义发达国家的生产方式、生活方式、文化工业，与发展中国家相比仍有着巨大的优势，在我看来，资本主义尽管存在严重的结构性问题，但资本主义依然具备很大的优势。

教师：这位同学说得非常好，下面我们总结一下资本主义一个世纪以来所发生的新变化。

第一，尽管面临新兴经济体的冲击，但资本主义国家的综合国力和经济总量仍然有较大增长。二战后，以原子能和电子技术为主要标志的新科技革命，推动核能、半导体、合成化学、航空航天等行业的诞生和发展，特别是以因特网为代表的新经济崛起，导致资本主义国家的产业结构发生

① 马克思，恩格斯．马克思恩格斯选集：第1卷[M]．北京：人民出版社，2012：165.

重大变化：第一产业即农业在国内经济总产值中所占比重下降，第二产业即制造业所占比重也有所下降，第三产业即服务业的比重则迅速提高。新科技革命在促进资本主义国家经济结构更加现代化的同时，大大提高了劳动生产率，为生产力的发展开辟了新的空间。

第二，社会阶层和阶级结构发生了根本的变化。生产资料资本家私人占有，是传统资本主义私有制的典型形式。现在，资本主义国家生产资料私人占有的本质虽然没有改变，但在科技进步和生产力发展的推动下，私有制的实现形式却在不断变化。随着社会生产力的发展，马克思写作《资本论》时期的那种以体力劳动为主体的工人群体已经被许多“白领人士”所取代，著名的西方马克思主义思想家赫伯特·马尔库塞在《单向度的人》中传神地描述了这一变化：“如果工人和他的老板享受同样的电视节目并漫游同样的游乐胜地，如果打字员打扮得同她雇主的女儿一样漂亮，如果黑人也拥有凯迪拉克牌高级轿车，如果他们阅读同样的报纸……在当代社会最高度发达的地区，把社会需要移植成个人的需要是如此地有效，以致它们之间的差别似乎纯粹是理论上的事情。”[①]受科技革命、全球化浪潮和就业结构变化等因素的影响，资本主义国家的阶级、阶层结构也有一些新变化：一是跨国资本家阶级开始形成，二是中间阶层出现新的分化。信息技术革命在创造高效率的同时，也造成“白领失业浪潮”。2016年美国共和党人特朗普当选美国第四十五任总统，直接对美国的精英政治产生了冲击，反映了美国社会结构的深层次变化。

第三，生产和资本的集中加剧，金融资本的统治进一步扩大和加深。二战后，随着生产和资本的进一步集中，各种垄断对社会经济生活的影响大大加强了，垄断财团控制了从工业生产、交通运输、金融到公用事业、饮食、旅游、娱乐等几乎所有行业。目前，虽然资本主义国家的中小型企业仍大量存在，并与垄断组织展开激烈的竞争，但其资本特别是科技实力难以与大资本和大垄断组织抗衡，在经济生活中起不了主导作用。垄断资

① 赫伯特·马尔库塞.单向度的人：发达工业社会意识形态研究[M].刘继，译.上海：上海译文出版社，2008：8.

本的核心是金融资本。二战后，随着银行信用体系的发展，商业银行、保险公司、证券公司和其他金融机构的资本与各种工商服务业资本融合起来，形成了更为庞杂的金融资本。当今世界的经济危机主要表现为金融危机。2008年金融危机之后，美国掀起了轰轰烈烈的“占领华尔街”运动，实际上就是广大民众对于华尔街金融巨头的强烈不满，认为这些金融大鳄攫取了巨大社会财富，加深了社会的贫富分化。

第四，经济全球化和区域经济一体化加快，国际垄断资本势力增强。资本的全球运动是资本主义生存和发展的一个重要条件。二战以后，资本国际运动的规模和总量急剧膨胀，产业资本国际化作为资本国际运动的主要形式，带动商业资本和借贷资本的进一步国际化，使资本的国际运动发展到一个新的阶段，国际垄断资本在世界经济中具有越来越重要的地位和作用。作为生产和资本国际化、全球化的跨国公司，无论数量还是规模都在迅猛扩大，在国际贸易、金融、投资和生产领域中占有越来越大的份额。为了适应生产和资本国际化、全球化的要求，资本主义国家还打破疆域界限，建立各种国际经济组织和区域经济一体化组织，以协调其在国际贸易、金融等方面的关系。国际货币基金组织、世界银行和世界贸易组织等全球性组织以及欧洲联盟、北美自由贸易区、亚太经合组织等区域经济一体化组织都是适应这种形势和需要而形成的。

第五，垄断资本与国家政权结合，国家垄断资本主义有了新发展。20世纪下半叶，一些资本主义国家之所以能够赢得相对稳定发展的“黄金时期”，除吸收和利用了新科技革命的最新成果之外，还得益于国家垄断资本主义的调节和改良功能。这主要包括：在充分发挥市场机制和价值规律的调节作用的基础上，利用各种财政和货币政策来调节社会的总供给和总需求；实行一定的经济发展计划，直接投资某些产业特别是公共产品，以提高国民经济的总体效益；实施一定的税收政策和社会再分配政策，限制过高的收入和过度的垄断，建立社会福利和保障制度；等等。这些措施在一定程度上缓解了生产资料私人占有对生产力发展的制约，缓和了阶级矛盾和社会冲突，促进了资本主义国家的经济增长。

第六，由于全球化浪潮的兴起，资本主义意识形态进一步向非西方国家扩张和渗透。一位美国学者曾明确指出，西方统治阶级对人民的文化生活系统地渗透和控制，以达到重塑被压迫人民的价值观、行为方式、社会制度和身份，使之服从帝国主义阶级的利益的目的。跨国公司是文化扩张的重要载体。耶鲁大学学者加藤宣称，美国公司越来越成为体现美国价值观和影响的棋手，商业外交应该成为美国对外政策的主要优势，因为自由贸易为美国商人与外国商人建立联系，这种联系能够造成扩大民主的压力[①]。对于这种“文化帝国主义”的本质和危害，我们要有清醒的认识。

我想问一下同学们，你们认为资本主义发生这些变化的主要原因是什么？

学生：作为经济学专业的学生，我们也学习了一些西方经济学的基本理论，我认为是因为资本主义本身在不断变革，从三次科技革命中可以找到这些变革的动力。

教师：很好，这的确是我们思考的一个方向。我们必须承认，如今的资本主义与马克思写作《资本论》的时代发生了非常大的变化，造成这些变化的原因不仅仅是科技的发展，还有其他因素的共同作用。综合来看，主要原因有以下几个方面。

第一，科学技术所推动的生产力的发展，是促成当代资本主义变化的重要推动力量。二战以来的第三次科技革命极大地促进了西方主要发达经济体产业结构升级，劳动生产率提高，经济快速发展。由于西方发达国家依然占据世界经济体系的高端，在这轮科技革命的热潮中，广大发展中国家并未得到和发达国家同等的发展机会，高科技的垄断让南北贫富差距越拉越大。

第二，工人阶级争取自身权利和利益的斗争，推动了资本主义社会关系的重组和分化。20世纪60年代以来，西方发达国家的工人同其他进步阶层一起，采取各种形式以争取工人待遇的提高，劳动条件的改善，迫使资

① 中共中央宣传部理论局，马克思主义理论研究和建设工程办公室.2006年马克思主义理论研究和建设工程参考资料选编[M].北京：学习出版社，2007：878.

产阶级作出重大让步，进行社会改良。

第三，西方国家的许多改良主义政党上台执政，在不触动资本主义整体利益的前提下，采取了一系列福利主义政策，对于资本主义生产关系进行了调整，在某种程度上弥补了资本主义经济运行机制的缺陷，如北欧国家丹麦、瑞典等实行了一系列“从摇篮到坟墓”的福利制度，英国、德国一些执政的中左政党也推行社会改革，政府、社会和市场三者得到了一定程度的平衡，使资本主义进入新的发展阶段。

学生：老师，当代资本主义的这些变化是否意味着资本主义发生了根本质变，已经不再是马克思所批判的资本主义？

教师：当代资本主义发生的新变化，是一种客观事实。但是，如何看待和分析这些变化，不同阶级和阶层受政治立场和思想观念所制约，必然会产生不同的看法。对于当代资本主义的新变化，必须立足于资本，进行唯物辩证地分析，才能得出正确的认识。

第一，所有制结构的调整没有改变资本主义私有制的统治地位。二战后，资本主义国家虽然出现了资本社会化和国际化的趋向，生产资料私人占有的实现形式也发生了一些变化，但无论是股份制经济，还是职工参股经济，都没有改变资本主义私有制的本质特性和统治地位。当代资本主义仍然是以资产阶级私有制为主体、由垄断资本集团控制、其他经济成分为补充的经济制度。

第二，剥削方式的变化没有触动资本主义剥削和统治的根基。资本主义国家所进行的种种调整和改良，只不过是把马克思和恩格斯在《共产党宣言》中所揭露的公开的、无耻的、直接的、露骨的剥削方式，转化为温和的、巧妙的、合法的和间接的剥削方式罢了。当代资本主义统治、奴役和剥削工人阶级和广大劳动人民的具体手段、方式的改进，不仅没有改变资本主义剥削制度的实质，降低资产阶级对广大劳动人民和发展中国家的剥削程度，反而使垄断资产阶级的剥削和统治变本加厉，更加伪善、精巧。

第三，资本主义的自我调节和改良未能消除资本主义的基本矛盾。资本主义自我调节和改良，提高了资产阶级统治和剥削的能力与水平，确实在不同程度上缓和了资本主义社会的生产力和生产关系、经济基础和上层建筑之间的矛盾，也在一定程度上缓和了资本主义国家内部的阶级矛盾以及资本主义国家之间的利益纷争，有利于资本主义社会的稳定和发展。然而，这种调节和改良是在资本主义制度允许范围内进行的，其作用是非常有限的，没有也不可能从根本上克服资本主义的基本矛盾和由此产生的社会问题和危机。二战后，始终困扰着资本主义世界的“丰裕中的贫困”、结构性失业、两极分化、道德沦丧、精神空虚和环境污染等社会问题就是对西方国家自我调节能力的检验及其局限性的证明。

（三）如何看待当代西方资本主义发展的新趋势

教师：同学们，正因为发达资本主义国家相比于马克思创作《资本论》时代，有了非常大的变化，因而，一些西方政治家和学者提出了许多新的学说，认为资本主义已经克服了不可调和的基本矛盾，资本主义已经发展到了新阶段，社会主义的社会形态对于资本主义已经不构成本质的威胁。我们可以一起探讨一下这些观点。

1.“第三条道路”。

在著名社会学家吉登斯的影响下，当时的英国工党领袖托尼·布莱尔在竞选期间主张“第三条道路”，结果使工党在野18年后，赢得了1997年的大选，所以，布莱尔被视为体现“第三条道路”理念的表率者。“第三条道路”的支持者认为资本主义和社会主义都只是人类社会治理模式的方式，都有着不足之处，“第三条道路”信奉的理念是“超越左右”。从现实看，“第三条道路”指的是一种走在自由放任资本主义和传统社会主义中间的政治经济理念。简单来说，它既不主张纯粹的自由市场，亦不主张纯粹的社会主义，奉行中间路线的福利社会。“第三条道路”主要有以下几点具体的主张。第一，在宏观经济方面，“第三条道路”既不采取自由放任主义也不采取国家干预政策。吉登斯和布莱尔认为政府的任务是提高宏观经济的稳定性，鼓励人们自立而不是依赖税收和福利政策；主张通过提高教育程度和加强基础设施建设，使人们获得更多的就业机会。第二，在就业方面，

“第三条道路”主张改革社会保障制度，使它成为就业的一条可能的途径。通过减少不利于工作及创造就业机会的税收及罚款，使劳有所得，提高工作中的公正水平。第三，在社会关系方面，“第三条道路”主张在权利和义务之间保持一种新的平衡——不仅仅是在福利方面，而且要进一步关注青年人犯罪问题和父母的责任意识。

同学们，对于“第三条道路”的弊端，我们可以从以下三个方面看。第一，“第三条道路”明显有着折中主义的痕迹，既体现了对新自由主义的修正，又对社会民主主义的某些政策有所改动，这使得“第三条道路”缺乏理论的自洽与政策的连续性，拼凑的痕迹非常明显。这些理论上的困难导致“第三条道路”在初期轰动之后难以延伸。第二，政策主张在具体操作运用上的复杂性，使“第三条道路”在实践中的推进充满了风险。“第三条道路”提出的许多政策主张，固然不乏鼓舞人心、吸引选民的内容，但是还应看到，这些政策主张的实际运用，必须与相应的条件联系在一起，缺乏这些条件的支持，其政策实施就难以到位，实践效果也就难以实现。因此，当“第三条道路”的政策主张付诸实践时，一旦因条件的不具备而收效甚微，就会迅速失去大批选民的支持。第三，随着历史的变迁，这种游走在自由放任资本主义和传统社会主义中间的政治经济理念已经失去了赖以生存的环境。2015年4月3日，吉登斯接受意大利《共和报》采访时指出，在技术与全球化压制下，他与英国前首相布莱尔提出的“第三条道路”已经“死亡”。

2.“历史终结论”。

1989年柏林墙倒塌前夕，福山在一篇文章中提出了“历史终结论”，后来在这篇文章的基础上福山出版了《历史的终结与最后之人》，“历史的终结”成为“后冷战时期”的一个流行词。那么，什么是“历史终结论”呢？福山认为，20世纪末苏联东欧社会主义的全面崩溃，标志着西方自由民主制度是“人类统治的最后形态”和“人类意识形态发展的终点”，并因此构成“历史的终结”。此前能够向自由民主挑战的政体如共产主义或法西斯主义或其他形式的威权政体或神权政治，都因存在重大的缺陷或非理性的矛盾而无法继续存在，而自由民主制度却不存在这些根本性的内在矛盾。这并非是说主要的民主国家没有不公正或严重的社会问题，只是这些问题是由于作为现代民主制基础的自由和平等的原则可能还未充分实施所致，而非这些原则具有内在的缺陷。福山也承认，冷战结束后许多新建立的民主政体还很脆弱，可能会出现暂时的历史倒退，但问题的关键在于，真正的历史原则问题已经解决，自由民主的理念本身已经无须完善了。

很有意思的是，在《历史的终结与最后之人》的第12章，福山大段引用了马克思在《资本论》第3卷中对共产主义自由王国的描述："事实上，自由王国只是在由必需和外在目的规定要做的劳动终止的地方才开始；因而按照事物的本性来说，它存在于真正物质生产的彼岸。……在这个必然王国的彼岸，作为目的本身的人类能力的发展，真正的自由王国，就开始了。但是，这个自由王国只有建立在必然王国的基础上，才能繁荣起来。工作日的缩短是根本条件。"[①]但福山认为，马克思所设想的这个人们以平等的方式生产和消费最大数量的产品的社会，现实中的社会主义国家没有一个能实现，相反，资本主义率先实现了马克思的社会理想。

关于"历史终结论"，我们可以从以下方面来理解。第一，福山的理论完全依据于西方的发展模式，其最终结论依赖于西方的历史经验，其将西方的社会模式与治理理念提升为宇宙的普遍真理，完全忽视了西方世界的近代崛起只是人类文明史中的一个阶段而已。第二，在福山的"历史终结论"中，一个重要的隐喻就是"西方中心论"，他先验地判定了西方文明相比于其他文明的优越性，这和其老师亨廷顿"文明冲突论"的理论前提是一致的。第三，实际上，"历史终结论"带有强烈的西方基督教末日终结的思维方式，对于一些西方思想家而言，资本主义取得的每一次胜利，从法国大革命开始，都被判定为"历史的终结"，但历史永远不会被预言，中国道路的成功实践就是对福山"历史终结论"的最好反驳。

3."后工业社会"。

1973年，美国社会学家丹尼尔·贝尔在《后工业社会的来临》一书中

① 马克思，恩格斯. 马克思恩格斯全集：第25卷[M]. 北京：人民出版社，1974：926-927.

首次提出了“后工业社会”这个概念，认为它具有与前工业社会、工业社会不同的性质。这些不同主要表现在以下方面：第一，新兴的服务性经济取代传统工业成为社会的主要经济形式；第二，科学技术取代资本和劳动成为社会的主要资源，因而科学技术是社会变革和政策制定的源泉；第三，专业技术人员取代传统的资本家成为社会的中坚阶层；第四，新的智能技术不断涌现，成为经济决策的重要依据。这四个方面支配着资本主义的所有关系，从根本上改变了资本主义社会的性质。贝尔认为在“知识经济”的时代，由于技术变革，社会的发展已经是超阶级的时代，知识阶层成为新社会的最高阶层，马克思所设想的无产阶级与资产阶级的对抗性矛盾将消失，因此社会主义取代资本主义的阶级基础将不复存在，继续谈论资本主义或社会主义，已没有什么意义。他指出，马克思赋予无产阶级作为资本主义社会掘墓人的社会基础将不复存在，这种“后工业社会”的趋势是不可逆转的。

贝尔对“后工业社会”特征的归纳，阐述了知识和信息为主导的新工业对未来资本主义发展的重大意义，较为准确地把握了新科技革命对社会结构变迁的决定性作用，有助于我们理解西方正在发生的重大变化。但是，“后工业社会”理论上是一种科学决定论，把知识看成独立而凌驾于社会矛盾之上的力量，实际上是一种唯心史观。贝尔只是从技术层面上对资本主义进行了有限度的批判，回避了资本主义生产关系和资本主义制度的问题。

（四）《资本论》的恒久价值

教师：20世纪80年代，面对当时资本主义经济的困局，时任美国总统的里根和英国首相撒切尔举起了新自由主义的大旗，开始了大规模的私有化和市场化改革，重新恢复了资本主义经济体的活力。随着冷战的结束，美国政府对于新自由主义的迷信到了无以复加的地步，形成了“华盛顿共识”，要在全世界推广新自由主义一整套的理念。但是，新自由主义并不是万能的，许多发展中国家推行西方的新自由主义理念遭遇了失败。与此同时，中国开辟了一条不同于西方新自由主义经济学所宣传的发展道路，形成了“北京共识”。其实，《资本论》的核心逻辑已经显现在从“华盛顿共识”到“北京共识”的转变过程中。那么，有没有同学谈谈，什么是“华盛顿共识”？什么是“北京共识”？

学生：我认为“华盛顿共识”“北京共识”是关于发展中国家实现现代化的不同经济增长模式，“华盛顿共识”是西方发达国家为后发展国家设计的经济增长模式，而“北京共识”是与其不同的另一种经济发展模式。

教师：回答得很好。但我要提醒同学们注意的是，这两种“共识”不仅是不同的经济增长模式，更是两种不同的现代化发展道路与发展理念。这两种“共识”都是西方人概括出来的。20世纪90年代，“华盛顿共识”这种基于西方视角的教条式规定，经过国际货币基金组织和世界银行以巨额投资、援助等为交换条件，得以在拉美及东南亚一些国家推行开来，是一条向资本流动开放、私有化、自由化和透明化的经济发展道路。但是，“华盛顿共识”实质上是发达资本主义国家设下的一个“全球化陷阱”，它要求发展中国家的政府放弃对本国经济的监管权力，完全向西方资本敞开大门，成为西方资本主义链条上被动的一环。许多国家在施行了“华盛顿共识”政策后，不仅未实现社会与经济的发展，反而出现了经济停滞和社会动荡。

“北京共识”与“华盛顿共识”根本的区别在于，实现经济增长的同时是否能保持独立自主。纵观资本主义发展的历史，发达资本主义国家扩大资料来源与商品市场的手段是抢夺对某一国家、地区乃至整个世界的控制权。资本主义国家最初直接使用武力推行殖民主义，侵占别国领土、资源，这在马克思的《共产党宣言》中描述得淋漓尽致。当资本主义无法再以武力扩张后，只好在全球化的幌子下，以巨额投资、经济援助来引诱发展中国家按照西方“游戏规则”行事，再以信息化的金融手段“快进快出”搞垮其经济，然后通过新一轮附加了更为苛刻条件的经济援助来控制其经济命脉。中国的发展经验也证明，坚持独立自主，依照国情制定相应的政策，而不是盲从于西方的某种“经典”理论，才能找到适合自己的发展道路。

从《资本论》的角度看“华盛顿共识”，可以得出“新自由主义此路不通”的基本结论。新自由主义及其所伴生的自由市场至上主义，不过是披着经济哲学外衣的个人贪欲，这必然会导致全球性的危机。

学生：《资本论》以批判与剖析资本主义为主要目标，但当下我国发展的是社会主义市场经济，《资本论》对当今中国的青年人还有指导意义吗？

教师：《资本论》提供的是认识世界的立场、观点和方法，而不是现成的教条，《资本论》的理论也需要随着实践的发展而不断发展。《资本论》在马克思主义理论体系中处于核心地位，恩格斯将其称为“工人阶级的圣经”。法国的西方马克思主义理论家阿尔都塞则这样说道：人们“都以各自不同的方式在《资本论》这个茫茫森林中为自己开辟道路”[①]。学习《资本论》对于我们仍然具有巨大的意义。

第一，它能使我们认清资本主义的“前世今生”，坚信资本主义必然灭亡的趋势。

《资本论》的研究对象是什么？马克思在第1卷的“序言”中明确指出：“我要在本书研究的，是资本主义生产方式以及和它相适应的生产关系和交换关系。”[②]研究资本主义生产关系、资本主义经济形态实际上就是研究资本。围绕着“资本”，第1卷研究资本的生产过程，展现了剩余价值的产生过程；第2卷研究资本的流通过程，说明了剩余价值是如何实现的；第3卷研究资本的各种具体形式，剖析了剩余价值是如何进行分配的。马克思正是通过对剩余价值生产、实现和分配的论述，全面地揭示了资本主义生产关系的本质，揭示了资本主义生产方式的内在矛盾，证明了资本主义社会经济形态的历史性和暂时性。《资本论》以剩余价值理论为基础，把一整套资本主义经济运动规律展现在人们面前，其中有价值规律、剩余价值生产规律、资本主义积累的绝对的一般规律、平均利润率的形成以及其趋势规律等，人们透过所有这些规律，可以深刻地理解资本主义生产关系是如何从生产力的发展动力蜕变为生产力发展的桎梏的基本趋势。毫不夸张地说，

① 路易·阿尔都塞，艾蒂安·巴里巴尔．读《资本论》[M]．李其庆，冯文光，译．北京：中央编译出版社，2001：2.

② 马克思，恩格斯．马克思恩格斯选集：第2卷[M]．北京：人民出版社，2012：82.

《资本论》实际上是给资本主义所作出的“死刑判决书”。

马克思在《资本论》中对资本主义的命运作出了终极判决，但100多年之后，资本主义依然存在，于是，一些人对《资本论》的现实意义产生了怀疑，这种怀疑显然是建立在对马克思的苛求和误解的基础上的。资本主义的丧钟至今未敲响，不等于马克思在《资本论》中对资本主义的历史趋势和未来走向的预言是错误的。马克思生活在19世纪，这一时期的资本主义还未从顶峰跌落，他不可能为资本主义的终结确定一个明确的时间。实际上，资本主义一个半世纪以来的发展变化，彰显了《资本论》关于资本主义的基本理论的科学价值和时代意义。当代中国的青年人，学习和领会《资本论》，并以这一理论为思想武器展开对当代资本主义的分析批判，是必由之路。

第二，《资本论》还阐明了未来社会的基本原则，它为中国特色社会主义道路指明了方向。

《资本论》在揭示资本主义经济运行规律及其必然灭亡的历史趋势的过程中，阐述了资本主义为新的社会形态所取代的必然性，并预见了这种新的社会形态和文明模式的某些基本的特征。我们不能只看到《资本论》批判性的一面，还应把握《资本论》是如何建构一个新世界的。这就是说，《资本论》不仅如有些人所说的那样只是属于“革命的经济学”，与此同时它也是“建设的经济学”。我们千万不能忽视《资本论》对未来新的社会形态、新的文明样式特征的论述的现实意义。人们日益感受到，以“消费主义”为主要标志的人的存在方式必须改变，而改变这一局面有赖于创建一种新的人的存在方式。中国在21世纪能否对人类文明作出历史性的贡献，不仅仅看中国的GDP在世界上所占的份额有多大，更要看中国人民能否在中国大地上率先创建出一种新的生活方式和人的存在状态。习近平总书记曾明确指出：“中国共产党人和中国人民完全有信心为人类对更好社会制度的探索提供中国方案。”①

中国人民必须承担起创建新的文明模式的历史重任，问题在于如何创

① 习近平.习近平谈治国理政:第2卷[M].北京:外文出版社,2017:37.

建？这需要有正确的理论指导。因此，《资本论》有其不可估量的现实意义。马克思在《共产党宣言》等著作中曾经把代替资本主义社会的共产主义社会称作“自由人的联合体”，他在《资本论》中则对什么是“自由人的联合体”作出了具体、明确的阐述。他在《资本论》第1卷中提出，这应当是一个“更高级的、以每一个个人的全面而自由的发展为基本原则的社会形式”①。一旦建立起这样一个社会，“劳动时间就会起双重作用。劳动时间的社会的有计划的分配，调节着各种劳动职能同各种需要的适当的比例。另一方面，劳动时间又是计量生产者在共同劳动中个人所占份额的尺度，因而也是计量生产者在共同产品的个人可消费部分中所占份额的尺度”②。他在《资本论》第3卷中进一步指出，在这样新的文明社会中，“社会化的人，联合起来的生产者，将合理地调节他们和自然之间的物质变换，把它置于他们的共同控制之下，而不让它作为一种盲目的力量来统治自己；靠消耗最小的力量，在最无愧于和最适合于他们的人类本性的条件下来进行这种物质变换”③。马克思的所有这些论述，实际上对一种新的文明模式的经济、政治、社会，甚至生态上的特征都作了规定。有了马克思关于未来社会的这些论述，我们就可以结合我国还处于社会主义初级阶段的具体国情，知道我们应当做些什么和能够做些什么。当然，当前我们不可能完全按照马克思所描述的未来社会的特征去做，我们不应当把将来要做的事放到现在来做，但是我们心里必须怀着这样的目标，在这样的目标指引下从事当下所做的事，并向着这一目标一步一步迈进。

当然，我们也要深刻地认识到当代中国的《资本论》研究现状仍有待改进的地方。改革开放以后，曾经有一些人认为《资本论》所作的分析是过时甚至是完全错误的；还有人认为《资本论》有极端化色彩，认为这部经典著作只是革命的宣言书，而不是真正意义上的经济学学术著作。但是，要看到《资本论》研究的资本主义的生产关系及其基本矛盾是没有变的，

① 马克思，恩格斯．马克思恩格斯选集：第2卷[M].北京：人民出版社，2012：267.

② 马克思，恩格斯．马克思恩格斯选集：第2卷[M].北京：人民出版社，2012：127.

③ 马克思，恩格斯．马克思恩格斯文集：第7卷[M].北京：人民出版社，2009：928-929.

资本主义私有制以及资本与雇佣劳动之间的矛盾依然存在，两极分化的趋势也没有变，所以经济危机依然会不断地、周期性地爆发。资本主义经历了许多次经济危机，虽然马克思在世的时候只经历过其中的几次，但是他洞察到了经济危机的规律性，透彻地分析到了背后的原因。此后不断爆发的经济危机，正是《资本论》揭示的基本矛盾和规律的反映。所以，即便过了100多年，马克思的经济危机理论依旧没有过时，它在当代仍然具有生命力。

改革开放以来，中国经济实现连续多年高速增长，如何合理调整收入分配和财富分配、为经济建设提供良好的经济社会支持，是经济理论界越来越关注的课题。尽管中国有着与欧美等国家不一样的发展阶段、发展环境，但是在继续强调提高经济发展效率的同时，如何公平地分配经济发展的成果，同样是值得思考的重要课题。但是如今在中国的各大高校，很少有开设关于《资本论》的课程或是深入讲解的讲座，甚至是经济学科班的硕士、博士课程也很少有专门讲授《资本论》的课程，以致很多的学生对《资本论》的理解不是流于某种教条式的概念化，就是陷入某种空泛的极端化。将有关资本论述的著作与马克思的《资本论》进行对照，好好研读，纯粹的意识形态误区就可以避免，回归的必然是理性看待资本问题。

（五）小结

2016年，一首《马克思是个九零后》的说唱音乐开始流行于网络。这首歌的制作团队是一群年轻人，这似乎并不契合社会对思想多元的“90后”的一贯印象，但细想又不出意料，因为一个有上进心、有责任感、有现实情怀的青年，一旦接近真正的马克思主义，很容易被其吸引。马克思在中学时代就立志解放全人类、建设理想社会，马克思主义哲学的落脚点就是人的自由而全面的发展，其实这些都可以引起当代青年的共鸣。

经过十多年的教学，我发现许多同学可能连一篇马克思主义经典著作都没有读过，便信口说“马克思的学说早已过时”；社会上还有一些人给马克思主义贴上了“洗脑”的标签，拒绝接受任何马克思主义内容。这些抵触情绪和做法，只会让自己离科学思维和普遍真理越来越远。事实上，马克思主义不只是马克思主义者的“真经”，也是一门对人类前途命运终极关怀的学问。

学习马克思主义，不是为了突显政治正确，而是为掌握观察世界、分析问题提供有力的哲学武器。学习马克思主义也不能以求取“及格分”为满足，认真研读原著，理论联系实际，才可以真正掌握马克思主义。马克思主义需要一代又一代马克思主义者继续书写，这是在座同学们的历史重任。

三、课外延伸阅读与理解

（一）经典节录理解

《资本论》

背景简介

《资本论》是马克思写的一部具有划时代意义的经济学巨著。其中，第1卷研究资本的生产过程；第2卷研究资本的流通过程；第3卷分析资本主义生产的总过程。马克思在这部巨著中用历史唯物主义观点分析了资本主义生产方式的内在矛盾，科学地揭示了资本主义制度产生、发展和灭亡的历史必然性，揭示了人类社会必然由资本主义发展为社会主义和共产主义的历史规律性。在阐述资本主义经济规律时，也揭示了社会化大生产和商品生产的一般规律，还预见了未来社会的某些社会经济的一般特征。《资本论》对认识资本主义和研究社会主义具有重要意义。习近平在纪念马克思诞辰200周年的大会上指出：“1867年问世的《资本论》是马克思主义最厚重、最丰富的著作，被誉为‘工人阶级的圣经’。”①

① 习近平.在纪念马克思诞辰200周年大会上的讲话[M].北京:人民出版社,2018:3.

经典节录

资本家按照劳动力的日价值购买了劳动力。劳动力在一个工作日内的使用价值归资本家所有。因此，资本家有权要工人在一日之内为他做工。但什么是一个工作日呢？当然比一个自然的生活日短。短多少呢？关于这个极限，即工作日的必要界限，资本家有他自己的看法。作为资本家，他只是人格化的资本。他的灵魂就是资本的灵魂。而资本只有一种生活本能，这就是增殖自身，创造剩余价值，用自己的不变部分即生产资料吮吸尽可能多的剩余劳动。资本是死劳动，它像吸血鬼一样，只有吮吸活劳动才有生命，吮吸的活劳动越多，它的生命就越旺盛。工人劳动的时间就是资本家消费他所购买的劳动力的时间。如果工人利用他的可供支配的时间来为自己做事，那他就是偷窃了资本家。

可见，资本家是以商品交换规律作根据的。他和任何别的买者一样，力图从他的商品的使用价值中取得尽量多的利益。但是，突然传来了在疾风怒涛般的生产过程中一直沉默的工人的声音：

我卖给你的商品和其他的普通商品不同，它的使用可以创造价值，而且创造的价值比它本身的价值大。正是因为这个缘故你才购买它。在你是资本价值的增殖，在我则是劳动力的过多的支出。你和我在市场上只知道一个规律，即商品交换的规律。商品不归卖出商品的卖者消费，而归买进商品的买者消费。因此，我每天的劳动力归你使用。但是我必须依靠每天出卖劳动力的价格来逐日再生产劳动力，以便能够重新出卖劳动力。如果撇开由于年老等等原因造成的自然损耗不说，我明天得像今天一样，在体力、健康和精神的正常状态下来劳动。你经常向我宣讲“节俭”和“节制”的福音。好！我愿意像个有理智的、节俭的主人一样，爱惜我唯一的财产——劳动力，不让它有任何荒唐的浪费。我每天只想在它的正常耐力和健康发展所容许的限度内使用它，使它运动，转变为劳动。你无限制地延长工作日，就能在一天内使用掉我三天还恢复不过来的劳动力的量。你在劳动上这样赚得的，正是我在劳动实体上损失的。使用我的劳动力和劫掠我的劳动力完全是两回事。如果在劳动量适当的情况下一个中常工人平均能活30年，那你每天支付给我的劳动力的价值就应当是它的总价值的$\frac{1}{365\times30}$或$\frac{1}{10950}$。但是如果你要在10年内就消费尽我的劳动力，可是每天支付给我的仍然是我的劳动力总价值的$\frac{1}{10950}$，而不是$\frac{1}{3650}$，那就只支付了我的劳动力日价值的$\frac{1}{3}$，因而每天就偷走了我的商品价值的$\frac{2}{3}$。你使用三天的劳动力，只付给我一天劳动力的代价。这是违反我们的契约和商品交换规律的。因此，我要求正常长度的工作日，我这样要求，并不是向你求情，因为在金钱问题上没有温情可言。你可能是一个模范公民，也许还是禁止虐待动物协会的会员，甚至还享有德高望重的名声，但是在你我碰面时你所代表的那个东西的里面是没有心脏跳动的。如果那里面仿佛有什么东西在跳动的话，那不过是我自己的心。我要求正常的工作日，因为我和任何别的卖者一样，要求得到我的商品的价值。

我们看到，撇开弹性很大的界限不说，商品交换的性质本身没有给工作日规定任何界限，因而没有给剩余劳动规定任何界限。资本家要坚持他作为买者的权利，他尽量延长工作日，如果可能，就把一个工作日变成两个工作日。另一方面，这个已经卖出的商品的独特性质给它的买者规定了一个消费的界限，并且工人也要坚持他作为卖者的权利，他要求把工作日限制在一定的正常量内。于是这里出现了二律背反，权利同权利相对抗，而这两种权利都同样是商品交换规律所承认的。在平等的权利之间，力量就起决定作用。所以，在资本主义生产的历史上，工作日的正常化过程表现为规定工作日界限的斗争，这是全体资本家即资本家阶级和全体工人即工人阶级之间的斗争。①

经典理解絮语

可以说，马克思在少年时代就已经开始关注当时普鲁士的贫富差距问题，在莱茵报时期就因为抨击普鲁士政府的政策而被迫离职并流亡其他国

① 马克思，恩格斯．马克思恩格斯文集：第5卷[M]．北京：人民出版社，2009：269-272.

家，最后只能逃到英国。这反而给了马克思认识当时资本主义最发达国家的机会。但是，伦敦的生活是艰辛的，马克思身无分文，经常因为付不起房租而被迫举家迁移。开始，他们住在伦敦安德森大街4号，每周房租6英镑，这对马克思一家来说，简直是不让他们吃饭了！因拖欠房租，房东叫来了警察，收走了马克思一家的全部东西，甚至连婴儿的摇篮、女儿的玩具也没留下。他们被迫搬进了一家旅馆，租金每周5镑，不久，他们又被主人赶走。1850年，马克思搬进迪安大街28号，一家七口住在两个狭窄的小房间里。这年的12月，马克思领到了一张英国伦敦博物馆的阅览证，从此，阅览室成了他的半个家，他每天从上午9点一直工作到下午8点左右，回到家里还要整理阅读材料所记录的笔记，一般情况，他都是到深夜两三点钟才休息。他曾对别人说，我为了为工人争得每日8小时的工作时间，我自己就得工作16小时。那么，马克思在伦敦博物馆里都做了些什么呢？原来他是在认真研究资本主义的内在秘密。他每天所摘录的大量资料，都是在为写作《资本论》做准备的。其实，早在1843年，马克思意识到研究政治经济学的重要性，只不过到了英国，他把主要精力集中运用到了这部书上。据有人统计，在当时世界一流的伦敦博物馆所藏图书中，马克思阅读过的书籍有1500多种，他所摘录的内容和整理的笔记有100余本！

为了更好地完成《资本论》，他广泛收集有关各学科资料，如农艺学、工艺学、解剖学，更不用说历史学、经济学、法学这些人文学科了。总之，只要与《资本论》有关，不管多么艰难，他也要寻找下去，研究下去。甚至连“蓝皮书”他都一本本阅读了。“蓝皮书”是英国议会专门发给议员的报告材料，因其封面为蓝色，所以叫它蓝皮书。英国议会的蓝皮书每到一定时候就会下发到议员手中，对于议员来说，此书并没有多大用处，所以它实际上就是一本又一本的废纸，在废纸堆里，经常可以见到这种小册子。但对于马克思来说，情况就完全不同了，因为他要从政治经济学的角度去研究资本主义剥削工人的本质，所以这些官方材料是弥足珍贵的。它里面记录着英国每年、每阶段的经济报告及经济政策，因此是研究资本主义经济的第一手资料。马克思非常认真地阅读着，不时地把其中重要的资料摘录下来。马克思在不知疲倦地工作着。1856年10月，马克思迁居到伦敦西北的肯蒂士镇，这样，离伦敦博物馆更远了。但马克思并未间断工作，他仍然没日没夜地在博物馆里工作着。饿了，啃一口干面包，渴了，喝一杯白开水，疲倦了，就站起来跳两下，然后继续工作。不管是刮风下雨，他也从未因天气问题而不到博物馆去。终于到了1867年，《资本论》第1卷出版了，马克思怀着无比兴奋的心情紧紧地捧住了这部刚刚出版的著作。遗憾的是，马克思生前并没有看到《资本论》第2卷和第3卷的出版，这两卷的出版是由马克思的毕生挚友恩格斯完成的。

可以毫不夸张地说，《资本论》是一部马克思用生命所写就的著作，包含着马克思毕生的全部心血。《资本论》把既定社会关系下的经济、政治和文化现象纳入资本劳动的历史时空隧道中给予辩证审视，促使我们深度追问经济问题背后的政治构架和价值前提。唯有从《资本论》出发理解当前资本主义的现实，才能彰显其解答时代问题的理论生命力和当代价值。

（二）推荐阅读书目

1.《国富论》（亚当·斯密著，郭大力、王亚南译，商务印书馆2015年版）。

《国富论》是影响世界历史进程的十部著作之一，是对中国近代社会影响最大的经济学著作之一。这是一部将经济学、政治理论、哲学、历史和经济实践活动奇妙地结合在一起的著作，一部由有着高深学问和敏感见识的人所写的著作。亚当·斯密有强大的分析能力，他能对其笔记本中的所有材料进行甄别筛选，他还有着非凡的综合能力，能按照新的、引人注目的方式将材料重新组合，他对当时的各种学术思想极为敏感。他不是与世隔绝的“书斋学者”，他仿佛全身都装着“天线”，能吸收所能接触到的一切信息。他的思想不仅对当时的经济学界和国家的政策制定产生了深刻的影响，而且直至今天仍然具有较大的影响力。

《国富论》首次出版于1776年，毫不夸张地说，这本著作是现代西方经济学研究的起点。亚当·斯密提出的“看不见的手”这一观念培育出来的市场经济制度，尽管有各种不尽人意的地方，但迄今为止却是一种被实践证明能够成功地组织经济活动的经济制度。由于“左”倾思潮的影响，过去我们在相当长的一段时期否定亚当·斯密的观念，甚至把“经济人”“看不见的手”说成是对“私有制的公然辩护”。改革开放之后，我们接受了亚当·斯密的主要观点。亚当·斯密的《国富论》的重要意义主要表现在以下两个方面。首先，承认人在经济生活中的利己性是市场经济的前提。亚当·斯密在《国富论》中提出的利己性假设，应成为分析经济问题的基石，只有这样，才能设计出好的经济制度，才能有行得通的经济理论和实践。其次，亚当·斯密在《国富论》中提出的依靠“看不见的手”管理经济、尽量减少政府干预的思想对每个国家的经济改革有重要的指导意义。亚当·斯密认为，政府在市场经济中有三项基本职责，即保护社会免遭其他社会之暴力入侵，如向他国实施经济制裁；尽可能保护每个社会成员免受其他社会成员之不正义的压迫，如将声讨巨型集团定性为非法活动；建立和维护特定的社会公共工程和公共制度，如对他国产品设置高额关税。而即使在履行这些职责时，政府的设计也应当考虑引入竞争。按凯恩斯的推算，至少300年内，人们都将在市场经济中生活，不会有人像爱因斯坦推翻牛顿力学那样推翻亚当·斯密的《国富论》。

《国富论》这部著作奠定了资本主义自由经济的理论基础，该书的出版标志着古典政治经济学理论体系的建立，堪称西方经济学界的“圣经”。只有理解《国富论》，才能把握资本主义生产方式的生成与发展，才能理解这种生产方式相对于封建生产方式的进步意义。

2.《21世纪资本论》（托马斯·皮凯蒂著，巴曙松等译，中信出版社2014年版）。

该书对18世纪工业革命以来的财富分配数据进行分析，认为不加制约的资本主义导致了财富不平等的加剧，自由市场经济并不能完全解决财富分配不平等的问题。皮凯蒂建议通过民主制度制约资本主义，这样才能有效降低财富不平等现象。

皮凯蒂将世界经济分成两个基本要素：资本和劳动力，两者都被用于生产并分享产出的收益。资本与劳动力的区别在于，资本可买入、卖出、拥有，而且从理论上讲可无限累积，劳动力是个人能力的使用，可获得酬劳，但不能被别人所拥有。他认为，由于资本回报率一般总是高于经济增长率，所以贫富差距是资本主义的固有现象。他由此预测，发达国家贫富差距将会继续扩大，因此建议征收全球性财富税。

皮凯蒂对过去300年来的工资财富作了详尽探究，并列出多国的大量收入分配数据，旨在证明近几十年来，不平等现象日益加剧。在可以观察到的300来年左右的数据中，投资回报平均维持在每年4%—5%，而GDP平均每年增长1%—2%。5%的投资回报意味着每14年财富就能翻番，而2%的经济增长意味着财富翻番要35年。在100年的时间里，有资本的人的财富翻了7番，是开始的128倍，而整体经济规模只会比100年前大8倍。虽然有资本和没有资本的人都变得更加富有，但是贫富差距变得越来越大。

促进增长并不是皮凯蒂所关注的，他没把它视为经济事件，也不认为它能解决更广阔的分配公平问题。他认为经济是静态的零和游戏，如果一个群体的收入增加，另一个群体就会不可避免地变穷。他把结果的平等性视为最终目的和唯一原因，而一些备选却很少提及。例如，最大化社会总体财富，或是增强经济自由，抑或是寻找最有可能的机会平等，又或是保证最贫困人群的福利得到最大化。

该书提出了一系列简单的建议：征收15%的资本税，把最高收入人群的所得税提到80%左右，强迫银行提高透明度，提高通货膨胀等。但皮凯蒂也指出，这些措施是不太可能实现的，因为控制资本主义社会的精英可能宁可看到这个系统崩溃，也不会愿意让步。

《21世纪资本论》的出现不是偶然的，其揭示的资本导致的不平等真实地体现了21世纪资本金融化的经济现实。新世纪资本主义带来的经济不平等不仅包含一国内部的富人和穷人之间的不平等，更是发达国家与发展中国家、国家内部发达地区与欠发达地区之间的不平等。资本主义生产方式在扩展中，一定会遇到自己本身的限制，从而为更高形态社会形态的生产开辟了道路。

四、参考文献

[1]马克思，恩格斯.共产党宣言[M].北京：人民出版社，2014.

[2]马克思.资本论：第3卷[M].北京：人民出版社，2004.

[3]刘珍英.辩证逻辑:资本批判的利器[M].上海：上海人民出版社，2016.

[4]丹尼尔·贝尔.后工业社会的来临[M].高铦，王宏周，魏章玲，等译.南昌：江西人民出版社，2018.

[5]弗朗西斯·福山.历史的终结与最后的人[M].陈高华，译.桂林：广西师范大学出版社，2014.

[6]罗伯特·L·海尔布隆纳.资本主义的本质与逻辑[M].马林梅，译.北京：东方出版社，2013.

[7]让·雅克·朗班.资本主义新论：当前争论的分析与综合[M].车斌，译.北京：东方出版社，2015.

[8]卢梭.社会契约论[M].李平沤，译.北京：商务印书馆，2017.

[9]托马斯·皮凯蒂.21世纪资本论[M].巴曙松，陈剑，余江，等译.北京：中信出版社，2014.

[10]马克思·韦伯.新教伦理与资本主义精神[M].袁志英，译.上海：上海译文出版社，2019.

五、反思与实践

1.马克思的经济危机理论给当今社会主义市场经济运行带来什么启示？结合中国发展实际，谈谈你的理解。

2.搜集整理相关资料，谈一谈当代资本主义的新变化有哪些表现。

六、学生作品展示

《资本论》与经济危机

2008年由美国次贷危机引发的全球性的经济危机，本质上是20世纪80年代以来主宰西方经济逻辑的新自由主义经济学的危机。很多西方人感叹这一次经济危机从根本上仍未超出一百多年前马克思在《资本论》中对资本主义经济危机的理论判断和精辟分析

众所周知，20世纪80年代以后，新自由主义成为资本主义世界的主流经济学，其主要原因有以下两点。首先是凯恩斯主义走向衰落。20世纪70年代，西方经历了两次战后最深重的经济危机，整个西方经济长期陷入“滞胀”，而当时人们所奉行的凯恩斯主义却提不出有效对策，公司利益集团者们努力寻找支持削减政府计划的理论依据，以哈耶克为代表的新自由主义应运而兴。其次是资本主义的全球性扩张。苏联和东欧国家高度集权的计划经济体制使社会主义优越性没能充分发挥出来，经济效率低下，中央指令性计划经济的弊端日益显现。20世纪90年代初期，苏东剧变后，社会主义的挫折和计划经济的失败使广大发展中国家无所适从，迫切需要一种新的思想和改革思路引导广大发展中国家摆脱贫困，新自由主义恰好出现。

但新自由主义崇尚的市场并非万能，市场运行中的许多问题依靠市场自身不能解决，在新自由主义理论指导下产生的“华盛顿共识”专为应对拉美金融危机而设计，被认为是促进发展中国家经济增长之良方的一系列政策的通称。尽管这些政策对于当时的拉美国家走出危机、恢复经济起到了一定的积极作用，但潜伏着导致全球金融危机的隐患。新自由主义对于市场泡沫的选择性无视，最终导致了美国的次贷危机。

总之，考察当前国际金融危机，既有“市场失灵”，也有“政府失灵”，但其根源应归因于新自由主义理论的失灵，新自由主义有其自身的理论盲点。科学从不凭空预言，总是用真理说话。关于经济危机，马克思在《资

本论》一书中全面深刻地分析了它的产生根源、发生机理，以及它所带来的社会后果。深刻揭示了资本主义生产关系及其发展规律。资本追求剩余价值的内在动力和竞争的外在压力，推动着资本主义生产力和资本主义生产关系的发展。但是，资本积累的最终结果，必然是财富在一极积累，而贫困在另外一极积累。这样，生产的无限扩张与劳动者有支付能力的需求相对缩小之间产生了矛盾，也必然导致生产力相对过剩，从而产生周期性的经济危机。因此，经济危机是资本主义基本矛盾的必然结果。

（2018级工商管理专业学生　汪萍）

附录

附录一

“马克思主义基本原理概论”分类教学大纲

一、模式说明

“马克思主义基本原理概论”（以下简称“原理”）是高校思想政治理论课程体系的主干课程，其内容包括：马克思主义哲学、政治经济学和科学社会主义三个组成部分。“原理”课与其他思想政治理论课的共同任务是对青年学生进行马克思主义基本原理和基本理论的教育，帮助学生树立正确的世界观和人生观，坚定对社会主义和共产主义的信念。“原理”课又是其他思想政治理论课的理论基础，所以不断对“原理”课开展教学改革、提升教学质量尤为重要。“原理”课重点指导学生在现实生活中灵活运用马克思主义最基本的立场、观点和方法。本课程教学实行专题教学与课堂实践结合的模式。

“原理”课分类教学大纲是遵循安徽师范大学马克思主义学院思想政治理论课分类分级教学指导思想的初步改革成果。

二、基本思路

统分结合：统一管理、分类备课、分类教学、分类考试。

“2+1”结构：本课程共3学分，其中，课堂学习2学分、课堂实践1学分。

课堂学习构成：十个专题的理论学习。

课堂实践构成：按文科类、理科类、体育类、音乐类以及美术类不同专业设置多个专题的讨论交流或经典诵读或主题演讲。

三、基本教学专题

专题一：时代呼唤马克思主义

1.什么是马克思主义？

2.马克思主义在实践中魅力无限

3.努力学习和运用马克思主义

专题二：从整体上理解马克思主义

1.马克思主义的实践性

2.马克思主义的阶级性

3.马克思主义的科学性

4.马克思主义的革命性

专题三：马克思主义世界观

1.哲学与世界观

2.世界的物质性

3.人的实践活动与客观世界

4.主观能动性与客观规律性

专题四：马克思主义辩证法

1.联系和发展的普遍性

2.对立统一规律是事物发展的根本规律

3.唯物辩证法是主观辩证法与客观辩证法的统一

4.辩证思维方法与科学思维方法

专题五：马克思主义认识论

1.实践是认识的基础

2.认识是主体对客体的能动反映

3.认识运动的基本规律

4.认识和实践的统一

专题六：马克思主义真理观与价值论

1. 马克思主义真理观
2. 马克思主义价值论

专题七：马克思主义社会历史观

1. 社会基本矛盾及其运动规律
2. 社会历史发展的动力
3. 人民群众在历史发展中的作用

专题八：马克思主义剩余价值理论

1. 资本主义的诞生
2. 资本主义发展的条件
3. 价值规律和商品经济的基本矛盾
4. 剩余价值规律和资本主义再生产
5. 资本循环和资本主义经济危机
6. 资本主义政治制度和意识形态

专题九：马克思主义关于当代资本主义新变化的认识

1. 马克思对资本逻辑的三重批判
2. 从自由竞争资本主义到垄断资本主义
3. 经济全球化与当代资本主义的新变化
4. 当代资本主义新变化的原因与实质

专题十：马克思主义的共产主义理论

1. 社会主义是实现共产主义的必经之路
2. 社会主义在实践中发展和完善
3. 共产主义是人类最崇高的社会理想
4. 在建设中国特色社会主义的进程中为实现共产主义而奋斗

四、课堂实践

（一）文科类（十次课前演讲+五次经典诵读）

课前演讲备选内容（根据实际情况不断更新）

1. 大学生交友与恋爱之建言
2. 大学生如何成长成才之我见
3. 考研与就业的选择
4. 关于大学生就业难的思考
5. 就业与创业的关系
6. 职业选择的建议
7. “公考热”的透视
8. 大学政治公共课之我见
9. 高考英语改革之思
10. 文理分科合理吗？
11. 素质教育为什么这样难？
12. 农村留守儿童问题留给我们的思考
13. 我的家乡
14. 中国职业教育的现状与前景
15. 国产动漫的量与质
16. 从中国制造到中国智造
17. 网络与现代生活
18. 坚守道德底线与追求高尚情操
19. 中国汽车保有量成世界第一，是喜还是忧？
20. 告别雾霾，呼唤蓝天
21. 医患纠纷何时了
22. 什么是幸福

23. 实现中国梦，我能做些什么

24. 谈谈户籍制度改革

25. “三孩”政策与中国的人口

26. 城市化进程中的农民工与问题

27. 顶层设计与群众首创精神

28. 和谐与矛盾

马克思主义经典诵读内容

1.《青年在选择职业时的考虑》

2.《致威·桑巴特》

3.《在马克思墓前的讲话》

4.《马克思青年时期爱情诗选》

5.《共产党宣言》

(二)理科类(七次专题交流)

专题交流

▶交流一：我眼中的马克思主义

▶交流二：我所理解的世界观

▶交流三：马克思主义与现代科技革命

▶交流四：生活中的辩证法、学习中的辩证法

▶交流五：科学精神和人文精神的统一

▶交流六：谁是历史的创造者？

▶交流七：资本主义的历史变迁与当代社会发展

(三)体育类(九次课堂讨论)

课堂讨论

▶讨论一：我眼中的马克思和恩格斯

▶讨论二：我们需要何种世界观

▶讨论三：我崇拜的思想家

▶讨论四：唯物辩证法与大众哲学

▶讨论五：个人与他人、群体、社会、历史的关系

▶讨论六：资本主义与社会主义的前途与命运

▶讨论七：如何认识资本主义与社会主义的并存

▶讨论八：空想社会主义的基本观点及历史地位

▶讨论九：我眼中的共产主义

（四）音乐类（八次课堂讨论）

课堂讨论

▶讨论一：音乐的生命力

▶讨论二：马克思论“音乐”

▶讨论三：辩证思维方法与音乐思维训练

▶讨论四：音乐学习中的“知”与“行”

▶讨论五：音乐创作的动力源泉

▶讨论六：说说我们身边的“音乐拜物教”

▶讨论七：社会发展与音乐事业

▶讨论八：我的音乐梦与中国梦

（五）美术类（六次课堂讨论）

课堂讨论

▶讨论一：我为什么选择了这个专业？

▶讨论二：世界观与我的生活故事

▶讨论三：用马克思主义审美观提升审美素养

▶讨论四：我的艺术为谁作？

▶讨论五：我眼中的当代艺术

▶讨论六：“中国梦”之我见

附录二

“毛泽东思想和中国特色社会主义理论体系概论”分类教学大纲

一、模式说明

“毛泽东思想和中国特色社会主义理论体系概论”（以下简称“概论”）是大学生的必修课。该课程主要是对学生进行中国化的马克思主义理论的教育，提高思想政治理论素质。从根本上说是为了帮助学生掌握马克思主义的基本立场、观点和方法，了解党的基本理论、基本路线、基本纲领、基本经验和基本要求，树立建设中国特色社会主义的理想信念，为把学生培养成为有理想、有道德、有文化、有纪律的，自觉坚持党的基本理论、基本路线和基本纲领的一代新人，奠定思想理论基础。

现行“概论”教材是由中宣部、教育部组织马克思主义理论研究和建设工程专家集体编写的，是高等学校广大师生教与学重要的参考书。但是由于不同层次学校的学生情况不同，同一所学校不同专业的学生情况也不相同，在教育部统编教材的框架下，加强不同层次学校、同一学校不同专业学生教学参考书的分类分级编写，进而达到分类分级教学，是强化思想政治理论课教学效果的重要手段。基于这样的认识，安徽师范大学马克思主义学院学院尝试思想政治理论课分类分级教学，“概论”分类教学大纲就是在这个认识指导下的初步改革成果。

二、基本思路

“3+1+1”结构：本课程共5学分，课堂学习3学分，学习实践课堂1学分，学年小论文1学分。

课堂教学构成：教学专题+课堂讨论

三、基本教学专题

专题一：马克思主义中国化的历史进程及其理论成果

1. 马克思主义中国化的历史进程
2. 马克思主义中国化的理论成果
3. 马克思主义中国化两大理论成果之间的关系

专题二：实事求是与马克思主义中国化

1. 实事求是思想路线的形成和发展
2. 实事求是思想路线的科学内涵
3. 实事求是是马克思主义中国化理论成果的精髓

专题三：毛泽东与马克思主义中国化

1. 新民主主义革命理论
2. 社会主义改造理论
3. 社会主义建设道路初步探索的理论

专题四：中国特色社会主义基本理论

1. 中国特色社会主义初级阶段理论
2. 中国特色社会主义发展战略理论
3. 中国特色社会主义改革开放理论

专题五：中国化马克思主义经济理论

1. 马克思主义经典作家关于社会主义经济建设的理论
2. 中国特色社会主义市场经济理论的形成和发展

3. 中国特色社会主义基本经济制度

专题六：中国化马克思主义政治理论

1. 马克思主义经典作家关于社会主义政治建设的理论

2. 中国特色社会主义政治理论的形成和发展

3. 中国特色社会主义政治制度

专题七：中国化马克思主义文化理论

1. 马克思主义经典作家关于社会主义文化建设的理论

2. 中国特色社会主义文化理论的形成和发展

3. 中国特色社会主义文化战略

专题八：中国化马克思主义社会建设理论

1. 马克思主义经典作家关于社会建设的理论

2. 中国特色社会主义社会建设理论的形成和发展

3. 建设社会主义和谐社会

专题九：中国化马克思主义生态文明建设理论

1. 马克思主义经典作家关于生态文明建设的理论

2. 中国特色社会主义生态文明建设理论的形成和发展

3. 建设社会主义生态文明

专题十：中国化马克思主义国家理论

1. 马克思主义经典作家的国家理论

2. 中国共产党对国家理论的创新和发展

专题十一：中国化马克思主义外交和国际战略理论

1. 马克思主义经典作家关于国家关系的理论

2. 中国外交和国际战略理论的形成和发展

3. 和平发展道路与互利共赢战略

专题十二：中国化马克思主义人本理论

1. 马克思主义经典作家关于“人民主体”的理论

2. 中国共产党“以人为本”理论的形成和发展

3. 中国特色社会主义建设的依靠力量

专题十三：中国化马克思主义政党建设理论

1. 马克思主义经典作家关于政党建设的理论

2. 中国特色社会主义党建理论的形成和发展

3. 全面提高党的建设科学化水平

四、分类讨论话题（按文科类、理科类和艺体类分别拟出）

（一）文科类

讨论一：社会科学发展与中国政治

1. 结合你参加过的民主活动（选举、投票、听证会、建议、监督等），谈谈你对中国社会民主政治发展的体会。

2. 谈谈你所学专业的发展与国家民主政治发展的关系。

3. 结合你所在社区或乡村的实际，谈谈你对村民代表大会和社区居民代表大会的理解。

讨论二：社会科学发展与中国经济

1. 请你谈谈，新中国成立后，我国社会科学与经济社会发展的关系。

2. 结合你家里的收入情况，谈谈你是如何认识当前我国收入分配制度改革的。你觉得我国居民收入的倍增计划如何才能实现？

3. 结合专业特点，谈谈在市场经济条件下如何促进我国社会科学的大发展大繁荣。

讨论三：社会科学发展与中国文化

1. 谈谈你对坚持马克思主义在意识形态领域中指导地位的理解。

2. 谈谈当前应该如何用社会主义核心价值观重塑我们的精神家园。

3. 你是如何看待近年来全国各地兴起的“广场舞文化”热的？

讨论四：社会科学发展与中国社会

1. 谈谈你是如何理解社会公平、公正和正义的？

2. 实现社会和谐需要什么样社会思潮的引领？

3. 你是如何看待“扶不扶”现象的？

讨论五：社会科学发展与中国外交

1. 举例说明，新中国成立后社会科学的发展在中国外交中所起的作用。

2. 谈谈中国在促进地区持久和平、世界共同繁荣发展中发挥的作用？

讨论六：社会科学发展与国防和军队现代化建设

1. 请你结合中国人民军队的发展历程，谈谈你从中得到的启示。

2. 请谈谈你对社会科学发展与实现强国梦、强军梦关系的理解。

3. 请谈谈我国国防和军队现代化建设的成就。

（二）理科类

讨论一：自然科学发展与中国政治

1. 结合你参加过的民主活动（选举、投票、听证会、建议、监督等），谈谈你对中国社会民主政治发展的体会。

2. 谈谈你所学专业的发展与国家民主政治发展的关系。

3. 结合你所在社区或乡村的实际，谈谈你对村民代表大会和社区居民代表大会的理解。

讨论二：自然科学发展与中国经济

1. 请你谈谈，新中国成立后，我国自然科学与经济社会发展的关系？

2. 结合你家里的收入情况，谈谈你是如何认识当前我国收入分配制度改革的？你觉得我国居民收入的倍增计划如何才能实现？

3. 结合专业特点，谈谈在市场经济条件下如何促进我国自然科学的大发展大繁荣。

讨论三：自然科学发展与中国文化

1. 请结合专业谈谈，自然科学的发展要不要坚持马克思主义？

2. 谈谈当前应该如何用社会主义核心价值观重塑我们的精神家园。

3. 你是如何看待近年来全国各地兴起的“广场舞文化”热的？

讨论四：自然科学发展与中国社会

1. 谈谈你是如何理解社会公平、公正和正义的？

2.实现社会和谐需要什么样的社会思潮引领？

3.你是如何看待“扶不扶”现象的？

讨论五：自然科学发展与中国外交

1.举例说明，新中国成立后，自然科学的发展在中国外交中所起的作用。

2.谈谈中国在促进地区持久和平、世界共同繁荣发展中的作用？

讨论六：自然科学发展与国防和军队现代化建设

1.请你结合中国人民军队的发展历程，谈谈你从中得到的启示。

2.请谈谈你对自然科学发展与实现强国梦、强军梦关系的理解。

3.请谈谈我国国防和军队现代化建设的成就。

（三）艺体类

讨论一：文艺体育发展与中国政治

1.结合你参加过的民主活动（选举、投票、听证会、建议、监督等），谈谈你对中国社会民主政治发展的体会。

2.谈谈你所学专业的发展与国家民主政治发展的关系。

3.结合你所在社区或乡村的实际，谈谈您对村民代表大会和社区居民代表大会的理解。

讨论二：文艺体育发展与中国经济

1.请你谈谈，新中国成立后，我国文艺体育与经济社会发展的关系。

2.结合你家里的收入情况，谈谈你是如何认识当前我国收入分配制度改革的？你觉得我国居民收入的倍增计划如何才能实现？

3.结合专业特点，谈谈在市场经济条件下如何促进我国文艺体育的大发展大繁荣？

讨论三：文艺体育发展与中国文化

1.谈谈你对坚持马克思主义在意识形态领域中指导地位的理解。

2.谈谈当前应该如何用社会主义核心价值观重塑我们的精神家园。

3.你是如何看待近年来全国各地兴起的“广场舞文化”热的？

讨论四：文艺体育发展与中国社会

1. 谈谈你是如何理解社会公平、公正和正义的？
2. 实现社会和谐需要什么样社会思潮的引领？
3. 你是看待“扶不扶”现象的？

讨论五：文艺体育发展与中国外交

1. 举例说明，新中国成立后文艺体育的发展在中国外交中所起的作用。
2. 谈谈中国在促进地区持久和平、世界共同繁荣发展中发挥的作用？

讨论六：文艺体育发展与国防和军队现代化建设

1. 请你结合中国人民军队的发展历程，谈谈你从中得到的启示。
2. 请谈谈你对促进文艺体育发展与实现强国梦、强军梦关系的理解。
3. 请谈谈我国国防和军队现代化建设的成就。

后　记

习近平总书记指出，要用好课堂教学这个主渠道，思想政治理论课要坚持在改进中加强，提升思想政治教育亲和力和针对性，满足学生成长发展需求和期待。中国特色社会主义进入新时代，面对新形势新任务新挑战，高校思想政治理论课如何发挥塑造大学生灵魂的主渠道、主阵地作用，有效影响大学生的思想观念、价值取向、精神风貌是学界尤其是思政课教师队伍需要关注的研究课题。安徽师范大学马克思主义学院思政课教育教学团队在安徽省教育厅思政课建设工程、安徽省高校高峰学科——安徽师范大学马克思主义理论学科、全国高校思政课“手拉手”安徽师范大学集体备课中心的支持下，开展思政课分类教学的改革和探索，初步形成了分类教学模式。本书汇集并提炼了这些研究成果，以期为高校思想政治理论课教学改革提供参考。

本书分为理论探讨和案例展示两篇内容。理论探讨篇的文章名和作者分别是：高校思想政治理论课分类教学模式探析，戴兆国、王玉侠、牛菲；“原理”课教学如何有针对性地育智、育德、育人，汪盛玉、方芳、张涛；“思想道德修养与法律基础”课分类教学论要，路丙辉；分类教学：增强高校思想政治理论课教学实效性的有益探索，郭理、姚宏志；从文化自觉视域拓展思想政治理论课教学目标，戴兆国；大学生期待视野的社会主义核心价值观教育，汪盛玉。案例展示篇的文章名和作者分别是：马克思主义哲学与文学，戴兆国；哲学的基本问题与心理学的当代发展，管月飞；唯物辩证法与自然科学研究方法，季爱民；认识运动规律与人类艺术实践，单传友；社会意识与政治法律思想，王艳；社会基本矛盾运动与历史发展规律，毛加兴；科学技术革命与当代科学发展，张涛；《资本论》与当代资本主义发展，方敏。

最后，还要感谢安徽师范大学出版社第三编辑部的编辑们，他们的辛勤劳动使得本书得以精美呈现。

戴兆国

2021年12月